『긍정의 배신』에 쏟아진 해외 언론의 찬사

누군가 이런 책을 써 주길 평생 기다렸다. ● 한나 로진, 『뉴욕 타임스』

누구나 밝은 면을 보라고 말한다. 하지만 그것이 가난과 질병과 실업을 외면하고, 모든 보상이 최상위층에게 돌아가는 질서를 합리화하는 그럴싸한 방식임을 이제 우리는 알게 되었다. 바버라 에런라이크는 긍정적 사고의 위협을 현미경 아래 놓고 분석한다. '좀 더 밝게 생각하고 행동하라'는 말을 들어 본 사람이라면 누구나 이 책을 읽어야 한다.
● 토머스 프랭크 『The Wrecking Crew』 『What's the Matter With Kansas?』 저자

최고의 논픽션 작가가 내놓은 명쾌하고, 신랄하고, 도발적인 생각. ● 『커커스 리뷰』

미국을 감염시킨 뒤 세계로 확산된 '긍정교'에 대한 신중하고 해박한 비판. 이 책의 진정한 가치는 긍정이냐 아니면 비판이냐는 선택의 문제가 아니라, 사실에서 출발하느냐 아니면 마음가짐에서 출발하느냐가 핵심임을 보여 주는 데 있다. ● 『파이낸셜 타임스』

오프라 윈프리, 디팩 초프라에게 말하노니, 제발 이 책을 읽어라! 똑똑하게 생각하는 건 언제 시작해도 절대 늦지 않다! ● 프레더릭 크루스 『Follies of the Wise』 저자

경기 침체와 재난의 징후에 눈감게 만드는 '무분별한 긍정주의'의 폐해를 경고한다.
● 『북리스트』

통찰력 있고, 통렬하며, 재기 넘치는 글. 감히 나서서 최악의 상황을 경고하는 이들이 어떤 입장에 내몰리게 되는지 핵심을 짚는다. ● 『비즈니스위크』

기만이 최고조에 달한 미국식 낙천성에 관한 분석이 몹시 흥미롭고 설득력이 강하다. 술술 읽히면서도 선명한 깨달음을 준다.
● 『선데이 타임스』

가난, 비만, 실업이라는 현실 문제가 마음가짐만으로 극복 가능한 작은 장애물로 축소되는, 자본주의와 긍정주의의 공생 관계를 밝힌다.
● 『퍼블리셔스 위클리』

반대자들이여 기뻐하라! 에런라이크는 참신하고 신랄한 어조로, 많은 미국인들이 스스로와 타인에게 요구하는 무자비한 긍정적 태도와 대결한다.
● 『USA 투데이』

정교하면서도 직설적인 비판. 생각대로 무엇이든 이루어진다는 대중적 환상에 대한 분석.
● 『댈러스 모닝 뉴스』

저자는 다급하고 열정적인 목소리로 양 극단이 아니라 균형을 촉구한다. 눈을 크게 뜨고 명료한 정신으로 살아가자고 이야기한다.
● 『샌프란시스코 크로니클』

예리한 서술로 인습적 지혜의 겉치장을 벗겨 낸다. 에런라이크는 절정의 기량으로 우리에게 진실을 마주보도록 한다.
● 『마이애미 헤럴드』

저자의 빈틈없는 논리에 압도당했다. 낙천성에 대한 저자의 비판 탓에 이 책이 세상을 바라보는 우리의 관점을 바꿔 놓을 것으로 낙관한다고 말하기가 조심스럽다. 하지만 아마도 그럴 것이다.
● 노라 에프런, 『데일리 비스트』

가치 있고 시의적절한 이 책을 통해 에런라이크는 다시 한 번 오늘날 문화적, 경제적 위기의 원인과 범위를 훌륭하게 분석한다. 긍정적 사고가 어떻게 생겨났는지, 그리고 얼마나 해악을 끼쳐 왔는지를 보여 준다.
● 토머스 벤더 『A Nation Among Nations: America's Place in World History』 저자

에런라이크는 강력한 기정사실 위에 드리워진 커튼을 홱 걷어내는 도로시의 역할을 해냈다.
● 『오리거니언』

당신이 요정을 믿는다고 계속 얘기하지 않으면 팅커벨이 사라진다. 게다가 팅커벨의 슬픈 죽음도 당신 탓이다! 에런라이크는 이런 허튼소리에 저항하는 사람들, 그리고 거기에 빠져 허우적대는 사람들 양쪽 모두를 위해 또 한 번 대단한 작업을 해냈다.
● 크리스토퍼 히친스 『신은 위대하지 않다』 저자

회의주의, 현실주의, 그리고 비판적 사고에 대한 열렬한 지지. ● 『샌프란시스코 베이 가디언』

긍정적 사고의 거품이 멋지게 터진다. 저자는 우리 사회가 쾌활함에만 초점을 맞춘 탓에, 불편한 질문을 던지고 주의를 기울이는 능력을 갉아먹어 경제 위기를 막지 못했다는 것을 보여 준다. 그러면서도 유쾌한 비판은 독자를 웃게 만든다.
● Fastcompany.com

엄청난 이권이 걸린 긍정 산업에 대한 유쾌하고 인상적인 비판에서 저자는 반드시 요구되는 부정성을 적절하게 적용했다. 지금 우리에게 꼭 필요한 책이다.
● 캐사 폴릿 『Mind-Body Problems : Poems』 저자

긍정적 사고와 관련한 진흙탕 같은 현상을 집중 조명하였다. 저자는 긍정적 사고의 거짓과학과 거짓지성의 토대가 '카드로 만든 집' 처럼 허황된 것임을 폭로했다. 이 책이야말로 마음을 열고 이 사회를 읽어 냈다.
● 마이클 셔머 『진화경제학』 『왜 사람들은 이상한 것을 믿는가』 저자

바버라 에런라이크의 회의적인 상식은 '미국의 행복' 이라고 불리는 역겨운 안개를 뚫고 가는 데 필요한 바로 그것이다. ● 앨런 울프 『The Future of Liberalism』 저자

BRIGHT-SIDED

Copyright © 2009 by Barbara Ehrenreich
All rights reserved

Korean translation copyright © 2011 by Bookie Publishing House, Inc.
Korean translation rights arranged with International Creative Management, Inc.,
New York, NY. through EYA(Eric Yang Agency), Seoul.

이 책의 한국어판 저작권은 EYA(Eric Yang Agency)를 통한
International Creative Management, Inc.사와의 독점계약으로
부키(주)가 소유합니다.
저작권법에 의하여 한국 내에서 보호를 받는 저작물이므로 무단전재와 복제를 금합니다.

긍정의 배신

Bright-Sided

긍정적 사고는 어떻게 우리의 발등을 찍는가

바버라 에런라이크 지음 | 전미영 옮김

부·키

지은이 바버라 에런라이크는 1941년 미국 몬태나 주에서 태어났다. 록펠러 대학에서 세포생물학 박사 학위를 받은 뒤 도시 빈민의 건강권을 옹호하는 비영리단체에서 일하다가 전업 작가로 나섰다. 미국 저임 노동자의 생활을 잠입 취재한 『노동의 배신』으로 명성을 높였다. 1998년에는 미국 휴머니스트협회에 의해 '올해의 휴머니스트'로 선정되기도 했다. 20여 권의 책을 썼으며 현재 『뉴욕 타임스』 『타임』 『하퍼스』 『네이션』 등 미국 주요 언론에 칼럼을 기고하고 있다. 홈페이지 www.barbaraehrenreich.com

옮긴이 전미영은 서울대 정치학과와 같은 학교 대학원을 졸업했다. 『헤럴드경제』 등에서 기자 생활을 했으며, 푸르메재단에서 근무했다. 『다크 플랜』 『오일 카드』 『자기신뢰』 『사랑받지 못한 어글리』 『부모가 알아야 할 장애 자녀 평생 설계』 『숏버스』 등을 번역했다.

긍정의 배신

2011년 4월 1일 초판 1쇄 발행
2024년 8월 1일 초판 21쇄 발행

지은이 바버라 에런라이크
옮긴이 전미영
펴낸곳 부키(주)
펴낸이 박윤우
등록일 2012년 9월 27일 등록번호 제312-2012-000045호
주소 서울시 마포구 양화로 125 경남관광빌딩 7층
전화 02) 325-0846
팩스 02) 325-0841
홈페이지 www.bookie.co.kr
이메일 webmaster@bookie.co.kr
제작대행 올인피앤비 bobys1@nate.com
ISBN 978-89-6051-162-0 03330

책값은 뒤표지에 있습니다.
잘못된 책은 구입하신 서점에서 바꿔 드립니다.

모든 불평가들에게:
목소리를 높이자!

차례

- 추천사 한명숙 10　● 추천사 황인숙 15　● 머리말 20

1장　암의 왕국에 오신 것을 환영합니다　37
- 핑크 리본과 곰 인형　44
- 암은 축복?　52
- 긍정적 태도와 면역 체계　59

2장　주술적 사고의 시대: 끌어당김의 법칙　75
- 불평 금지　83
- 시크릿의 '양자물리학'　93

3장　낙관주의의 어두운 뿌리　113
- 신사상의 등장　120
- 나폴레온 힐과 노먼 빈센트 필　130

4장　기업에 파고든 동기 유발 산업　143
- 세일즈맨의 세계　147
- 신비주의자로 가득 찬 기업　154
- 구조 조정의 상처 가리기　163

5장 하느님은 당신이 부자가 되길 원하신다   177
- 조엘 오스틴의 긍정신학   183
- 신사상의 흔적   190
- 기업을 닮아 가는 초대형 교회   194

6장 긍정심리학: 행복의 과학   209
- 마틴 셀리그먼을 만나다   214
- 행복과 건강   223
- 템플턴 커넥션   232
- 자기계발로의 변신   240

7장 긍정적 사고는 어떻게 경제를 무너뜨렸나   247
- 무시된 경고들   256
- 긍정은 위기를 먹고 다시 자란다   264

● 맺음말 269   ● 주 283   ● 찾아보기 300

추천사

한명숙(노무현재단 전 이사장, 전 국무총리)

새 천년이 열린 21세기에도 위기와 재앙은 숨 돌릴 사이 없이 인류의 삶을 위협하고 있다. 금융 위기의 상처가 아물기도 전에 일본 원전의 공포가 또 우리를 덮쳤다.

돌아보면 위기의 대부분은 사전 경고를 묵살한 대가였다. '오마하의 현인'으로 불리는 워런 버핏은 2003년에 이미 파생 금융 상품이 '금융계의 대량 학살무기'가 될 수 있음을 경고했다. 일본 후쿠시마 원전도 오래 전부터 경고음이 울렸지만 무시했던 것으로 드러났다. 우리나라도 예외가 아니다. 구제역 확산을 우려하는 목소리가 드높았지만 정부의 늑장 대응으로 피해를 키웠다. 이렇듯 우리는 재앙이 터진 뒤에야 경고의 소리를 기억해 내는 어리석음을 되풀이하고 있다. 과학과 기술의 눈부신 발달에 비해 인류의 위험 감지 능력은 오히려 퇴화하고 있다는 느낌마저 든다. 그 까닭은 무엇일까?

『긍정의 배신』은 자유시장경제의 신념 체계로 굳어진 '긍정주의'가 사람들의 눈과 귀를 막고 비판 의식과 불평을 잠재운 결과라고 지적한다. 미국의 주류 이데올로기로 자리 잡은 뒤 전 세계로 수출되어 신자유주의 사회의 관습과 미덕처럼 굳어진 긍정주의의 작동 원리와 폐해를 이 책은 예리하게 파헤치고 분석한다.

'긍정적'이라는 단어는 대개 좋은 뜻으로 쓰인다. 그 때문에 '긍정의 배신'이라는 책 제목을 처음 접했을 때는 나 역시 조금 당혹스러웠다. 하지만 이 책에서 말하는 긍정주의는 '맹목적인 긍정' 또는 '병적인 낙관론'처럼 부정적인 의미를 담은 것이었다. 곰곰 생각해 보니 미처 깨닫지 못했던 또 다른 당혹감이 이어진다. 모든 사안에는 긍정적 요소와 부정적 요소가 다 존재하는 법인데, 왜 유독 긍정이라는 말만은 좌고우면할 것 없이 오직 '긍정적'으로만 인식되어 온 것일까.

저자 바버라 에런라이크는 유방암과 싸우면서 미국 문화에 깊이 스며든 긍정주의의 횡포에 눈을 떴다. 부정적인 태도가 암의 원인이라며 '유방암을 선물로 여기라'고 몰아붙이는 긍정주의 슬로건이 환자들을 자책감에 시달리게 만드는 부작용을 체험했기 때문이다. 이 경우 긍정주의는 곤경에 처한 사람들에게 '현실에 눈을 감고, 불행조차 자신의 긍정성 부족 때문이라 생각하고, 오직 스스로의 책임을 비난하라'고 다그치는 암묵적인 권위가 되어 버린다.

긍정주의는 원래 가혹한 자기성찰을 요구하는 청교도적 칼뱅주의에 반발하는 '신사상 운동'으로 태동했지만 20세기에 들어와 소비자 자본주의를 옹호하는 이데올로기로 탈바꿈한다. 긍정 이데올로기는 칼뱅주의의 독소를 그대로 물려받았다. 비판 의식과 분노를 억누르기 위해 끊임없는 자기억제와 자기최면을 강요하는 것이다.

긍정 이데올로기를 생산하고 전파하는 시스템은 여러 영역에 걸쳐 빈틈없이 촘촘한 그물망을 짜 나가며 거대한 산업으로 커졌다. 자기계발서, 기업의 동기 유발 프로그램, 초대형 교회의 복음 설교사들이 이 산업을 이끌고 있다. 전통적으로 '비판적 사고'를 중요시했던 대학들까지 '긍정 심리학'을 앞세워 끼어들고 있는 상황이다.

긍정 이데올로기의 가장 두드러진 폐해는 시장경제의 잔인함을 감추고 변호한다는 것이다. 일례로 1994년 AT&T는 1만 5000명의 정리 해고 계획을 발표하고 바로 그날 직원들을 동기 유발 행사에 불러 모았다. 연사는 "해고된다면 그것은 당신의 잘못입니다. 체제를 탓하지 마십시오. 상사를 비난하지 마십시오. 더 열심히 일하고 더 열심히 기도하세요."라며 직원들에게 '긍정'의 주술을 걸었다.

수만 부가 팔린 자기계발서 『누가 내 치즈를 옮겼을까?』는 색다른 방식으로 긍정주의를 전파한다. 저자는 그 내용을 이렇게 요약한다. "미로 속에서 치즈를 먹고 사는 작은 두 사람이 있다. 어느 날 치즈가 늘 있던 곳에 가보니 치즈가 사라졌다. 이들은 불평하느라 시간을 허비한다. 반면, 같은 미로 속에 있던 쥐 두 마리는 지체 없이 치즈가 있는 다른 곳을 찾아 달려간다. 쥐는 '인간처럼 불필요한 불평으로 일을 복잡하게 만들지 않기' 때문이다. 마침내 작은 인간들도 쥐의 '단순한 삶의 방식'을 본받아 다른 치즈를 찾아 떠난다."

『긍정의 배신』은 이 우화를 '직장에서 쫓겨나도 남 탓하지 말고 조용히 입 다물고 재빨리 다른 일자리를 구하기 위해 스스로를 채찍질하라는 이야기'라고 신랄하게 비판한다. 이 대목을 읽으면서 문득 이명박 대통령이 새해 첫 라디오 연설에서 예찬한 'G20 세대'가 생각났다. 연설의 요지는 이렇다. "G20 세대 젊은이들이 '세계 국가 대한민국'의 주역이다. G20 세대는 긍정의 힘으로 도전한다. 세계무대에 도전하는 것을 결코 두려워하거나 주저하지 않는다. 지금 당장 처지가 어려워도 인내하고 먼 미래를 내다보며 극복해 낸다."

청년 세대의 실업난, 그들 앞에 펼쳐진 암울한 상황은 뒤로하고 '지금 당장 어려워도 인내하고 먼 미래를 내다보는 긍정의 힘'을 대통령은 주문하고 있는 것이다. 'G20 세대'는 '새로운 치즈'를 찾아 주저 없이 떠나야 하는 걸까?

통계청 조사에 따르면, 2011년 1월 현재 15~34세 청년 실업자가 103만 2000명에 달한다. 그렇다면 우리는 정부가 이들을 위해 어떤 지원 시스템을 가동하고 있는지를 먼저 검증해 봐야 한다. 문제가 있으면 불만을 제기하고 대책을 요구해야 한다. 이렇게 현실을 바라보는 객관적 시선과 문제를 개선하기 위한 노력조차 가리게 만든다면, 그 긍정주의의 부작용은 실로 심각하다.

긍정주의는 개개인의 삶이나 사회 분위기는 물론 국가 정책에도 악영향을 끼친다. 단적으로, 부시 대통령은 늘 낙관론을 요구했기 때문에 참모들이 나쁜 소식을 보고하기가 힘들었다고 한다. 9·11 테러 전에 여러 경로로 숱한 경고음이 들려왔음에도 연방수사국이나 백악관 어느 곳도 신경 쓰지 않았다. 이 신호들이 대통령의 '낙관적이고 긍정적인' 인식에 전혀 도움이 되지 않기 때문이었다.

긍정 이데올로기는 국민의 비판 의식을 마비시키고 저항 의지를 잠재우는 탁월한 효과 때문에 종종 정치적으로도 이용된다. 4대강 사업의 환경 파괴를 우려하는 국민 다수의 목소리를 '불필요한 정치 논쟁'으로 폄하하고 '개발 뒤의 이익을 기대하라'는 논리를 반복하는 것은 '긍정 이데올로기'의 또 다른 모습이 아닐 수 없다.

유방암 경험에서 시작해 시중에 넘쳐 나는 자기계발서의 메시지, 초대형 교회의 모순적인 설교, 동기 유발 강사들과 기업들의 커넥션, 그리고 세계를 재난에 빠뜨린 서브프라임 모기지 사태까지 차근차근 더듬어 가며 긍정주의의 실체를 우리에게 전하는 저자의 시각은 날카로우면서도 시종 유쾌하고 재치 있다.

이 책은 이미 충분히 알고 있다고 생각했던 우리 사회의 현실을 또 다른 시선으로 돌아볼 기회를 제공한다. 대책 없는 긍정이 아니라, '아무리 작은 행동이라도 현실의 위험을 제거하려는 시도 자체가 나의 행복 비결'이라는 저자의 건강한 시각에도 동감을 표한다. '깨어 있는 시민의 힘'을 신뢰하는 모든 분께 일독을 권한다.

추천사

황인숙(시인)

　이 책을 읽는 동안, 도대체가 코앞도 분간할 수 없이 겹겹으로 비위생적인 21세기 세상사의 안개가 말갛게 걷혔다. 그렇기로서니, 헤쳐 나갈 방도가 떠오르는 건 아니지만, 실체를 또렷이 볼 수 있게 된 것이다. '보이는' 다음에야 어렵게라도 걸음을 내딛을 수 있지 않을까?
　정의로운 사람이 쓴, 이렇듯 신랄하고 통렬하고 명쾌한 글을 읽는 건 정신건강에 아주 이롭다. 활력을 준다. 바버라 에런라이크! 이 저자의 다른 책들을 다 찾아 읽고 싶다.
　'긍정적인 사람'이라는 평판은 찬사로 알려져 있다. '긍정적'이라는 표현은 그야말로 '긍정적'으로 쓰인다. 그런데 '긍정적'이라는 말이 왜곡돼서 흔해 터지게 퍼져 있으며, 그게 개인과 사회에 '부정적' 결과를 낳고 있다는 게 이 책의 요지다. 아닌 게 아니라 곰곰 생각해 보면 흔히 '긍정적인 사람'이라 불리는 사람은, 어떠한 난관에도 굴하지 않고 일을 돼 가는 방향으로 풀려고 애쓰는 사람이기보다 저 좋을 대로 밝은 미래를 믿고 희망에 부풀어 웃고 있을 따름인 사람이다. 왈, 만사태평인 사람.
　『긍정의 배신』은 조근조근 설득한다. '긍정적 사고'를 전도하는

'행복 운동' 지도자들과 판매원들이 주장하듯 행복은 마음먹기에 달린 게 아니다. 태평한 마음만으로는 결코 태평한 세상이 오지 않으며 오직 퇴행과 마비의 시궁창에서 뒹굴게 할 뿐이다. 불평을 참지 말고 소리 높여 외쳐라!

'긍정적 사고는 어떻게 우리의 발등을 찍는가.' 저자가 분노하고 안타까워하는 건, 교회와 자본가와 긍정적 사고 전파자들이 결탁해서 '평범한 사람들의 속기 쉬운 속성과 낙천성'을 이용해 바른 경제를 무너뜨렸다는 것이다. '상향 이동성이 아주 낮은 빈민'들과 그 빈민의 길로 추락하는 실업자들이 그 '경제적 폭력'을 자기 탓으로, 운명으로 받아들여 마비와 포기만이 그나마 행복의 외길이라 믿게 만들었다는 것이다. '긍정적 사고'가 널리 퍼져 살판난 건 부자들과 교회를 포함한 '긍정적 사고' 사업자들뿐이다.

유방암이란 진단을 받고 치료 와중에 '유방암 문화'에 발을 들여 놓으면서 촉발된 '긍정적 사고'에 대한 문제의식을 저자는 미국이 어떻게 긍정적 사고가 만연한 종주국이 됐는지, 그 결과가 어떤지, 미국 역사와 사회를 해부해 가며 풀어 나간다. 그 과정이 아주 생생하고 흥미롭게 그려져 있다.

핑크 리본과 곰 인형으로 상징되는 유방암 문화에 나타나는 쾌활함. '불행하다고 느낄 경우엔 죄의식이 들 정도'로 병을 긍정적으로 받아들이라는 주위의 억압. (가짜 쾌활함을 상대하는 게 의료 종사자들이나 환자의 친구들에게는 몹시 편리할 것이라는 저자의 빈정거림은 정곡을 찌른다.) 유방암 생존자들의, 인생의 좋은 부분이 얼마나 좋은지를 암이 알게 해주었다는 하나같은 수기들.

'유방암을 선물로 얘기하는 것과 마찬가지로, 일자리에서 밀려나 빈곤을 향해 추락하고 있는 실업자들은 자기가 처한 상황을 '기회'로 받아들이라는 말을 듣는다. 긍정적 사고 또는 긍정적 태도가 치유책으로 제시되지 않는 분야는 거의 없을 정도다. 긍정적 사고 기법에는 불편한 소식에 귀를 닫아버리는 격퇴 능력이 있다. 긍정적 사고의 세력권은 미국에 국한되지 않고 세계로 뻗어나가 영어권은 물론 중국 한국 인도와 같은 성장국가들로 확산됐다.'

『긍정의 배신』에는 책 제목이 수두룩 올라 있는데 그 제목이 거의 다 낯익다. 내가 한 권도 읽어 본 바 없는데 낯익다는 것은 그것들이 모두 미국에서와 마찬가지로 우리나라에서도 베스트셀러라는 뜻이다. 그 숱한 '자기계발서' '부자 되는 법(경제 자기계발서)' '마인드컨트롤' '인간관계론'…. 내가 어렴풋이 실용서로 알아왔고 서점에서도 실용서 코너에 있을 책들이 실은 '판타지'라는 것, 그런데 그 문학적(?) 수사나 비유를 독자들은 곧이곧대로 받아들이고, 필자가 그것을 조장하니 실용서인 게 분명하다는 것. 정신을, 영혼을, 인생을 병들게 하고 헛되이 소진시키는 그 야바위놀음을 생각하니 머리가 어지럽다.

한 문단도 버릴 것 없는 『긍정의 배신』에는 저자가 한국 얘기를 하고 있는가 싶을 정도로 익숙한 풍경이 파노라마처럼 펼쳐진다.

'최근 수십 년간 외형과 경영, 성장 기법에서 기업화된 기관은 교회만이 아니다. 대학도 마찬가지… 교회가 기업을 닮아가는 가운데 기업은 오히려 교회와 유사해졌다. 기업을 이끄는 카리스마적 인물은 리더십 문제에서 신비에 가까운 힘을 갖고 있다고 주장하거나 그렇게 되기를 열망한다.'

교회와 학교는 세속화되고 기업과 재벌은 신비화되다. 이것이 현실이다. 세속적 이익과 신비가 저희 좋을 대로 야합한 사회에서는 '반합리성'이 유행처럼 번진다. 행복 전도사, 동기 유발 사업자 말고도 우리 한국 사회의 상층부들이 의지하는 건 운명철학자들이다. 내로라하는 정치인들이나 기업인들이 단골 운명상담자를 두고 있다는 소문을 익히 들어 왔다. 최근에는 이런 '신비한' 얘기를 들었다. 한 대학에 취업 서류가 통과해서 면접을 보러 갔던 친구가 있다. 면접 분위기도 아주 좋아 꼭 취업이 되리라 생각했는데 떨어졌다. 뒤에 알게 됐는데, 그 대학에서는 이사장한테 이익이 될 사주인 사람만 교직원으로 뽑는다는 불문율이 있다는 것이다. 그는 쓴웃음을 지으며 중얼거렸다. "어쩐지 면접 때 생년월일을 묻더라니…."

내 하찮은 잡문을 책으로 엮을 때 왜 출판사에서 '나 못났다' '모자라는 글' 등의 '부정적 언사'를 쓰지 않는 게 좋다 충고했는지, 신통찮은 패를 들고도 결국엔 최고의 패가 만들어질 것을 믿으며 카드를 덮을 줄 몰라 늘 주머니를 털리던, 내 포커의 메커니즘이 어떤 것이었는지, 어느 날 문득 내가 받아보는 신문의 독자보다 다른 신문 독자의 행복지수가 훨씬 높다는 걸 깨닫고 우울했는데, 그것이 사실이겠지만 그럼에도 왜 그 불행을 감당해야 하는지…. 『긍정의 배신』은 한번 붙들면 놓지 못하게 하는 쫄깃한 독서 와중에 무슨 배경음악처럼 내 삶을 자꾸 환기시킨다.

'세속적인 긍정적 사고 관련 글들이 물질적 욕망을 발현하라고 사람들을 부추기는'이라는 대목을 읽으면서는 계약직 단순노동자인 한 친구가 은행에서 1400만 원이란 돈을 대출해 이틀간 유흥비로 없앤 사고(?)가 떠올랐다. 그 친구는 부모 잘 만난 누구는 하루에 몇 천만 원도 흥청망청 쓰며 사는데 자기라고 평생 한 번쯤 그러지 못하란 법 있느냐는 오기가 불쑥 솟더란다. "한 달에 30만 원씩 몇 년 적금 들면 가능한 일이잖아요. 그런데 몇 년 새 죽거나 하면, 뭐 억울하잖아요." 그래서 대출 받아 먼저 환락을 맛보기로 했단다. 4년 전 일인데 아직도 그 빚을 갚고 있는 그 영혼을 한심하게 만든 것도 '행복의 과학'의 산물, '긍정적 사고'일러라. 무슨 짓을 해서라도 원하는 건 손에 넣어야 한다, 그것이 행복, '행복'은 지상의 명제이며 하느님은 당신이 행복하기를 원하신다 운운…. 그런데 세상에는 '기만당한 채라도 행복하고 싶다'고 원하는 사람이 얼마나 많은 걸까. 세상의 80퍼센트를 이루고 있는 그 사회적 약자들. 구조 조정 등으로 나락에 떨어졌는데 사다리는 끊겨 버린 현실 속에 대량생산된 그 무수한 자영업자들. 말이 좋아 자영업자고 노마드지, 아무도 사 주지 않는 자기밖에 팔 것 없어 외로이 떠도는 세일즈맨들….

    그래도 바버라 에런라이크의 외침에 귀 기울여야겠지! 그의 목소리는 유쾌하고 헌걸차고, 말은 야무지도록 조리에 맞으니까. 상식과 합리성 위에 선 자가 결국엔 이기리라!

    아직 대들 기운이 있을 때 바버라 언니 말을 새겨듣고 정신 차리지 않는다면, 하위 80퍼센트에 속하는 대다수 우리는 짐승의 지옥에 처해질지도 모른다. 런던정경대학 교수 데니스 로저스가 예상하듯, '경제적 착취의 대상으로서도 관심을 기울일 필요가 없어지면' 엘리트들은 우리를 분리 소거해 버릴 테니까.

머리말

미국인은 '긍정적인' 사람들이다. 미국인 스스로 그런 자아상을 갖고 있을 뿐 아니라 평판도 그렇다. 미국인들은 웃음이 헤프고, 다른 문화권의 사람들이 미소로 답해 주지 않으면 당황한다. 진부한 고정관념에 따르면 미국인은 쾌활하고, 명랑하며, 낙관적이고, 천박하다. 한편 미국인의 눈에 비친 외국인은 속마음을 드러내지 않으며, 염세적이고, 퇴폐적인 경향이 있다. 헨리 제임스(Henry James)나 제임스 볼드윈(James Baldwin)처럼 해외에서 활동하며 이를 소재로 글을 쓴 미국 작가들이 고정관념을 강화하는 데 일조했다. 나는 1980년대에 소비에트 출신의 망명 시인 조지프 브로드스키(Joseph Brodsky)가 "미국인의 문제는 고통을 전혀 알지 못하는 것"이라고 한 말에서 그런 고정관념의 존재를 실감한 적이 있다(브로드스키는 블루스 음악을 누가 창안했는지 몰랐던 모양이다). 긍정적이라는 평가에 곤혹스러워하든 자부심을 느끼든 그것은 (느낌상, 외견상) 미국인의 국민성에 깊이 뿌리를 내리고 있다.

이런 밝은 고정관념과 맞서면서까지 굳이 무례하고 불퉁하게 행동할 사람이 있을까? 다정한 미소와 인사, 자신감과 낙천성을 풍기는 분위기, 다시 말해 긍정적인 '정서'를 예로 들어 보자. 억지웃음만 아니라면 미소를 띠는 행위 자체가 사람들 사이에 긍정적인 느낌을 불러일으킨다고 한다. 그뿐만 아니라 말과 미소를 통해 표현된 좋은 감정은 전염성을 갖고 있는 듯하다. "미소를 지어라, 그러면 세상이 당신과 함께 미소 지을 것이다."라는 말도 있지 않은가. 우리가 다정하게 인사를 나누고, 아기를 어르며 그 조그마한 얼굴에서 피어나는 환한 웃음을 보기 위해 발걸음을 멈춘다면 '정서 전염'이라는 유명한 사회심리학적 메커니즘을 통해 이 세상은 분명 더 살기 좋고 행복한 곳이 될 것이다. 최근의 연구 결과들에 따르면, 행복한 감정은 사회 관계망을 통해 빠르게 전파되므로 한 사람에게 행운이 찾아오면 그 사람과 느슨하게 연결된 사람들까지도 기분이 밝아진다.[1]

또 감사하는 마음, 만족감, 자신감 등 긍정적인 감정에는 수명을 늘려 주고 건강을 개선하는 효과가 있다고 심리학자들은 보고 있다. 나중에 살펴보겠지만 이런 주장 가운데 일부는 과장된 측면이 있다. 그러나 긍정적인 감정이 운동이나 비타민과 마찬가지로 건강한 생활에 필수적인 요소라는 점에는 구구한 설명이 필요하지 않다. 긍정적인 감정을 가진 사람들은 사회생활에 적극적으로 참여하며, 그런 사회적 관계들은 많은 질병의 위험인자로 알려진 우울증에 훌륭한 방어막이 된다. 동어반복의 위험을 감수하고 말하자면, 세상과 등지고 불만에 가득 차 있으며 만성적으로 슬픈 감정에 휩싸여 있는 것보다는 긍정적인 쪽이 개인에게나 사회 전체에도 낫다고 할 수 있겠다.

따라서 10년쯤 전부터 경제학자들이 경제의 성공을 측정하는 지표로 국내총생산(GDP)뿐 아니라 행복에도 관심을 갖기 시작한 것은 바람직한 일이다. 물론 행복을 측정하거나 정의 내리는 일은 쉽지 않다. 철학자들은 수세기에 걸쳐 행복이 무엇이냐를 두고 논쟁을 거듭해 왔다. 행복을 부정적인 감정보다 긍정적인 감정이 더 잦은 것으로 단순하게 규정한다 해도, 행복하냐는 질문은 여러 가지 기분과 요소를 일종의 평균치로 답해 달라고 요구하는 것이다. 울적하게 지내다 좋은 소식을 듣고 기분이 나아졌다면 정확히 어떤 상태라고 해야 할까? 이와 관련된 유명한 실험이 있다. 삶의 만족도에 관한 설문을 하기 전에 참가자들에게 문서 한 장을 복사해서 제출하라는 엉뚱한 과제를 주었다. 이때 임의로 선택된 참가자 절반에게는 복사기 위에 10센트 동전을 놓아두어 복사할 때 사용할 수 있도록 했다. 이 실험을 했던 경제학자들이 요약한 결과를 보자. "복사기 위에서 동전을 발견한 사람들의 삶의 만족도가 훨씬 높은 것으로 집계되었다. 이것이 소득 효과가 아닌 것은 분명하다."[2]

행복을 측정하는 문제는 문화권에 따라 행복의 정의가 다른 데다 행복을 미덕으로 간주하지 않는 문화권도 있다는 점까지 더해져 더욱 복잡해진다. 어떤 문화권에서는 내면적 행복의 신호로 여겨지는 긍정적인 감정에 가치를 두지만, 다른 문화권에서는 진지함이나 자기희생, 기꺼이 협력하려는 태도를 더 강조한다. 이처럼 행복을 명확히 정의하는 것이 어려운 일이긴 해도, 인간적인 관점에서 볼 때 GDP를 구성하는 거래 다발보다는 행복이 삶의 질을 측정하는 데 더 적절한 계량도구다.

그런데 심리학자들이 각 나라 사람들의 상대적 행복도를 측정한 결과 놀랍게도 미국인들은 긍정성을 자랑스레 내세움에도 불구하고, 경제가 한창 활황일 때조차 행복한 축에 끼지 못하는 것으로 나타났다. 세계 각국의 행복도에 관한 100건 이상의 자료를 종합 분석한 자료에서 미국인의 행복지수는 23위에 머물러 네덜란드인과 덴마크인, 말레이시아인, 바하마인, 오스트리아인은 물론 음울한 사람들로 알려진 핀란드인보다 순위가 낮았다.[3] 한편 세계 우울증 치료제의 3분의 2가 미국에서 소비되고 있다는 사실도 미국인들이 느끼는 고통을 시사해 준다. 미국에서는 우울증 치료제가 일상적으로 처방되지만, 내가 아는 바로는 우울증 치료제가 행복도 조사에 어떤 영향을 미치는지 전혀 알려져 있지 않다. 약물 덕택에 행복감을 느끼는 응답자는 자기가 행복하다고 답할까? 아니면 기분을 다스리기 위해 약물에 의존한다는 사실 때문에 행복하지 않다고 답할까? 어쨌거나 지금처럼 엄청난 양의 우울증 치료제를 복용하지 않는다면 미국인의 행복도 순위는 훨씬 아래로 떨어질 것이다.

한편 경제학자들이 건강, 환경의 지속 가능성, 그리고 계층의 상향 이동 가능성 등을 통해 '웰빙'을 보다 객관적으로 측정해 국가별 순위를 매긴 것을 보면 미국의 순위는 행복이라는 주관적 상태를 측정했을 때보다 더 내려간다. 예컨대 2006년 영국 신경제재단(New Economics Foundation)이 측정한 행복지수(Happy Planet Index)에서 미국은 150위로 나타났다(2009년에는 114위를 기록했다-옮긴이).[4]

미국인들이 세계에서 가장 행복하지도 않고 가장 부유한 것도 아니라면 어째서 그토록 긍정적인 자아상과 고정관념을 갖고 있는 것일까? 실은 긍정성이 실제 상태나 기분이 아니라, 세상을 설명하고 우리가 살아가는 방식을 결정하는 이데올로기의 일부라는 것이

이 물음의 답이라고 나는 생각한다. 그 이데올로기란 '긍정적 사고 (positive thinking)'이며 여기에는 두 가지 의미가 담겨 있다. 하나는 지금 이대로 아주 좋다는, 긍정적인 생각 그 자체를 뜻한다. 어둠 속에서도 희망의 빛을 보려고만 한다면, 시련에서 전화위복의 계기를 찾으려고만 한다면 모든 것이 나아지리라고 보는 시각이다. 이는 낙천주의이지, 희망과 동일한 것은 아니다. 희망은 우리가 통제할 수 없는 감정 상태이자 갈망이다. 반면 낙천주의는 인지 상태이며 의식적인 기대이므로 누구든 수련을 통해 개발할 수 있다.

긍정적 사고에 담긴 두 번째 의미는 연습과 훈련을 통해 긍정적인 방식으로 생각하기 위해 노력한다는 것이다. 이런 노력을 기울여야 하는 데에는 실질적인 이유가 있다고 한다. 긍정적으로 생각하면 낙천적인 감정을 갖게 될 뿐 아니라 실제로 행복한 결과물을 만들어 낸다는 것인데, 상황이 나아질 것이라고 기대하면 정말로 그렇게 된다는 뜻이다. 그저 생각하는 것만으로 어떻게 그런 결과가 생겨날까? 심리학자들은 낙천성이 건강과 개인의 능력, 자신감과 유연성을 증진시켜 목표를 더 쉽게 달성하게 해 준다고 설명한다. 한편에서는 합리성과 거리가 먼 이론도 유행하고 있다. 우리의 생각이 신비스러운 방식으로 물질세계에 영향을 준다는 이론으로, 부정적인 생각은 아무튼 부정적인 결과를 낳고 긍정적인 생각은 건강과 부, 성공이라는 형태로 실현된다는 것이다. 합리적인 이론과 신비주의 이론 모두 긍정적 사고를 위한 노력에 시간과 관심을 쏟을 가치가 충분하다고 주장하는 점에서는 동일하다. 적절한 책을 찾아서 읽고, 세미나에 참석하고, 정신수련법 강의를 듣고, 좋은 직업과 매력적인 배우자와 세계 평화 같은 바람직한 결과에 생각을 집중해 혼자 수련을 하라는 식으로 말이다.

그런데 이 긍정적 사고의 핵심에는 불안이 놓여 있다. 긍정적 사고가 올바른 것이어서 모든 일이 좋아질 것이고, 우주가 행복과 충만함으로 향하고 있다면 굳이 긍정적 사고 훈련을 해야 할 이유가 없다. 저절로 모든 것이 나아질 것이라는 사실을 믿지 못하기 때문에 훈련이 필요해진다. 긍정적 사고를 위한 훈련은 수많은 모순적인 증거에 직면한 상황에서 믿음을 주입하기 위한 것이다. 긍정적 사고 훈련의 교사를 자처하는 이들(코치, 설교가, 갖가지 명목의 권위자들)은 이런 훈련에 '자기 최면' '마인드 컨트롤' '생각 조절'이라는 이름을 붙인다. 이는 불쾌한 가능성과 부정적인 생각을 억누르고 차단하려는 쉼 없는 노력, 곧 고의적인 자기기만이 필요하다는 뜻이다. 참으로 자신감이 있는 사람들, 이 세상과 화해하고 자신의 운명과 화해한 사람들은 자기 생각을 통제하거나 검열하려고 노력할 필요가 없다. 긍정적 사고는 개인 및 국가 차원의 성공과 결부된 미국적 행동 양식의 정수이지만 그 근원에 놓인 것은 무시무시한 불안감이다.

미국인들이 본래부터 긍정적 사고를 예찬한 사람들은 아니었다. 근거 없는 낙관론과 그것을 이루기 위한 방법론이 명색을 갖추고 조직화된 것은 미국 정부가 수립되고 수십 년 뒤의 일이다. 미국을 세운 이들은 독립선언문에서 '생명과 재산과 신성한 명예'를 서약했다. 건국자들은 독립전쟁에 확실한 승산이 없으며 치명적 위험을 감수해야 한다는 사실을 알고 있었다. 독립선언문에 서명하는 행위 자체가 왕권에 대한 반역이었고, 반역은 처형을 당할 수도 있는 범죄행

위였다. 그들 가운데 많은 사람이 생명과 사랑하는 이와 재산을 전쟁으로 잃었다. 어쨌든 그들은 싸웠다는 사실이 중요하다. 긍정적인 사고와 실체적 용기 사이에는 아주 넓은 간격이 존재한다.

긍정적인 사고가 체계를 갖추기 시작한 것은 19세기 들어서였다. 철학자, 신비주의자, 치유자, 중산층 여성 등 다양하고 흥미진진한 여러 집단에서 긍정적 사고가 이야기되기 시작했다. 20세기가 되자 긍정적 사고는 주류에 진입해 민족주의와 같은 강력한 신념체계들 속에서 자리를 마련했고, 자본주의의 필수요소로서 자기 가치를 설득해 나갔다. 통상 미국인이 자기들의 민족주의를 거론하는 일은 별로 없다. 미국인은 자기들에게는 독특하고 우월한 애국심이라는 게 있다고 여기는 반면 세르비아인이나 러시아인, 그리고 다른 나라 사람들에게는 '민족주의'라는 단어를 쓴다. 미국인들에게 민족주의가 얼마나 깊이 뿌리 내리고 있는지를 보여 주는 현상이다. 미국 민족주의의 핵심 신조는 미국이 '지구상에서 가장 위대한 나라'라는 것이다. 미국이 다른 어떤 나라보다 더 역동적이고, 민주적이며, 번창한 국가이고, 기술적으로도 가장 우위에 서 있다고 미국인들은 생각한다. 주요 종교의 지도자들, 특히 보수 기독교 지도자들은 미국인이 신의 선택을 받은 국민이며 미국이 세계의 지도자가 될 운명이라고 역설하면서 자만심을 부추긴다. 이런 선민의식은 공산주의의 몰락과 함께 미국이 '세계 최강대국'으로 부상하면서 더욱 강화되었다. 영국의 저널리스트이자 역사학자인 고드프리 호지슨(Godfrey Hodgson)은 "어느 정도 유아론적(唯我論的)이긴 했지만 이상주의적이고 관대했던 미국의 예외주의(미국은 독특한 기원과 역사 발전 과정, 정치 제도 등을 가졌기 때문에 다른 나라들과 다른 특별한 국가라는 생각-옮긴이)가 심화되고 오만해졌다."고 지적했다. 미국의 경제학자 폴 크루그먼(Paul Krugman)은 「건방진 미국(America the Boastful)」이라는 글에서 젠체하는 태도를 꼬집고 "자만이 몰락에 선행하는 것이라면 미국은 벌을 받아 마땅한 잘못을 엄청나게 쌓아 두고 있는 셈"이라고 경고했다.[5]

하지만 미국이 가장 '훌륭하고' 가장 '위대한' 나라라는 환상을 유지하기 위해서는 애써 긍정적으로 생각해야 한다. 분명히 군사적으로는 미국이 세계 최강대국이다. 하지만 다른 많은 분야에서 미국이 기록한 점수는 형편없으며, 2007년 시작된 경기 침체 이전에도 그랬다. 미국 어린이들은 다른 선진국 어린이들에 비해 수학이나 지리 같은 기본 과목에서 뒤처져 있다. 또 유아 사망률이 더 높고, 아이들이 가난 속에서 성장하는 비율도 높다. 거의 모든 사람이 시인하다시피 미국의 의료 서비스는 '파탄'했고, 의료 기반 시설은 붕괴하고 있다. 과학 및 기술 분야에서도 우위를 빼앗겨 많은 기업이 연구개발 사업을 아웃소싱하고 있다. 미국이 세계 1위를 기록하고 있는 분야를 보면 자부심은커녕 당황스러울 뿐이다. 미국은 수감자 비율이 세계에서 가장 높고, 부와 소득의 불평등 수준도 세계 최고다. 또 총기 폭력에 시달리고 있으며, 개인 부채에 짓눌려 있다.

긍정적 사고는 미국의 국가적 자부심을 강화해 나가는 과정에서 자본주의와 일종의 상징적인 관계를 맺게 되었다. 본래 자본주의와 긍정적 사고 사이에는 내재적이고 자연스러운 유사성이 존재하지 않는다. 막스 베버(Max Weber)가 쓴 사회학의 고전『프로테스탄트 윤리와 자본주의 정신(Protestant Ethic and the Spirit of Capitalism)』은 자본주의가 엄하고 가혹한 칼뱅주의 프로테스탄티즘의 세계관에 뿌리를 두고 있다는 사실을 보여 준다. 칼뱅주의는 만족을 뒤로 미루고 향락의 유혹에 저항하면서 열심히 일해 부를 쌓으라고 가르쳤다.

초기 자본주의가 긍정적 사고에 우호적이지 않았던 반면에 후기 자본주의, 곧 소비자 자본주의는 긍정적 사고와 훨씬 죽이 잘 맞았다. 소비자 자본주의는 '더 많은 것'을 원하는 개인의 욕구와 '성장'이라는 기업의 지상 과제에 의존하고 있기 때문이다. 소비자 문화는 더 많은 것(자동차, 더 넓은 집, 텔레비전, 휴대전화, 갖가지 종류의 신제품)을 원하도록 부추기고, 긍정적 사고는 소비자들에게 '당신은 더 많은 것을 가질 자격이 있으며, 정말로 그것을 원하고 손에 넣기 위해 노력한다면 실제로 가질 수 있다'고 이야기한다. 한편 경쟁 속에서 상품을 생산하고 직원들에게 급여를 지급해야 하는 기업들로서는 성장 이외에 다른 대안이 없다. 시장점유율과 이익을 지속적으로 키워 나가지 못하는 기업은 퇴출되거나 덩치가 더 큰 기업의 먹이가 된다. 한 기업이든 경제 전체든 영원한 성장이라는 것은 있을 수 없다. 그러나 긍정적 사고는 영원한 성장이 숙명인 것처럼 꾸미거나 그것이 실제로 가능하다고 주장한다.

여기에 더해 긍정적 사고는 시장경제의 잔인함을 변호한다. 낙천성이 물질적 성공의 열쇠이고 긍정적 사고 훈련을 통해 누구나 갖출 수 있는 덕목이라면, 실패한 사람에게는 변명의 여지가 없다. 개인의 책임을 가혹하게 강요하는 것이 긍정의 이면이다. 당신이 경영한 기업이 도산하거나 당신이 일자리를 잃게 된 것은 당신이 최선을 다하지 않았기 때문이며, 성공 필연성을 굳게 믿지 않았기 때문이다.

해고의 칼바람이 몰아치고 금융 혼란의 여파가 중산층에까지 미치자 긍정적 사고의 전도사들은 점점 더 이런 부정적인 판정을 강조하고 있다. 낙담하고, 분개하고, 풀죽은 사람들은 '제물'이 되고 '눈물을 쏟는 사람'이 될 것이라고 그들은 경고한다.

긍정적인 사고는 경제의 과잉을 변명해 주고 잘못을 덮어 주는 역할에만 머무르지 않는다. 긍정적 사고를 장려하는 것이 그 자체로 하나의 산업이 되었다. 책과 DVD 등 관련 상품이 끝없이 쏟아져 나오고, 수십만 명에 달하는 '라이프 코치'와 '경영 코치' 및 그 사람들을 훈련시키는 심리학자들에게 일자리를 제공하고 있다. 금융 혼란에 따른 중산층의 불안감이 이런 상품의 수요를 부추기고 있는 것은 분명하지만, 긍정적 사고가 상업적으로 성공한 이유를 특정 경제 조류나 경기 왜곡에서 찾는 것은 망설여진다. 역사를 볼 때 미국에서는 온갖 종류의 분파와 종파, 신앙요법, 엉터리 상품 판매자들이 득실거렸으며 긍정적 사고 산업과 마찬가지로 이익을 많이 내는 부류가 번창해 왔기 때문이다.

21세기로 접어들면서 미국의 낙관주의는 절정에 달한 것으로 보인다. 지난 2000년 의회 국정보고 마지막 연설에서 빌 클린턴(Bill Clinton) 대통령은 "우리나라가 이렇다 할 내부 위기와 외부의 위협 없이 사회적으로 이토록 진보와 번영을 구가한 적은 한 번도 없었다."고 선언하면서 성공을 자축했다. 하지만 후임자에 비하면 클린턴은 소심한 편이었다. 뒤이은 조지 W. 부시(George W. Bush)는 고교 시절 치어리더였다. 분명 미국의 발명품인 치어리더는 긍정적 사고 포교 사업의 핵심이 된 코칭과 '동기 유발'의 선조 격이라 할 수 있다. 부시는 대통령직을 치어리더 역할을 이어나갈 기회로 받아들였고, 자신감을 고조시키고 의심을 떨쳐 내며 온 국민을 자축 분위기로 몰아가는 것을 자기 책무로 규정했다. 그가 되풀이해서 주장한 내용을 한 단어로 압축하면 '낙관적'이라는 말이 될 것이다. 예순 살 생일을 맞아 기자들과 만난 자리에서도 부시는 다양한 외교 현안에 대해 "모든 문제가 해결될 것으로 낙관하고 있다."고 말했다. 측근들에게도 의심이나 망설임을 허용하지 않았다. 대통령이 거의 언제나 낙관론을 요구했으며, 비관론과 절망과 의심을 싫어했기 때문에 콘돌리자 라이스(Condoleezza Rice) 국무장관은 부시 앞에서는 우려를 겉으로 드러내지 못했다.[6]

그러다 일이 꼬이기 시작했다. 그 자체는 이례적인 것이 아니었으나, 모든 일이 괜찮으며 앞으로 더 좋아질 것이라는 믿음 때문에 관료들이 침체 가능성 자체를 배제한 것이 문제였다. 빌 클린턴이 마지막 국정연설에서 유례없는 번영을 자축한 지 몇 달 지나지 않아 닷컴 붕괴가 일어났으며, 2001년 9월 11일엔 테러리스트들의 공격이 있었다. 이후 진행된 일련의 사태는 긍정적 사고가 성공을 보장해 주는 것은 아니라는 점과 진정한 위협에 대처할 능력을 흐린다는 점을 시사한다. 사회학자 캐런 세룰로(Karen Cerulo)는 명저 『아무도 보지 못했다(Never Saw It Coming)』에서 ('낙관적 편견'이라고 표현한) 긍정적으로 생각하는 버릇이 준비 태세를 와해시키고 재앙을 초래하는 방식을 설명했다. 이 책에서 세룰로는 『뉴스위크』 기자인 마이클 허시(Michael Hirsch)와 마이클 이시코프(Michael Isikoff)의 말을 인용했는데, 그들이 내린 결론은 이렇다. "그 여름 내내 놓쳐 버렸던 단서들을 하나로 합쳐 생각해 보면 2001년 9월의 비극을 예감할 수 있었을 것으로 보인다."[7] 이미 1993년에 세계무역센터에 대한 테러 공격이 한 차례 있었다. 2001년 여름에는 항공기를 이용한 공격 가능성을 둘러싸고 숱한 경고가 나왔다. 비행 학교들은 '항공기를 날게 하는 데에만 관심이 있고 착륙이나 이륙에는 신경을 쓰지 않는' 수상한 학생들에 대해 보고했다. 그런데도 연방수사국, 이민귀화국, 부시, 라이스 등 어느 누구도 그런 불편한 단서에 주의를 기울이지 않았던 탓에 이른바 '상상력의 실패'로 귀결되었다. 하지만 다른 뜻에서는 넘치는 상상력이 가동되고 있었다. 난공불락의 국방, 영원한 경기 활황에 관한 상상력은 지나치게 풍부했다. 다만 최악의 경우를 상상할 능력이나 성향이 부족했던 것뿐이다.

　　부주의한 낙관론은 미국의 이라크 침공에도 배어 있었다. 이라크 사람들이 미군을 환호하며 맞아 줄 것이라는 지도자들의 환상과 '식은 죽 먹기 같은 전쟁'이라는 약속이 이라크의 저항 가능성에 대한 경고를 밀쳐 버렸다. 이와 마찬가지로 허리케인 카트리나가 초래한 재앙도 예상할 수 없던 일이 아니었다. 2002년 뉴올리언스 지역 신문인 『타임스-피카윤(Times-Picayune)』은 시의 제방이 4급이나 5급 허리케인으로 인한 폭풍해일을 막기엔 역부족이라는 경고를 연재 기사로 실었다(이 기사는 퓰리처상을 수상했다). 그에 앞서 2001년에도 『사이언티픽 아메리칸(Scientific American)』이 비슷한 사태를 우려한 기사를 실었다.[8] 그러나 허리케인이 불어 닥치고 제방이 무너졌을 때 워싱턴에서는 비상벨이 전혀 울리지 않았다. 뉴올리언스 연방재난관리청(FEMA)이 마이클 브라운(Michael Brown) 청장에게 긴급 이메일을 보내

머리말　31

도시가 물에 잠겨 사망자가 증가하고 식량이 부족하다는 사실을 전했지만, 돌아온 대답은 브라운 청장이 배턴루지 레스토랑에서 저녁 식사를 하도록 한 시간 기다리라는 것이었다.[9] 이는 범죄적인 태만일까, 아니면 또 다른 상상력의 실패일까? 진실은 이렇다. 미국인들이 수십 년 동안 스스로 훈련해 온 긍정적 사고 기법에는 불편한 소식에 귀를 닫아 버리는 격퇴 능력이 포함되어 있었던 것이다.

크루그먼의 표현대로 하자면 '받아 마땅한 벌' 가운데 가장 큰 것이 2007년의 금융 붕괴와 그에 뒤이은 경제 위기다. 앞으로 이 책에서 보게 되겠지만, 21세기에 접어들자 긍정적 사고는 미국 문화 곳곳을 파고들어 확고한 위치를 구축했다. 긍정적 사고는 높은 시청률을 자랑하는 〈래리 킹 라이브〉나 〈오프라 윈프리 쇼〉 같은 토크쇼를 통해 전파되고 있으며, 2006년 엄청난 베스트셀러가 된 『시크릿(The Secret)』과 같은 책의 주제가 되었다. 유명한 복음 설교사들의 신학으로 채택되었고, 거의 모든 질병 치료에 유용한 강력한 보조제로 의학계에서도 근거지를 마련했다. 또 '긍정심리학'이라는 새로운 지식 형태로 학계에까지 침투해 낙천성을 주입하고 긍정적인 감정을 키우는 방법을 가르치고 있다. 긍정적 사고의 세력권은 미국에 국한되지 않고 세계로 뻗어나가 우선 영어권에, 이어 중국, 한국, 인도와 같은 성장 국가들로 확산되었다.

하지만 긍정적 사고를 가장 환영한 것은 미국 기업계였다(미국 기업은 동시에 글로벌 기업이기도 하다). 긍정적인 사고가 그 자체로 하나의 산업이 되었고, 기업들은 그 산업의 으뜸 고객으로 부상해 마음의 노력을 통해 모든 것이 가능하다는 좋은 뉴스를 게걸스럽게 소비했다.

혜택은 줄고 노동시간은 늘어난 반면 직업의 안정성을 보장받을 수 없는 21세기의 노동자들에게 이는 유용한 메시지였다. 동시에 고위 경영자들에게는 해방 이데올로기가 되었다. 대차대조표와 따분한 위험 분석을 들여다보며 안달할 이유가 무엇인가? 좋은 일이 일어날 것이라고 기대하는 낙천적인 사람에게는 좋은 일이 일어나기 마련인데 무엇 때문에 엄청난 부채나 잠재적 파산 위협을 걱정하겠는가?

나는 개인적인 실망이나 신랄한 기분 탓에 이 책을 쓴 것이 아니다. 고통이 통찰력이나 미덕의 근원이 된다는 낭만적인 생각을 품고 있는 것도 아니다. 그와는 정반대로 나는 미소와 웃음, 포옹, 행복 그리고 즐거움을 더 많이 보고 싶다. 좋은 일자리와 의료 서비스처럼 사회적 안전망이 더 탄탄하고 파티와 축제, 길거리에서 춤을 출 기회가 더 많은 곳이 내가 그리는 유토피아다. 기본적인 물질적 욕구가 충족된다면(이는 내 유토피아의 전제다), 삶은 영원한 축하 무대가 될 것이고 모든 사람이 무대 위에서 재능을 발휘할 것이다. 하지만 단지 희망하는 것만으로 그런 축복받은 상태에 이를 수는 없다. 우리는 스스로 초래했거나 자연 세계에 놓여 있는 무시무시한 장애물과 싸우기 위해 정신을 바싹 차려야 한다. 긍정적 사고라는 대중적 환상에서 깨어나는 것이 그 첫걸음이 될 것이다.

1
암의 왕국에 오신 것을 환영합니다

    2009년, 제임스 코인에게 감정과 암 극복이 관계가 있다는 과학적 편견이 아직도 지속되고 있느냐고 물어보았더니 이렇게 답했다.

    "이라크전의 병력 증강을 두고 '배타적 증폭'이라는 표현을 사용하는데 그 말을 그대로 적용해도 좋을 것 같습니다. 마음이 몸에 영향을 미친다는 건 얼마나 신나는 생각입니까? 행동과학자들이 그렇게 해서 열차에 올라탈 표를 거머쥔 거죠. 암 관련 연구에는 엄청난 이해관계가 걸려 있고, 행동과학자들은 거기 매달릴 수밖에 없지요. 그들이 암 퇴치를 위한 연구에 달리 어떻게 기여하겠습니까? 사람들이 선크림을 바르게 하는 방법을 연구해요? 그런 건 매력적인 주제가 될 수 없겠지요."

Bright-
-Sided

'긍정적 사고'라는 문제에 처음으로 관심을 갖게 된 것은 내 인생이 최악의 상태에 놓였을 때였다. 암 진단을 받기 직전에 낙관주의자인지 비관주의자인지 묻는 질문을 받았다면 나는 아마 대답하는 데 애를 먹었을 것이다. 그렇긴 하지만 건강 문제에는 망상에 가까울 정도로 낙천적이었던 모양이다. 그때까지는 식이요법과 스트레칭, 염증 치료제로 관리할 수 없는 문제가 없었고, 최악의 경우에도 처방약이면 해결되었다. 유방 촬영(의료보험에 가입한 사람들이 50세가 되면 받는 일반적인 암 검진에 포함된 검사였다) 결과 산부인과 쪽에서 우려를 제기했을 때에도 전혀 걱정하지 않았다. 내가 유방암에 걸릴 이유가 어디에 있단 말인가? 나는 유방암 위험 인자와 전혀 관계가 없었다. 가족 병력에 유방암이 없었고, 아이 둘을 비교적 젊었을 때 출산했으며 둘 다 모유로 키웠다. 올바른 식습관을 갖고 있었고, 술은 조금만 마셨고, 운동도 했다. 가슴이 너무 작았기 때문에 멍울이 한두 개쯤 있는 게 오히려 보기 더 좋을 것이라고까지 생각했다. 그랬기 때문에 4개월 뒤 2차 유방 촬영을 하라는 산부인과 의사의 말에 동의한 건 순전히 의사를 안심시켜 주기 위해서였다.

　나는 그 일을 잠깐 들러 받는 검사 정도로 가볍게 생각하고 우체국이나 슈퍼마켓, 헬스장에 가는 것처럼 일상적인 일로 받아들였다. 그런데 막상 탈의실에 들어서자 저절로 주눅이 들었다. 가슴을 드러내고 조그마한 엑스선 불투과 물질을 양쪽 젖꼭지에 붙여야 한다는 불쾌함 때문만은 아니었다. 창문 없는 삭막한 촬영실 옆 탈의실에는 무언가 불길한 느낌이 감돌고 있었다. 그곳에는 귀엽고 감상적인 복사물들이 눈높이에 맞춰 빼곡하게 붙어 있었다. 유방암 캠페인의 상징인 핑크 리본, 수술로 가슴이 평평해진 여자에 관한 만화, 〈유방 촬영에 부치는 시〉, '여자들이 반드시 알아야 할 열 가지' 리스트(빅사이즈 의류, 속눈썹 마는 기구가 포함되어 있었다)에다, 결정적으로 문 바로 옆에는 분홍색 장미 그림을 배경으로 〈오늘 당신을 위해 기도 드립니다〉라는 시가 붙어 있었다.

　유방 촬영이라는 그 대단한 일은 운동 시간, 저녁 식사 시간, 그리고 전반적인 내 인생을 잘라먹으며 끝도 없이 계속되었다. 시키는 대로 자세를 취했지만 기계가 작동하지 않아 소용없기도 하고, 엑스선 촬영은 순조롭게 이루어졌으나 방사선과 의사가 뭔가 문제를 제기하기도 했다. 촬영을 지시하는 방사선과 의사는 별도의 사무실에 있었는데 직접 얼굴을 보이면서 설명해 주거나 양해를 구하는 법이 절대 없었다. 촬영을 좀 빨리 진행하자고 요구해도 촬영 기사는 직업적인 딱딱한 미소만 지을 뿐이었다. 자기가 가하는 고문 탓에 죄책감을 느꼈거나 검사 결과가 좋지 않으리란 사실을 알고 있었던 것일까. 유방을 쥐어짜는 자세와 촬영, 그리고 촬영 기사가 방사선과 의사와 상의하기 위해 달려갔다가 다른 각도와 더 선명한 영상이 필요하다는 요구를 받아들고 돌아오는 일이 1시간 30분 동안 반복되었다. 촬영 기사가 자리를 비우면 검사실에 놓인 여성 잡지를 밀쳐 두고 『뉴욕 타임스』를 꺼내 나와는 무관한 영화와 부동산 면을 읽어 내려갔다. 본래 나는 땀에 강한 아이라이너나 '오늘 밤 환상적인 섹스를' 같은 잡지 기사를 즐겨 읽지만 점차 불안이 커지면서 탈의실 내의 경고 분위기를 감지했기 때문에 그런 기사를 절로 피하게 되었다. 그 분위기를 말로 옮긴다면 '여성성이란 곧 죽음이다'가 될 것이다. 마침내 지역 무료 주간지밖에는 읽을 것이 남지 않았다. 나는 주간지의 항목별 광고란을 훑어보다 유방암의 위협보다 더 심란한 광고를 보게 되었다. 핑크 리본이 가슴에 수놓인 '유방암 곰 인형' 광고였다.

  그렇다. 전쟁터의 참호 속에서는 무신론자도 기도를 하는 법이다. 상어에 물리거나, 벼락을 맞거나, 암살자의 표적이 되거나, 교통사고를 당하거나 뭐든 좋으니 깨끗하고 명예롭게 죽고 싶다는 갈망이 강하게 치밀었다. 차라리 미친놈한테 난자 당해 죽게 해 주소서. 나는 탄원했다. 곰 인형이 상징하는, 탈의실 벽에서 뿜어져 나오는 핑크빛의 끈적끈적한 감상만 아니라면 무엇이라도 좋았다. 죽는 건 상관없었다. 하지만 곰 인형을 껴안고 부드러운 미소를 띠고 죽는 모습만은 내가 가진 어떤 철학으로도 정당화할 수 없었다.

  하루가 지난 뒤 유방 촬영 결과를 전화로 통보받았는데 전신마취를 한 상태로 생체 조직 검사를 받아야 한다고 했다. 나는 극도의 혼란에 빠지지는 않았으며, 무고하게 마녀로 고발된 사람이 재판에 직면한 심경으로 생체 조직 검사에 관해 생각했다. 내 이름이 무엇인지 분명하게 말할 수 있는 정도의 이성은 아직 남아 있었다. 나는 수술을 받게 되었다는 소식을 아이들에게 알리고, 유방 촬영에서 판명된 멍울의 대부분은 양성이라고(방사선과 의사가 말해 준 바로는 80퍼센트였다) 아이들을 안심시켰다. 병이 있다면 그건 내가 아니라 낡고 삐걱거리는 유방 촬영기일 터였다.

열흘 뒤 생체 조직 검사와 함께 나는 공식적으로 유방암 환자 대열에 합류했다. 마취에서 깨어나 보니 환자 이송용 침대 발치에 외과 의사가 서 있었다. 의사는 침울한 어조로 "유감스럽지만 암이 있습니다."라고 말했다. 약에 취해 어지러운 상태에서 그날 나머지 시간 동안 곰곰 생각해 본 끝에 나는 의사가 내린 선고에서 가장 잔인한 부분은 암의 현존이 아니라 나의 부재라는 결론에 도달했다. 의사가 사용한 문장에서 나 바버라는 암이 존재하는 장소로도 언급되지 않았다. 한때 내가 있었던 곳에(나라는 사람이 각별히 풍채가 좋거나 하지는 않았지만 그래도 육체와 말과 몸짓의 표준적 집합체이긴 했는데) 이제 암이 존재하고 있었다. 내 자리를 암이 차지했다는 것, 그것이 의사의 말 속에 담긴 뜻이었다. 그리고 지금의 나를 의학적으로 표현한 것이었다.

최후로 품위 있게 자기주장을 하기 위해 나는 조직 검사 슬라이드를 보여 달라고 요청했다. 내가 살고 있는 작은 마을의 병원에서는 그리 어려운 일도 아니었다. 그 병원의 병리학자는 내 친구의 친구였고, 세포생물학 박사라는 나의 먼지투성이 학위(1968년 록펠러 대학교)도 약간은 위력을 발휘했다. 명랑한 성격의 병리학자는 헤드가 두 개 달린 현미경의 한쪽 끝에 나를 앉혀 두고 한쪽을 자신이 조작하면서 포인터를 움직였다. "이게 암세포들입니다. 과잉활동성 DNA 때문에 파란색을 띠고 있지요." 암세포 대부분은 막다른 골목을 향해 비집고 들어간 교외 주택들처럼 단조로운 반원형 형태로 배열되어 있었다. 하지만 보고 싶지 않은 모습도 눈에 들어왔다. 행군하듯 일렬종대로 늘어선 세포들이었다. 나는 그 '적들'이 인체를 방위하는 살해 세포인 림프구와 대식세포한테 걸려 폭력적인 죽음을 맞이하는 모습을 '시각화'해야 했다.

그러나 합리적인 이기심에 반하는 감정에 압도되고 말았다. 나는 줄지어 늘어선 암세포들의 빠르게 움직이는 에너지에, 가슴의 후미진 곳에서 나와 림프절과 골수와 폐와 뇌를 점령하기 위해 행진하는 결단력에 깊은 인상을 받았다. 이것들은 어쨌거나 내 몸의 광기가 아닌가? 이 반역 세포들은 비정상이긴 하지만 나의 유전적 본질이었던 게놈이 발현된 것이고, 폐경기가 지난 몸에서는 정상적인 재생산 기회를 더 이상 가질 수 없으므로 토끼처럼 빠르게 증식하면서 달아날 틈을 엿보는 게 당연하지 않겠는가?

병리학자와 만난 이후로 나의 생물학적 호기심은 일평생 최저 수준으로 떨어졌다. 유방암 진단을 받은 많은 여성이 몇 달씩 자기 병에 대해 스스로 공부해 어떤 선택을 할 수 있는지 숙지하고, 여러 의사를 만나 보면서 치료에서 예상되는 부작용을 가늠한다. 하지만 나는 몇 시간 조사한 것만으로 유방암 환자의 앞날이 어떤 것인지 알게 되었다. 유방암 환자는 종양 덩어리만 제거하는 종괴절제술과 유방 전체를 제거하는 유방절제술 중에서 선택을 해야 하는데, 종괴절제술을 택할 경우에는 이후 몇 주에 걸쳐 방사선 치료를 받는 게 일반적이다. 또 어떤 수술이든 절개했을 때 암세포가 림프절에 전이된 것이 판명되면 몇 달씩 화학요법을 받아야 하는데 그건 모기를 때려잡기 위해 대형 망치를 휘두르는 것과 비슷하다. 화학요법에 사용되는 약제들은 암세포뿐 아니라 피부와 모낭, 위 내벽, 골수(면역 세포를 포함해 모든 혈액세포를 생산하는 곳)에 있는 정상 세포까지 파괴하고 죽인다. 그 결과 머리카락이 모조리 빠지거나 메스꺼움, 구내염, 면역 억제 등의 증상이 나타나고 많은 환자들이 빈혈에 걸린다.

이런 식의 대처는 치료는커녕 그 비슷한 것과도 무관하기 때문에 유방암으로 인한 사망률은 유방절제술이 유일한 치료 방법이었던 1930년대 이후 내가 유방암 판정을 받은 2000년까지 거의 변화가 없었다. 1980년대 유방암 치료에서 일반적으로 사용하던 화학요법은 환자들에게 주입된 생각과 달리 결정적인 이점을 전혀 갖고 있지 않았다. 폐경 이전의 비교적 젊은 여성이 화학요법을 받을 경우에는 10년 생존율이 7~11퍼센트 포인트 올라가지만, 유방암 환자들은 대부분 나처럼 폐경기를 맞은 나이 든 여성들이다. 저명한 암 전문 외과 의사 수전 러브(Susan Love)에 따르면 폐경이 지난 여성들의 경우에는 화학요법을 받아도 생존율이 2~3퍼센트 포인트밖에 올라가지 않는다.[1] 수명을 몇 달 늘릴 수는 있겠지만 동시에 몇 달 동안 고통을 견뎌야 한다.

실제로 유방암 치료법을 둘러싼 논란은 계속 이어져 왔다. 1970년대에는 일반적으로 유방뿐만 아니라 근육, 신경, 혈관, 림프절 등 대부분의 주위 조직을 제거하는 근치절제술이 시행되어 환자는 암이 생긴 유방을 완전히 잃었다. 여성 의료 활동가들이 덜 근본적이고 '완화된' 유방절제술을 주장할 때까지 이런 치료가 계속되었다. 환자가 마취되어 아무 결정도 할 수 없는 상태인데 생체 조직 검사 후 곧바로 유방절제술을 하는 일도 빈번했다. 이 역시 여성 의료 활동가들이 제지하기 전까지는 관행이었다. 그러다 1990년대가 되자 암이 전이된 환자들에게 화학요법으로 골수를 완전히 파괴한 뒤 골수 이식 수술을 하는 치료법이 반짝 유행했는데 대개는 환자의 명을 재촉했을 뿐이다. 지금은 화학요법, 방사선 치료 등이 첨단 치료법으로 꼽히고 있다. 하지만 거머리를 이용한 치료법도 한때는 최신식 치료법이었다.

　나는 이런 암울한 사실들을 알고 있었다. 분명히 어느 정도는 알고 있었다. 하지만 첫 몇 주일간 마취제의 안개 속에 싸여 있으면서 자기방어 능력을 상실했던 모양이다. 의사들, 그리고 사랑하는 사람들로부터 당장 뭔가를 해서 암을 죽이고 제거하라는 압력이 이어졌다. 전이 확인을 위한 뼈 스캔, 화학요법을 견딜 수 있을지 알아보기 위한 첨단 심장 검사 등 끝없이 계속된 검사들로 자아와 물질세계, 유기체와 비유기체, 나와 그것 사이의 구분이 흐려졌다. 꽤 도움이 되었던 어느 팸플릿에서 본 내용인데, 암 환자 경력이 쌓이게 되면 나는 산 것과 죽은 것의 복합체가 될 터였다. 가슴은 이식물로 대체되고 머리카락은 가발로 대체될 것이다. 그렇게 된 이후 내가 '나'라는 단어를 쓸 때 그것은 무엇을 의미하게 될까? 나는 비이성적이고 수동적인 공격 상태에 빠져들었다. 이걸 진단한 건 그들이야. 그러니 이건 그들이 만든 거라고. 발견한 사람들더러 고치라고 해.

　대안 요법이라는 다른 길도 있었다. 멕시코에서 대안 요법을 받다가 결국 1997년 유방암 합병증으로 사망한 실험적 소설가 캐시

애커(Kathy Acker), 자기 몸에 겨우살이 양조술을 직접 주사해 타블로이드 신문 머리기사를 장식한 여배우 수잰 소머스(Suzanne Somers)처럼 말이다. 하지만 나는 한 번도 '자연 치유'에 감탄한 적이 없었고 '몸의 지혜'를 믿지도 않았다. 죽음 또한 누구에게나 찾아오는 '자연스러운' 것이 아닌가? 나는 내 몸을, 알레르기 물질과 미량의 설탕에도 위험할 만큼 과잉반응을 보이면서 나라는 존재의 뒤에서 질질 끌려오는 덜 떨어진 샴쌍둥이 같은 것으로 인식하고 있었다. 나는 과학을 믿기로 했다. 그로 인해 멍청하고 늙은 몸이 사악한 어릿광대처럼 토하고, 경련을 일으키고, 땀을 흘리고, 중요한 신체 부위를 잃고, 수술 후 체액을 줄줄 흘리게 된다고 해도 어쩔 수 없었다. 외과 의사와 (이번엔 좀 더 붙임성 있고 솔직한 사람이었다) 종양학 의사가 나를 보러 오기로 했다. 암의 왕국에 입성한 것을 환영합니다!

핑크 리본과 곰 인형

다행히 지금은 이런 일을 혼자 견디지 않아도 된다. 40년 전 베티 포드(Betty Ford), 로즈 쿠시너(Rose Kushner), 베티 롤린(Betty Rollin) 같은 선구자들이 공개적으로 나서기 전까지 유방암은 말없이 참고 견디다 부고 기사에서 '지병'으로 완곡하게 표현되는 끔찍한 비밀이었다. 성생활과 양육을 뜻하는 '가슴'이 게걸스러운 갑각류의 발톱을 떠올리게 하는 단어와 결합하면(암을 일컫는 영어 단어 cancer에는 천궁도에서 말하는 '게자리'의 의미도 있다-옮긴이) 모든 사람이 두려움에 휩싸였다.

그러나 요즘의 문화 지도에서는 유방암이 AIDS와 낭성섬유증, 척추 손상보다 더 많이 분포한 병이며 전형적인 여성 사망 원인이었던 심장병, 폐암, 뇌졸중에 비해서도 환자 수가 많다. 유방암 관련 웹사이트는 수백 개에 이르고 뉴스레터와 지원 그룹, 유방암을 겪은 사람의 경험담을 담은 책도 셀 수 없이 많다. 심지어 중상류 지식층을 대상으로 한 잡지 『맘(Mamm)』에도 유방암 관련 기사가 등장한다. 전국 규모의 유방암 단체는 네 곳이 있는데, 이 가운데 재정적인 면에서 가장 유력한 단체는 유방암 생존자이자 공화당 기부자인 낸시 브링커(Nancy Brinker)가 이끄는 수전 G. 코멘 재단이다. 이 재단에서 매년 개최하는 치유 마라톤 대회(Race for the Cure)에는 유방암 생존자 및 그들의 가족과 친구 등 약 100만 명이 참가한다. 대회 관련 뉴스, 환자 개인의 경험담, 희망을 주는 메시지가 담긴 게시판이 있는 이 재단의 웹사이트는 미국 유방암 문화의 축소판이다.

관련 사이트들을 이리저리 돌아다녀 보니 모든 사람이 유방암에 공포와 두려움을 갖고 있는 것은 아니었다. 낙관적 분위기가 지배하는 데다 강한 물욕마저 느껴졌다. 미국에서는 200만 내지 300만 명의 여성들이 다양한 단계의 유방암 치료를 받고 있어 옆에서 걱정하는 친척까지 합치면 유방암 관련 시장이 꽤 큰 규모에 이른다. 한 예로 곰 인형만 해도 네 종류가 있다. 추억의 곰 인형 '캐롤'이 있고, 화학요법으로 인한 대머리를 가리려는 듯 분홍색 터번을 두른 유방암 연구 곰인 '호프'가 있다. 낸시 브링커의 죽은 자매 이름을 딴 '수전', 스타 곰을 꿈꾸는 '닉과 노라'도 있는데 이 두 가지는 코멘 재단 웹사이트의 온라인숍에서 구입이 가능하다.

이 곰 인형들은 핑크 리본을 주제로 한 넘쳐 나는 유방암 관련 상품 중 일부분에 지나지 않는다. 옷을 원한다면 핑크 리본으로 장식된 스웨터, 면 셔츠, 파자마, 란제리, 앞치마, 평상복, 구두끈, 양말 등 무엇이든 나와 있다. 핑크색 모조 다이아몬드로 만든 브로치, 천사 핀, 스카프, 모자, 귀고리, 팔찌 등 액세서리 종류도 다양하다. 유방암 초와 핑크 리본 스테인드글라스 촛대, 커피 잔, 펜던트, 처마 끝에 다는 작은 종, 병실이나 화장실 등에 밤새 켜 놓는 전등으로 집안을 장식할 수도 있다. 그리고 대금은 코멘 재단의 '치유를 위한 수표'(구매가의 10퍼센트가 재단 후원금으로 적립된다-옮긴이)로 지불할 수 있다. 자각이 비밀주의와 오명에 승리를 거둔 것은 분명하다. 전에 한 친구가 "언젠가는 닥쳐올 죽음에 똑바로 맞서라."고 내게 진지하게 충고해 준 적이 있는데, 죽음을 자각한 그 실존적 공간과 유방암 장터가 놀랍도록 유사하다는 점에 나는 주목하지 않을 수 없었다.

　이 사실은 꼭 짚고 넘어가야겠다. 이런 일이 전적으로 환자들을 갈취해 이익을 챙기려는 상술이라고 할 수는 없다는 것이다. 유방암 관련 소품이나 장신구 일부는 '데이지 자각 목걸이'를 창안한 제니스처럼 유방암을 이겨 낸 사람들이 만드는 것이며, 대부분의 경우 수익금의 일부가 유방암 연구 기금으로 사용된다. 추억의 곰을 만들어 낸 버지니아 데이비스(Virginia Davis)는 양쪽 유방을 절제한 친구에게서 영감을 얻었으며, 추억의 곰을 사업이라기보다는 '운동'으로 여긴다고 말했다. 내가 데이비스를 인터뷰했던 2001년, 그녀는 중국에서 만들어 선적할 추억의 곰이 1만 개에 달할 것으로 예상하고 수익금 일부를 치유 마라톤 대회에 보낼 것이라고 밝혔다. 곰 인형이 환자를 어린애 취급한다는 인상을 줄 수 있다는 뜻을 슬쩍 비춰 보았으나 그런 문제를 제기한 사람은 아무도 없었다고 했다. 그녀는 "감사 편지가 많이 옵니다. 사람들은 '우리를 생각해 주는 당신에게 신의 축복이 함께하시길.'이라고 써서 보낸답니다."라고 말했다.

유방암 시장에서 가장 여성적인 부분, 예컨대 화장품과 보석류의 강세는 유방암 치료가 외모에 미친 파괴적인 영향에 대한 대응으로 설명할 수 있다. 예쁘장함, 핑크색 등을 강조하는 것은 긍정적인 인상을 주기 위해서일 것이다. 하지만 유아적인 비유가 사용되는 이유는 이해하기 어렵다. 곰 인형만이 아니다. 리비 로스 재단에서는 유방암 환자들에게 토트백을 나눠 주는데(컬럼비아-장로교 의료 센터 같은 곳에서 준다) 이 안에는 에스티로더 바디 크림, 진분홍 새틴 베갯잇, 박하사탕 한 통, 세 개 한 세트로 된 모조 다이아몬드 팔찌, 분홍색 줄무늬 표지의 '일기 및 스케치북', 그리고 뜬금없이 크레용 한 상자가 들어 있다. 리비 로스 재단의 창립자 중 한 사람인 말라 윌너(Marla Willner)에게 물어보았더니 크레용은 일기에 딸린 것으로, 색다른 기분과 생각을 표현할 때 쓴다고 했다. 하지만 자기는 크레용으로 글을 쓸 생각을 해 보지 않았다고 인정했다. 필시 길고 고통스러운 치료 과정을 견뎌 내려면 어린아이와 같은 상태로 퇴행하는 게 낫다는 발상에서 크레용이 등장했을 것이다. 아니면 여성성을 완전한 어른스러움과 양립하지 못하고 발육이 정지된 상태로 보는, 우세한 성 이론의 일면에 영향을 받은 것일 수도 있다. 전립선암에 걸린 남자가 모형 자동차를 선물로 받지 않는다는 것만은 분명하다.

어쨌거나 나도 곰 인형을 껴안는 사람들 못지않게 온갖 도움이 필요했다. 머리카락이 빠지는 것과 관련된 실질적인 정보, 화학 치료를 받을 때의 식이요법, 수술 후의 옷차림, 음식 냄새가 역겨울 때의 식단 등을 열심히 조사했다. 막상 찾아보니 정보의 양은 내가 흡수할 수 있는 이상으로 엄청났다. 유방암으로 고통을 겪은 사람 수천 명이 경험담을 인터넷에 올려 두고 있었다. 이야기들은 멍울이나 유방 촬영에서 시작해 치료의 고통을 거쳐 가족의 지지에서 얻는 힘과 유머와 신앙 등에서 잠깐 쉰 다음, 거의 예외 없이 겁에 질린 초보자를 격려하는 메시지로 마무리되었다. 같은 고통을 겪는 자매가 보내는 한 문단 정도의 짤막한 인사도 있고, 유방을 잃고 화학요법을 받는 내용을 거의 매 시간 단위로 올려놓은 글도 있었다.

2000년 8월 15일 화요일: 흠, 네 번째 화학요법을 견뎌 냈다. 오늘은 아주, 아주 어지럽다. 몹시 메스껍지만 토하지는 않았다! 이런 일은 처음이다. …식은땀이 났고 5분 이상 심장이 두근거렸다.

2000년 8월 18일 금요일: … 저녁 식사 시간이 되자 너무 메스꺼웠다. 약을 먹고, 트레이더 조스에서 사온 밥과 채소를 먹었다. 냄새도 맛도 끔찍했지만 어쨌든 먹었다. …릭이 집에서 가져온 과즙을 마셨다. 그러자 조금 속이 진정되는 것 같았다.

눈을 뗄 수가 없었다. 패혈증, 임플란트 파열, 치료가 끝나고 몇 년이 흐른 뒤 갑작스러운 재발, 주요 장기로의 전이 등 잘못될 가능성이 있는 모든 것을 상상하면서 나는 경험담을 읽어 내려갔다. 특히 두려웠던 것은 화학요법으로 인한 인지능력 손상 가능성이었다. 이야기에 등장한 모든 사람과 나를 비교했다. 나보다 상태가 좋은 사람을 보면 괜시리 짜증이 났고, 4기에 도달한 사람들을 보면 몸서리를 치며 내 가능성을 가늠했다(연극〈위트〉에서 난소암에 걸린 주인공이 설명했던 것처럼 '5기'는 존재하지 않는다).

책과 인터넷에서 유용한 정보를 꽤 얻긴 했지만 경험담을 읽으면 읽을수록 내가 느끼는 고립감은 더 커졌다. 책의 저자나 블로거 중에서 이 병과 치료법에 대해 나와 같은 방식으로 분노를 느끼는 사람은 아무도 없었다. 유방암은 왜 생기며, 특히 산업화된 사회에서 왜 이토록 널리 발생하는가?* 왜 유방암 종류에 따라 각기 다른 치료법이 없는 것인가? 왜 암세포와 정상 분화 세포를 구분해 치료하지 못하는가? 하지만 주류 유방암 문화에서는 분노를 거의 찾을 수 없고, 가능성이 있음직한 환경 요인도 언급하지 않는다. 병이 아주 깊거나 전이된 경우가 아니면 통증과 고통을 주는 것은 병 그 자체가

---

* 유방암의 원인 가운데 '나쁜' 유전자에 의한 발병률은 10퍼센트 미만으로 추정된다. 또 유방암 판정을 받은 여성 가운데 늦은 첫 출산, 최근의 폐경 등 위험 요인이 알려진 경우는 30퍼센트뿐이다. 지방 함량이 높은 식단 같은 나쁜 생활 습관이 잠깐 전문가들 사이에서 원인으로 꼽혔으나 얼마 지나지 않아 그런 요인은 대부분 배제되었다. 이에 따라 브레스트 캔서 액션(Breast Cancer Action) 같은 단체들은 플라스틱과 살충제(DDT와 PCB 같은 살충제는 미국에서 사용이 금지되었으나 미국이 농산물을 수입하는 3세계 국가들에서는 아직도 사용된다), 산업폐수의 지하수 유입 등 환경적 발암물질에 초점을 맞춰야 한다고 주장하고 있다. 사람에게 유방암을 일으키는 발암물질이 정확히 무엇인지는 아직 가려지지 않았다. 그러나 위에서 말한 환경 요인들이 쥐에게 유방암을 발생시키는 것이 확인되었고, 선진국에서 1950년대부터 1990년대까지 유방암 환자가 매년 1퍼센트씩 증가할 정도로 급속히 확산되는 것으로 미루어 충분히 환경 요인에 의혹을 품을 수 있다. 선진국으로 이주한 제3세계 여성들 역시 본래 선진국에 살고 있던 여성들과 같은 수준의 유방암 발병률을 보인다는 점도 환경 요인설을 뒷받침한다.

아니라 '치료'라고 말하고 있다. 게다가 전반적인 분위기는 낙관적이기까지 하다. 한 예로 브레스트 프렌즈(Breast Friends)라는 웹사이트에는 감동적인 경구들이 나와 있다. "당신 탓이 아닌 일을 두고 한탄하지 마라." "슬픔의 새가 내 머리 위를 맴도는 것을 멈추게 할 수는 없지만, 그 새가 내 머리에 둥지를 짓는 것은 멈추게 할 수 있다." "삶이 레몬을 건네주거든 그것을 쥐어짜 미소를 만들어 내라(레몬에는 '불쾌한 일'이라는 뜻이 있다-옮긴이)." "배가 태우러 올 때까지 기다리지 말고 배를 향해 헤엄쳐 가라." 대부분 이런 식이다. 꽤 고급스런 잡지인 『맘』도 마찬가지여서 어느 칼럼니스트는 암이나 화학요법을 한탄하는 것이 아니라 화학 치료가 끝나서 아쉽다는 글을 썼다. 그녀는 종양학과 의사의 사무실 옆에 텐트라도 쳐서 분리 불안을 극복해야겠다고 유머를 발휘했다. 긍정적으로 사고한다는 것이 유방암 환자들의 문화에서 지상명령과도 같이 군림하고 있어 불행하다고 느낄 경우엔 죄의식이 들 정도다. 한 사이트(breastcancertalk.org)에 개인적인 이야기를 올린 '루시'라는 사람은 장기 예후가 그다지 좋지 않은 환자였는데 자기 이야기가 "일반적인 것이 아니라 다정함과 희망으로 가득 차 있지만, 그럼에도 불구하고 그것이 진실"이라고 썼다.

심지어는 '희생자'라는 단어도 사용이 금지되어 유방암을 앓는 여성을 묘사할 명사가 전혀 없는 형편이다. 부분적으로 모델로 삼고 있는 AIDS 운동에서 그러하듯, 유방암 운동 역시 '환자'나 '희생자' 같은 단어는 자기연민과 수동적인 느낌을 풍기므로 정치적으로 올바르지 않다고 규정한다. 그 대신에 동사를 사용한다. 치료를 받고 있는 사람은 '투쟁하는' 혹은 '싸우는' 사람으로 묘사된다. 때로는 여기에 '용감하게' 혹은 '격렬하게'처럼 정면으로 바람을 맞고 있는 영화배우 캐서린 헵번을 연상시키는 부사들이 강조어로 추가된다. 치료가 완료되면 그 사람은 '생존자'의 지위를 갖게 된다. 내가 사는 지역의 지원 그룹 회원들이 자신을 부르는 이름도 '생존자'였다. 전투 경험담을 나누고 생존해 있음을 축하하기 위해 모인 자리에서 우리는 알코올중독자모임에서 흔히 그러듯 "안녕하세요. 내 이름은 캐시고, 3년차 생존자랍니다."라고 인사를 나누었다. 내 지원 그룹은 아주 충실히 지원을 해 주었는데, 일부 단체에서는 암이 전이되었거나 생존자의 반열에 오를 가망성이 없는 여성들을 내쫓기도 하는 것으로 보도되었다.[2]

매년 4만 명에 달하는 여성이 유방암에 굴복한 사람들의 대열에 합류하는데 이들은 (이번에도 명사 한 단어로 쓸 수가 없는데) '전투에 패한 사람'으로 불리며 잃어버린 용감한 자매, 전사한 병사가 되어 치유를 위한 마라톤 대회에 사진으로 등장한다. 압도적인 긍정성이 지배하는 유방암 문화에서 순교자는 중요하지 않다. 명예와 박수갈채를 누리는 것은 생존자들이다. 우리 동네에서는 미국암협회가 지원하는 '생명의 릴레이'가 열리는데 여기서도 죽은 사람들의 존재는 희미하다. 행사가 열리면 어린이용 햄버거 세트가 들어갈 만한 크기의 종이봉투가 릴레이 트랙을 따라 줄지어 놓인다. 봉투에는 사망자의 이름이 적혀 있고 안에 양초가 들어 있어 경주가 시작된 뒤 어두워지면 불을 켜도록 되어 있다. 하지만 이 행사의 스타는 경주에 나선 사람들, 바로 생존자들이다. 암이라는 병이 그렇게 나쁜 것은 아니라는 살아 있는 증거를 보여 주는 그 사람들이 스타다.

암은 축복?

유방암 문화에서 나타나는 쾌활함은 분노의 부재를 넘어 병을 긍정적으로 수용하는 것처럼 보이는 정도에 이른다. '메리'라는 여성은 어느 게시판에 이렇게 썼다. "나는 더 감성적이고 사려 깊은 사람이 된 것 같습니다. 이런 얘기가 우습게 들릴지는 몰라도 예전에는 정말로 잔걱정이 많았거든요. 그런데 지금은 그런 일로 에너지를 낭비하고 싶지 않습니다. 지금 나는 삶을 훨씬 더 즐기며 많은 면에서 예전보다 더 행복합니다." 이번에는 '앤디'가 올린 글이다. "지금까지 살아오면서 가장 힘든 한 해였습니다. 그렇지만 동시에 가장 가치 있는 한 해이기도 했습니다. 나는 번거로운 물건들을 처분해 버렸고, 가족과 사이가 좋아졌고, 놀랍고 대단한 사람들을 많이 만났고, 나를 보살필 수 있도록 내 몸을 잘 보살피는 방법을 배웠고, 인생의 우선순위를 다시 정했습니다." 『워싱턴 포스트』에 실린 신디 체리(Cindy Cherry)의 글은 여기서 한 걸음 더 나아간다. "모든 과정을 다시 겪어야 한다면 그때도 나는 유방암에 걸리기를 바랄까요? 분명히 그렇습니다. 지금 나는 예전과는 다른 사람이며 내가 그렇다는 사실이 기쁩니다. 돈은 이제 중요한 문제가 아닙니다. 나는 이 경험을 통해 지금껏 만난 사람들 가운데 가장 경이적인 이들을 만날 수 있었습니다. 지금 내가 중요하게 생각하는 것은 친구들과 가족입니다."[3]

유방암과 관련된 짤막한 경험담을 모은 책 『남은 생의 첫해(First Year of the Rest of Your Life)』는 병이 사람을 구원한다는 증언들로 가득 채워져 있다(낸시 브링커가 서문을 썼고 인세 일부를 코멘 재단에 기부한다). "솔직히 말해 지금이 내 인생에서 가장 행복한 시기입니다. 유방암에 걸리기 전과 비교해도 그렇습니다." "내게 유방암은 삶을 다시 생각해 보라면서 누군가 선의로 내 엉덩이를 한 대 걷어찬 것과 같습니다." "나는 더 강해졌고 인생의 우선순위를 새롭게 규정하게 되었습니다."[4] 잃어버린 시간과 무너져 내린 성적(性的) 자신감, 림프절 절개 및 방사선치료로 인해 겪게 되는 팔의 약화에 관한 불평은 한 마디도 없다. 니체 식으로 표현하자면, 무언가가 당신을 완전히 파괴하지만 않는다면 그것은 당신을 더 원기왕성하고 더 발전된 유형의 인간으로 만들어 준다는 식이다.

『뉴욕 타임스』의 건강 칼럼니스트 제인 브로디(Jane Brody)도 유방암의 밝은 면이라는 거의 보편적인 시각을 글에 충실하게 반영했다.[5] 브로디는 "유방암은 엄청난 육체적, 감정적 고통과 지속적인 외모 손상을 가져온다. 살아 있는 내내 그런 일이 계속된다."고 일단 유방암의 부정적인 면을 인정했다. 하지만 그 칼럼의 대부분은 암, 특히 유방암의 긍정적인 면을 노래하는 찬가로 채워져 있었다. 칼럼에는 "암은 내게 일어난 일 가운데 가장 멋진 일이었다."라는 고환암 생존자인 사이클 선수 랜스 암스트롱(Lance Armstrong)의 말이 등장했다. 어느 여성의 말도 길게 인용되어 있었다. "유방암은 내게 새 삶을 가져다주었다. 살아 있다는 기쁨에 눈뜨기 위해 내게는 유방암이 필요했던 것이다. 지금 나는 암에 걸리기 전보다 더 많은 세상을 보고 있다. …유방암은 가장 순수한 의미의 사랑을 내게 가르쳐 주었다." 자신의 병을 공개적으로 이야기한 선구자 중의 한 사람인 베티 롤린 또한 칼럼에 언급되어 "내가 느끼는 행복의 근원은 다름 아닌 암이라는 사실을 깨달았다. 내 인생의 좋은 부분이 얼마나 좋은지를 암이 알게 해 주었다."라고 증언했다.

이런 부분이 극단적으로 발현되면 유방암은 전혀 문젯거리가 아니며 성가신 일 축에도 끼지 못한다. 오히려 마음에서 우러난 감사 인사를 해야 하는 '선물'이 된다. 작가로 변신한 한 생존자는 유방암이라는 선물을 계시적인 힘의 발현으로 해석했다. 그녀는 『암이 준 선물(The Gift of Cancer)』이라는 책에서 "암은 진정한 삶으로 가는 차표다. 암은 진정한 뜻에서 살아 있다고 말할 수 있는 삶으로 가는 여권이다."라고 썼다. 이런 말을 듣고도 살아 있는 암세포를 몸에 주입하고 싶다는 마음이 들지 않는다면 이 말은 어떤가? "암은 당신을 신에게로 인도한다. 다시 한 번 말하지만 암은 당신을 신성과 연결시켜 준다."[6]

이 모든 긍정적 사고는 유방암을 통과의례로 변형시켜 버린다. 유방암은 맞싸워야 할 부당함이나 비극이 아니라 폐경이나 할머니가 되는 것처럼 인생 항로의 정상적인 표지판이 된다. 의도하지는 않았지만 주류 유방암 문화 속에 있는 모든 것이 병을 길들이고 병을 정상으로 만드는 역할을 한다. 암 진단을 받은 것은 불행한 일이지만 그래도 깜찍한 핑크색 모조 다이아몬드 천사 핀을 살 수 있고 출전할 마라톤 레이스도 있지 않은가? 엄청난 양의 경험담과 실질적인 정보 사이를 헤매던 나는 병을 수용하고, 까다롭고 잔혹한 요즘의 치료법을 수용한다는 의미가 곰 인형에 담겨 있음을 깨달았다. 빠진 머리카락을 감추려 예쁜 스카프를 고르느라 바쁜 당신은 화학요법이 정말 자신에게 효과적인 치료법인지 의문을 떠올릴 겨를이 없다. 유방암을 통과의례의 일종으로 바라보면 종교학자 미르체아 엘리아데(Mircea Eliade)가 연구에 몰두했던 성인식과 유사한 점을 찾을 수 있다. 우선 대상자의 선정이다. 성인식을 치르는 종족에서는 연령이 기준이고, 유방암에서는 유방 촬영이 기준이 된다. 다음엔 필수적인 시련이 기다린다. 전통문화에서는 몸을 난자하거나 할례를 하는 것이고, 암 환자에게는 수술과 화학요법이다. 그것을 거쳐 입회자는 격상된 새로운 지위를 얻어 성인이나 전사가 된다. 유방암의 경우엔 생존자가 된다.

불굴의 낙천성을 가진 우리의 유방암 문화에서 병은 정신적인 상승작용을 이끄는 보이지 않는 혜택을 제공한다. 필연적인 외모 손상도 문제가 안 된다. 생존자가 되면 더 예쁘고, 섹시해지고, 여성다워질 수 있다. 생존자들만이 아니라 내가 다닌 종양학과의 간호사도 유방암 신화를 들려주었다. 화학요법을 받으면 피부가 부드럽고 탱탱해지고 군살이 빠진다고 했다. 새로 다시 돋아난 머리카락은 더 탐스럽고 손질하기 쉬우며 예전과는 다른 멋진 색깔일 경우도 많다는 얘기도 했다. 그런 말을 다 믿을 수는 없겠지만 요즘 유행하는 프로그램들이 참가자에게 외모를 개선시킬 기회를 풍부하게 주는 건 사실이다. 미국암협회에서는 암 치료를 받는 동안 외모와 자아상을 회복하기 위한 미용법을 가르치는 '좋은 모습, 기쁜 마음(Look Good, Feel Better)' 프로그램을 제공한다. 이 프로그램에는 매년 3만 명의 여성이 참여해 무료로 화장법 강습을 받고, 화장품 회사와 협회에서 기부한 화장품 세트를 선물로 받는다. 이제 잃어버린 유방의 문제로 들어가 보자. 유방 재건 수술을 받았다면 나머지 한쪽 유방에도 상황을 이해시켜야 하지 않겠는가? 미국에서는 매년 5만 명 이상이 유방 절제 후 재건 수술을 받고 있는데 이 가운데 17퍼센트가 재건 수술로 생긴 탱탱하고 큰 가슴과 '어울리도록'(주로 성형외과 의사의 부추김을 받아) 나머지 가슴도 추가 수술을 받는다.

그렇다고 모든 사람이 화장이나 성형으로 상처를 숨기는 것은 아니다. 가발 대 대머리, 유방 재건 대 성형하지 않은 흉터는 유방암 문화 속에 존재하는 몇 안 되는 의견 충돌에 해당한다. 지식인층을 겨냥한 전위적인 잡지 『맘』에서 관련 칼럼을 맡고 있는 평론가 이브 코소프스키 세지윅(Eve Kosofsky Sedgwick)은 '자연스러운' 외모를 선호한다. 이 잡지에서는 유방 절제 흉터가 섹시한 것이고 대머리는 축하받을 만한 일이다. 『맘』의 한 표지 기사는 '대머리를 상실로 받아들이지 않고 장난기를 발휘하는 기회로, 새로운 방식으로 진정한 자아와 접촉하는 기회로 여기는' 여성들을 다루었다. 거기 소개된 한 여성은 두피에 평화를 나타내는 브이 사인, 팬더와 개구리를 1회용 문신으로 새겨 넣었다. 또 다른 여성은 눈에 확 뜨이는 자주색 가발로 자신을 과시했고, 세 번째로 등장한 여성은 대머리를 그대로 드러내면서 "나는 관능적이고 강하다는 느낌을 갖게 되었고, 날마다 자신을 재창조할 수 있게 되었다."고 말했다. 그렇다고 가발이나 스카프로 대머리를 감추는 사람들에게 반감을 갖는 것은 아니다. 그건 단지 '미학적 차이'일 뿐이라고 『맘』은 밝혔다. 어떤 사람은 핑크 리본을 선택하고, 어떤 사람은 랠프 로렌의 유방암 장식품인 핑크색 조랑말을 산다. 하지만 유방암이 창조적인 탈바꿈의 기회, 변신할 수 있는 기회라는 점에는 모든 사람이 동의한다는 것이다.

빈틈없이 연결된 유방암 문화에서는 한 웹사이트가 다른 웹사이트로 링크되어 개인의 경험담과 풀뿌리 운동 페이지가 현란한 기업 스폰서 페이지나 대변인 역을 맡은 유명인사에게 연결되는데, 이때 반드시 요구되는 것이 쾌활함이며 여기에 반대하는 것은 일종의 이단이다. 이렇게 꽉 짜인 세계에서는 태도가 미묘하게 조정되기 마련이며, 처음에 의심을 품었던 사람들도 정중한 방식으로 그 세계의 일원으로 되돌아간다. 『남은 생의 첫해』라는 책을 보면, 혹시라도 언급되었을지 모를 부정적 인식의 싹을 뿌리 뽑기 위한 탐구 주제나 정보가 개인의 경험담 뒤에 붙어 있다. 이 책에는 성질머리가 고약한 사람이나 징징거리는 사람, 전투적 여성운동가가 전혀 등장하지 않기 때문에 말 그대로 '싹' 일 뿐인 부정성도 그냥 넘어가지 않는다.

불안이나 침울함을 느낀다는 사실을 인정하고 감정을 다스리기 위해 도움을 청해 본 적이 있습니까? …
당신의 삶에는 풀리지 않는 내면적 갈등이 존재하고 있습니까? '건강한 탄식'이 필요하다고 여겨지는 영역이 있습니까? …
오늘 나를 행복하게 만드는 것들의 목록을 적어 보세요.[7]

나는 시험 삼아 코멘 재단의 '분노'라는 주제의 게시판에다 화학요법으로 인한 심신 약화, 말 많은 보험회사들, 환경적 발암물질에 대한 간략한 불평과 함께 한 걸음 더 나아가 대담하게도 '감상적인 핑크 리본'에 불만을 표현한 글을 올려 보았다. 조직 검사가 필수 과정이 아니라는 보험회사들을 상대로 한 싸움에 대해서는 격려글이 몇 개 달렸지만, 대부분의 답글은 비난 일색이었다. '수지'라는 사람은 "당신이 이 모든 것에 부정적인 태도를 갖고 있다고 말해야 하는 것이 몹시 싫지만 사실이 그렇습니다. 그런 태도는 당신에게 조금도 도움이 되지 않을 겁니다."라고 썼다. 조금 더 관대한 '메리'는 이렇게 썼다. "바버라, 당신의 인생에서 지금 이 시기는 모든 에너지를 행복까지는 아니더라도 평화에 집중하는 것이 아주 중요합니다. 암은 이미 일어난 끔찍한 일이고, 우리 중 누구도 왜 그 일이 일어났는지는 알지 못합니다. 하지만 당신의 남은 인생을, 그게 1년이 될지 51년이 될지는 모르지만, 분노와 쓰라림 속에서 살아가는 것은 삶을 낭비하는 겁니다. …평화를 찾기 바랍니다. 당신은 그럴 자격이 있습니다. 우리 모두가 그렇습니다. 신이 당신을 축복하고 사랑으로 보살펴 주시길 기원합니다. 당신의 자매, 메리."

한편 '키티'는 내 머리가 이상해졌다고 진단했다. "당신에게는 카운슬링이 필요해요. 걸어갈 게 아니라 얼른 뛰어가서 상담을 받으세요. …제발 도움을 받으세요. 이 사이트에 있는 모든 사람에게 당신이 풍요로운 삶을 누릴 수 있도록 기도해 달라고 부탁할게요."

내 생각을 강력하게 지지해 준 건 딱 한 사람밖에 없었다. 모든 치료 과정을 거친 끝에 더 이상 손을 쓸 수 없는 단계에 이르러 살날이 몇 달밖에 남지 않은 '게리'였다. "나도 몹시 분노하고 있습니다. 그 모든 조성된 기금, 그 모든 생존자의 미소는 유방암을 앓아도 문제없다는 듯 말하고 있습니다. 아니에요, 괜찮지 않습니다!" 그런데 게리의 글에는 게시판의 다른 글들과 마찬가지로 무심결에 야유를 보내는 제목이 달려 있었다. '유방암 생존가가 된다는 것은 무엇을 뜻하는가?'

긍정적 태도와 면역 체계

나는 웃음 띤 얼굴로 암을 수용해야만 하는 절박한 사정이 있다는 것을 알게 되었다. 긍정적인 태도가 회복의 필수요소이기 때문이다. 화학요법을 받는 몇 달 동안 거듭 그런 주장과 마주쳤다. 웹사이트에서, 책에서, 종양학과 간호사들에게서, 다른 유방암 환자들에게서 같은 이야기를 들었다. 그로부터 8년이 지난 지금도 유방암 문화에서는 생존이 전적으로 태도에 달려 있다는 것이 자명한 진리로 통한다. 한 연구 결과에 따르면 유방암 치료를 받은 경험이 있는 여성들 가운데 60퍼센트가 암에 걸리고도 목숨을 잃지 않은 이유로 '긍정적인 태도'를 꼽았다.[8] 많은 사람이 이런 마음 상태를 글과 웹사이트를 통해 자랑하느라 바쁘다. '셰리 영(Sherry Young)'이라는 여성은 '긍정적 태도는 여성이 암을 이기는 데 도움이 된다'는 글에서 "핵심은 전적으로 긍정적인 태도를 갖는 것이다. 나는 처음부터 그렇게 하려고 노력했다."고 썼다.

다양한 분야의 '전문가' 또한 쾌활함이 건강에 좋다고 그럴듯하게 설명을 한다. 최근에 한 인터넷 잡지에 실린 '유방암 예방 비법'이라는 기사는 다음과 같이 조언했다(예방이라는 관념 자체도 문제다. 지금까지 알려진 바로는 유방암은 예방 수단이 존재하지 않는다).

단순히 긍정적이고 낙천적인 태도를 갖는 것만으로 암의 위험을 줄일 수 있는 것으로 나타났다. 놀랍게 들리겠지만 여러 의학 연구에서 긍정적 태도와 면역 체계 개선 간의 연계가 발견되었다는 점을 설명하면 충분할 것이다. 웃음과 유머는 인체 면역력을 강화시키고 암을 비롯한 다른 질병을 예방한다. 이 글을 읽는 당신도 '행복한 사람은 병에 걸리지 않는다'는 말을 들어 보았을 것이다.[9]

코멘 사이트의 '분노' 게시판에 올린 내 글이 경악을 불러일으킨 건 놀라운 일이 아니었다. 답글을 단 사람들은 긍정적 태도가 면역 체계를 활성시켜 암과 더 효율적으로 싸울 수 있는 힘을 준다는 사실을 조금도 의심하지 않았다.

우리는 그런 주장을 너무나 자주 접하기 때문에 면역 체계가 무엇인지, 감정에 의해 면역 체계가 어떻게 영향을 받는지, 면역 체계가 암과 싸운다 치면 어떻게 싸우는 것인지 잠시도 생각해 보지 않고 그 말을 그대로 받아들인다. 하지만 면역 체계의 역할은 미생물과 같은 외부 침입자로부터 몸을 방어하는 것이다. 면역 세포들이 맹공을 퍼붓는 과정에는 각기 다른 분자 무기가 총동원된다. 그 과정의 복잡성과 다양성, 동원력은 가히 압도적이다. 고유한 무기를 가진 갖가지 세포들이 감염 부위로 집결하는데 그 장면은 영화 〈나니아 연대기〉의 군대를 연상시킨다. 이들 전투원 세포 중 일부는 침입자를 향해 독성 물질을 쏘아 대면서 전진한다. 그 옆에는 전투원들의 기운을 북돋워 주는 화학 음료를 제공하는 세포들도 있다. 전투원을 이끄는 대식세포(大食細胞)는 먹잇감에 다가가 자기 살로 적을 감싸서 소화시킨다(마침 대식세포가 내 박사 학위 논문의 주제였다). 덩치가 크고 운동성이 있는 이 세포들은 아메바와 흡사하며 수명이 길면 몇 년에 이른다. 전투가 종료되면 전투원들은 침입자에 관한 정보를 다른 세포들에 전달해 항체를 생산하게 해서 다음번 침입에는 더 빨리 대응할 수 있도록 한다. 전투원들은 널브러진 침입자의 사체뿐 아니라 전우의 사체도 먹어치운다.

이런 과정은 어지러울 정도로 복잡하기 때문에(그래서 많은 대학원생이 학위를 받지 못하고 수십 년씩 악전고투를 벌인다) 면역 체계는 완벽한 것과는 거리가 멀다. 결핵균처럼 한 수 앞선 침입자들은 인체 조직 세포를 뚫고 들어와 그 속에 진을 쳐 면역 세포들을 따돌린다. 사악한 HIV(인체면역결핍바이러스)는 특정 면역 세포를 선택적으로 공격해 인체를 무방비 상태로 몰고 간다. 게다가 면역 세포가 적으로 돌변해 인체 조직을 공격해 루푸스(낭창), 류마티스 관절염과 같은 자가면역질환이 발생하기도 한다. 일부 심장병도 자가면역질환일 가능성이 있다. 이처럼 면역 체계가 완벽한 것은 아니지만, 얼핏 보기에 무정부 상태를 연상시키는 이 세포 방어망은 미생물 적들과 수백만 년에 걸쳐 군비 확장 경쟁을 벌이면서 진화해 왔다.

면역 체계와 암, 그리고 감정 상태의 관계는 1970년대에 일종의 상상력을 토대로 꿰맞춰진 것이다. 극도의 스트레스가 면역 체계의 어떤 측면을 약화시킬 수 있다는 것은 전부터 알려져 있었다. 저명한 스트레스 연구자 한스 셀리에(Hans Selye)가 1930년대에 실험했던 것처럼, 장기간 괴롭힘을 당한 실험실의 동물은 쇠약해져서 질병에 대한 저항력이 떨어진다. 그런데 이를 토대로 많은 사람이 긍정적인 감정은 스트레스의 반대 작용을 할 것이라는 성급한 결론으로 도약해 버렸다. 건강을 위협하는 상대가 미생물이든 종양이든, 긍정적인 감정을 가지면 면역 체계가 활성화되어 건강을 유지할 수 있다고 말이다.

『칼 사이먼튼의 마음 의술(Getting Well Again)』의 저자인 종양학자 칼 사이먼튼(O. Carl Simonton), 그 책에 동기 유발 카운슬러로 소개된 그의 아내 스테파니 매튜스-사이먼튼(Stephanie Matthews-Simonton), 심리학자 제임스 L. 크레이턴(James L. Creighton)이 이런 관념을 앞장서 전파해 명성을 얻었다. 그들은 암을 무찌르는 면역 체계의 능력을 너무도 신뢰한 나머지, 단지 비정상적인 세포들이 있다고 해서 암에 걸리는 것은 아니며 거기에 더해 '인체의 정상적인 방어가 억압되었을 때'에만 암이 발생한다고 믿었다.[10] 무엇이 인체의 정상적인 방어를 억압하는가? 스트레스다. 사이먼튼 부부는 암 환자들에게 처방된 치료를 충실히 따르라고 하면서도 한편으로 태도를 조정하는 일이 치료 못지않게 중요하다고 강조했다. 스트레스는 극복되어야 했고, 그러려면 긍정적인 신념과 심상이 필요했다.

사이먼튼의 책에 이어 1986년 출판된 외과 의사 버니 시걸(Bernie Siegel)의 생동감 넘치는 책 『사랑, 의학, 기적(Love, Medicine, and Miracles)』에는 "강력한 면역 체계는 방해만 받지 않는다면 암을 이겨낼 수 있다. 이때 더 완벽하게 자아를 수용하고 실현할 수 있도록 감정이 성장하면 면역 체계 강화에 도움이 된다."는 견해가 나와 있다.[11] 이런 이유로 암은 축복이 된다. 희생자로 하여금 이 세상을 더 아름답고 긍정적으로 바라보도록 촉구하기 때문이다.

그런데 긍정적 태도가 암 치료에 효과가 있음을 보여 주는 연구가 정말로 존재하는가? 반복 실험해도 계속 같은 결과를 얻을 수 있는가? 회의론자 중 한 사람인 스탠포드 대학의 정신과 의사 데이비드 스피걸(David Spiegel)은 암을 태도로 극복할 수 있다는 대중적

도그마를 논박하기 위해 1989년부터 작업을 진행해 왔다. 그는 나와의 인터뷰에서 "환자에게 필요하기 때문에 암에 걸린다는 버니 시걸의 말이 너무 역겨웠습니다."라고 말했다. 그런데 연구에서 (혼자서 암에 직면한 사람보다 긍정성이 높을 것으로 추정되는) 지원 그룹에 참여한 유방암 환자가 통제 집단의 환자보다 수명이 더 긴 것으로 나타나자 스피걸 자신도 깜짝 놀랐다고 말했다. 그는 즉각 연구를 중단하고, 지원 그룹이 주는 혜택을 어떤 환자에게서도 빼앗아서는 안 된다고 결론을 내렸다. 도그마는 강화되었고 내가 유방암 진단을 받을 때까지도 그런 상태가 이어지고 있었다.

  그 도그마가 매력적이라는 사실은 부인할 수 없다. 감정과 병이 연결되어 있다는 생각은 유방암 환자들에게 뭔가 할 일을 부여한다. 치료 효과가 나타나기를 수동적으로 기다리는 것이 아니라 스스로 해야 할 일이 생기는 것이다. 환자는 자기 기분을 관찰하면서 세포 차원의 전투를 돕기 위해 정신적 에너지를 끌어올려야 한다. 사이먼튼은 하루 중 얼마간 시간을 내어 벌레 모양의 세포들이 벌이는 전투 장면을 그림으로 그려 보는 것이 좋다고 했다. 암세포들은 아주 약하고 혼란스러운 모습으로 그려야 하고, 반대로 인체의 면역 세포들은 강하고 공격적인 모습으로 묘사해야 한다. 그렇지 못하면 환자는 죽음을 자초하는 셈이므로 긍정적 감정을 고양시키기 위해 더욱 노력해야 한다는 것이다.[12] 동시에 그런 도그마는 암 연구 및 치료 산업의 영역을 확장시켰다. 외과 의사나 종양학 의사 이외에 행동과학자, 치료사, 동기 유발 카운슬러, 훈계를 늘어놓는 자기계발서 저자들도 참여할 길이 열렸다.

하지만 이 도그마는 이어진 연구들의 검증을 견뎌 내지 못했다. 1990년대에 접어들면서 지원 그룹이 치료에 도움이 된다는 스피걸의 작업을 논박하는 연구들이 나타나기 시작했다. 스피걸의 첫 연구에서 나타난 놀라운 생존율은 우연이었던 것으로 판명되었다. 제임스 코인(James Coyne)과 공저자 2명은 정신요법이 암에 미치는 효과를 다룬 문헌들을 체계적으로 분석해서 『심리학 회보(Psychological Bulletin)』 2007년 5월호에 발표했다. 분석 대상이 된 연구들의 기본 가정은 정신요법이 지원 그룹과 같은 역할을 해서 환자의 기분을 개선하고 스트레스 수준을 낮추는 데 도움이 된다는 것이었다. 그러나 코인과 공저자들은 그 연구들이 '고유한 결함'을 잔뜩 안고 있다는 점을 발견했다.[13] 정신요법에는 긍정적인 효과가 전혀 없는 듯했다. 그로부터 몇 달 뒤, 이번에는 데이비드 스피걸 본인이 이끈 연구팀이 지원 그룹은 환자의 생존 가능성을 높이는 데 전혀 도움이 되지 않는다는, 이전 연구와 반대되는 내용을 학술지 『암(Cancer)』에 게재했다. 정신요법과 지원 그룹은 환자의 기분을 좋아지게 할지는 모르지만 암 극복과는 무관했다. 코인은 연구 요약문에서 "암 환자가 정신요법을 받거나 지원 그룹에 가입하길 원한다면 기회가 주어져야 한다. 거기에는 정서적, 사회적 혜택이 많이 있다. 하지만 수명이 연장될 것이라는 기대 때문에 그런 기회를 찾는 것은 금물이다."라고 결론지었다.[14]

나는 2009년에 코인에게 감정과 암 극복이 관계가 있다는 과학적 편견이 아직도 지속되고 있느냐고 물어보았다. 그는 이렇게 답했다.

이라크전의 병력 증강을 두고 '배타적 증폭(자기와 생각이 같은 사람들의 말만 들음으로써 판단 착오나 실수를 강화시키는 것-옮긴이)'이라는 표현을 사용하는데 그 말을 그대로 적용해도 좋을 것 같습니다. 마음이 몸에 영향을 미친다는 건 얼마나 신나는 생각입니까? 행동과학자들이 그렇게 해서 열차에 올라탈 표를 거머쥔 거죠. 암 관련 연구에는 엄청난 이해관계가 걸려 있고, 행동과학자들은 거기 매달릴 수밖에 없지요. 그들이 암 퇴치를 위한 연구에 달리 어떻게 기여하겠습니까? 사람들이 선크림을 바르게 하는 방법을 연구해요? 그런 건 매력적인 주제가 될 수 없겠지요.

그는 회의론자들을 평가 절하하는 미국에서 특히 이런 편견이 강하며, 유럽에서는 대중 앞에서 좀 더 편안하게 그런 얘기를 할 수 있다고 말했다.

환자들에게 시각화해 보라고 하는, 면역 세포들이 암세포들과 벌이는 영웅적 전투는 어떨까? 오스트레일리아 출신의 유명 의학 연구자인 맥팔레인 버닛(McFarlane Burnet)은 1970년에 면역 체계가 암세포를 추적, 파괴하기 위해 24시간 '감시'하고 있다고 주장했다. 면역 체계는 (예를 들면 스트레스 탓에) 너무 지쳐서 변절자를 제거하지 못하는 순간이 되기 전까지는 계속 암세포를 파괴한다는 것이다. 그런데 이런 가정에는 최소 한 가지 중요한 문제가 있다. 미생물과 달리 암세포는 외부 침입자가 아니다. 암세포는 일반적인 조직 세포가 변형된 것이므로 반드시 적으로 인식되는 것은 아니다. 『임상 종양학 저널(Journal of Clinical Oncology)』 최근호는 이렇게 설명했다. "가장 먼저 기억해야 할 것은 면역 체계가 우리 몸의 세포는 피하고 외부 침입자들을 탐지하도록 설계되어 있다는 점이다. 소수의 예외를 제외하면 면역 체계는 인체에 있는 암을 외부 침입자로 인식하지 않는 듯하다. 왜냐하면 암은 실제로 인체의 일부분이기 때문이다."[15]

더 중요한 점은 면역 체계가 암과 싸운다는 일치된 증거가 전혀 발견되지 않았다는 사실이다. 다만 바이러스에 의해 유발된 암은 예외인데, 그런 암은 따지고 보면 인체에는 이질적인 것이다. '면역 감시' 이론의 예상과 달리, HIV에 의해 면역력이 고갈된 사람이나 면역결핍을 유도한 실험실의 동물이 유난히 암에 취약한 것도 아니다. 면역 체계가 암과 싸우는 데 그토록 중요한 역할을 한다면 면역 체계를 억압하는 화학요법으로 암을 치료하는 것은 이치에 어긋난다. 게다가 화학적 혹은 생물학적 물질을 통해 면역 체계를 활성화시켜 암을 치료하는 방법을 발견한 연구자는 지금까지 단 한 명도 없다. 종양 부위에서 대식세포 무리가 종종 발견되곤 하지만 항상 도움이 되는 일을 하는 것은 아니다.

전직 세포 면역학자인 나도 충격을 받고 경악한 일이지만, 최근의 연구 결과들은 대식세포가 본래의 역할과는 상반되는 행동을 할 수도 있음을 보여 준다. 암세포를 죽이기는커녕 암세포를 성장시키는 인자를 방출하는 것을 비롯해 실제로 암의 성장을 돕는 역할을 한다는 것이다. 유방암에 걸릴 가능성이 높아지도록 유도해 키운 쥐들의 경우 종양이 발생해도 그 부위에 대식세포가 모여들어 힘을 발휘하지 않으면 종양이 악성으로 변하지 않는다는 결과가 나왔다.[16] 2007년 『사이언티픽 아메리칸』에 게재된 한 연구는 "면역 체계는 양날의 칼처럼 기능한다. …면역 체계가 암을 촉진시키는 경우도 있고, 질병 발생을 막는 경우도 있다."는 결론을 내렸다.[17] 2년 뒤 발표된 연구에서는 또 다른 면역 세포인 림프구 역시 유방암의 확산을 촉진하는 것으로 나타났다.[18] 그러므로 암세포와 싸우는 용맹스러운 면역 세포를 시각화하는 작업에서는 진짜 드라마를 놓치고 있다. 실제로 우리 몸속에서 벌어지고 있는 건 유혹과 비밀스러운 거래, 그리고 배신의 드라마다.

의인화 방식을 계속 적용해 보면, 대식세포와 암세포 사이에는 흥미로운 유사점이 있다. 인체의 다른 세포들에 비해 이 두 가지 세포는 지독히 자율적이다. 통상적으로 '착한' 세포들은 몸의 독재적인 요구에 노예처럼 복종한다. 심장 세포들은 심장을 뛰게 하기 위해 쉬지 않고 수축한다. 장벽(腸壁)의 세포들은 자기 배를 불리지 않고 사심 없이 영양분을 그대로 넘겨준다. 하지만 암세포는 인체의 명령을 깡그리 무시하고 독립적인 기관처럼 재생산을 시작하며, 인체의 용병으로 비유할 수 있는 대식세포는 천성적으로 자유롭게 돌아다닌다. 이 두 종류의 세포는 인체가 우리가 상상하는 것처럼 잘 통솔되고 통합된 단위가 아니라 세포들 간의 느슨하고 불안정한 연합체에 가깝다는 사실을 보여 준다.

진화론의 관점에서 보자면 두려움과 부정적인 생각을 떨쳐 버리기만 하면 작동이 시작되는 '자연 치유' 같은, 암과 싸우는 수단을 인체가 보유하고 있을 까닭이 없다. 일반적으로 암은 재생산 가능 연령대가 지난 나이 든 사람들, 따라서 진화적 중요성이 거의 또는 아예 없는 사람들에게 발생한다. 우리의 면역 체계는 박테리아나 바이러스와 싸울 수 있도록 진화하면서 젊은이들을 홍역, 백일해, 인플루엔자와 같은 질병으로부터 구하는 데 상당히 중요한 역할을 해 왔다. 암에 걸릴 만큼 나이 든 사람이라면 이미 몇 명의 자녀를 생산해 생물학적 사명을 완수했을 가능성이 높다.

그렇다고 해도 긍정적인 사고가 나쁠 것은 없고, 심한 고통을 겪는 이들에게 큰 도움이 된다는 주장도 할 수 있다. 마지막 순간에 형을 면제받을 것이라는 희망에 매달린, 죽어가는 사람의 낙관주의를 못마땅하게 생각할 사람이 누가 있겠는가? 화학요법을 받으며 대머리가 되어 구역질을 하는 환자가 암이 결국에는 더 충만한 삶을 가져다주리라고 꿈꾸는 것을 누가 비난하겠는가? 실제로 암을 치료할 방법을 찾지 못했기 때문에 심리학자들은 자기들 용어로 '이점 발견(benefit finding)'이라고 하는, 암에 긍정적인 감정을 키우는 방식으로 기울었다.[19] 이점 발견의 등급이 고안되었고, 이를 위한 치료 요법적 개입에 관한 논문도 여러 편 나와 있다. 회복을 기대할 수 없다면 적어도 암을 긍정적인 경험으로 바라보라는 얘기인데, 이런 관념은 유방암뿐 아니라 다른 암의 영역으로도 확산되었다. 전립선암 연구자인 스티븐 스트럼(Stephen Strum)이 쓴 글을 예로 들어 보자. "믿기 힘들지도 모르겠지만 전립선암은 하나의 기회다. …당신 자신과 다른 사람들을 도울 경로와 모델, 패러다임을 세울 기회다. 그렇게 함으로써 당신은 더 고차원의 인간성으로 진화하게 될 것이다."[20]

이처럼 암을 그럴싸하게 포장하는 것은 감정에 영양분을 공급하는 데 머무르지 않고 끔찍한 비용을 강요할 수도 있다. 무엇보다 긍정적 사고는 분노와 공포라는 실체적 감정을 부정하고 쾌활함의 분칠 아래 묻어 두도록 요구한다. 불평을 듣느니 가짜 쾌활함을 상대하는 것이 나은 만큼 의료 종사자나 환자의 친구들에게는 몹시 편리하다. 하지만 환자 자신에게는 쉽지 않은 일이다. 이점 발견에 관한 한 연구는 "유방암 환자들은 다른 사람들이 선의를 갖고 이점을 발견하려 노력하는 것조차 둔감하고 서투르다고 보고, 되풀이해서 반감을 표시했다. 환자들은 그런 노력을 자기에게 지워진 고유한 짐과 과제를 경시하는 불쾌한 시도로 해석했다."고 밝혔다.[21] 2004년에 발표된 연구에서는 긍정적 사고의 신조와는 완전히 반대되는 결과가 나왔다. 암 선고를 받고 이점을 더 많이 자각한 여성들이 그렇지 않은 여성들에 비해 (정신 기능의 저하를 포함해) 삶의 질이 더 떨어지는 경향이 있다는 것이다.[22]

다른 사람들이 기대하는 대로 활기찬 모습을 유지하려면 상당한 노력이 필요하다. 그리고 그런 노력은 장기 생존에 유익한 요소가 될 수 없다. 유방암이 뼈와 폐로 전이된 한 여성은 대체 의학 전문가 디팩 초프라(Deepak Chopra)에게 이런 글을 보냈다.

나는 치료법을 따랐고, 유독한 감정을 털어 버리려 계속 애썼습니다. 모든 사람을 용서했고 명상과 기도, 적절한 식이요법, 운동, 영양보충제 등을 중심으로 생활을 바꾸었습니다. 하지만 암은 계속 재발했습니다. 암은 지속적으로 재발한다는 교훈을 내가 놓친 것일까요? 나는 암을 이겨 낼 수 있다고 믿습니다. 하지만 전이되는 부위가 늘어나고 있어 긍정적인 태도를 유지하는 게 점점 힘에 부칩니다.

명상, 기도, 용서 등등 이 여성은 최선을 다했다. 하지만 그것만으로는 충분치 않았던 모양이다. 초프라는 이렇게 답했다. "당신이 회복에 필요한 올바른 일을 모조리 다 하고 있다고 말씀드릴 수 있습니다. 암이 영원히 사라질 때까지 지금처럼만 해 나가면 됩니다. 대단히 좋아졌나 싶었는데 암이 다시 재발하면 무척 실망스러울 것입니다. 하지만 어떤 암은 몹시 치명적이기 때문에 완전히 극복하기 위해서는 극한의 노력과 인내가 요구되기도 합니다."[23]

한편에서는 이른바 긍정적 사고의 '독재'에 반대하는 목소리도 나오고 있다. 2004년 퍼넬러피 스코필드(Penelope Schofield)는 폐암 환자들에게서 낙천성이 생존에 도움이 된다는 증거를 전혀 발견하지 못했다고 발표했다. "긍정성을 고무하는 것이 생존 가능성을 높인다는 잘못된 믿음으로 인해 환자들이 자신의 비탄을 숨기는 결과를 낳는다면 과연 긍정성을 강조할 가치가 있는지 질문을 던져 보아야만 한다. …환자가 전반적으로 비관적이라면… 그런 감정이 실체이며 용인될 수 있다는 점을 인정하는 것이 중요하다."[24]

심리학자들은 억압된 감정은 그 자체가 해로운 것이라고 주장하지만 정말로 그런지 나는 알지 못한다. 하지만 긍정적 사고가 '실패'해 치료 효과가 나타나지 않고 암이 퍼지게 되면 문제가 발생한다는 것은 분명하다. 그럴 때 환자가 비난의 화살을 돌릴 수 있는 것은 자기 자신밖에 없다. 충분히 긍정적이지 못했다고, 애초에 암이 생긴 것도 부정적인 태도 탓이었다고 자책하게 된다. 이 지점에 이르면 긍정적으로 생각하라는 충고는 "이미 피폐해진 환자에게 추가적인 부담이 된다."고 종양학 간호사 신시아 리텐버그(Cynthia Rittenberg)는 썼다.[25] 뉴욕 슬로안케터링 기념 암센터의 정신과 의사인 지미 홀런드(Jimmie Holland)는 암 환자들이 일종의 희생자 비난을 경험한다고 밝혔다.

10년쯤 전부터, 정신과 육체는 연결되어 있다는 대중적 믿음을 토대로 우리 사회가 환자들에게 불필요하고 부적절한 부담을 지운다는 것을 나는 분명히 느끼게 되었다. 나를 찾아온 많은 환자가 선의를 가진 친구로부터 "암과 관련된 글을 모조리 읽어 보았는데, 네가 암에 걸린 건 네가 암을 원했기 때문이래."라는 이야기를 들었다고 털어놓았다. 여기에 더해 환자가 "항상 긍정적인 자세를 가져야 한다는 걸 알고 있습니다. 그것만이 암에 대처할 수 있는 유일한 길이니까요. 하지만 너무 힘듭니다. 내가 슬퍼하거나 두려워하거나 화를 내면 결국 암세포를 더 빨리 자라게 할 테니 스스로 명을 재촉하는 것밖에 안 됩니다."라는 말을 할 때면 나는 더더욱 고통스럽다.[26]

긍정적인 사고에 실패한 암 환자는 제2의 병과 같은 부담을 더 지게 될 수도 있다.

내 경우에는 병이 의료 전문가들로 인한 의원성(醫原性)이라는 집요한 분노 덕분에 이런 추가 부담에서 해방되었다. 진단 초기부터 지금처럼 의원성 질병임을 의심했더라면 분노는 훨씬 더 강했을 것이다. 유방암 판정을 받은 이후 나는 무려 8년 동안이나 호르몬 대체 요법을 받았다. 의사들은 그것이 심장병과 치매, 뼈 손상을 막아 준다고 장담했다. 그런데 2002년에 나온 심층 연구에서는 호르몬 대체

요법이 유방암 발병 위험을 높인다는 결과가 나왔다. 이 뉴스가 전해지자 호르몬 대체 요법을 받는 여성의 수가 급격히 줄었고, 그러자 정말로 유방암 발병률이 떨어졌다. 병을 앓는 내내 긍정적 사고라는 나쁜 과학이 나를 괴롭혔던 것처럼 나쁜 과학이 암을 만들어 낸 것일 수도 있다.

지금은 분명히 말할 수 있다. 유방암은 나를 더 아름답거나 강하게 만들어 주지 않았다. 더 여성적이거나 영적으로 만들어 주지도 않았다. 굳이 유방암을 '선물'이라 불러야 한다면 내가 받은 선물은 이 개인적 경험을 통해 전에는 알지 못했던, 우리 문화에 내재된 이데올로기의 힘에 고통스럽게 부딪히게 되었다는 것이다. 그 이데올로기는 현실을 부정하고, 불행에 즐겁게 굴복하고, 닥친 운명에 대해 오직 자기 자신을 비난하라고 말한다.

2

주술적 사고의 시대: 끌어당김의 법칙

콜린은 〈시크릿〉 영화를 보고 이제는 그럴 필요가 없다는 것을 알게 된다. '내일은 줄서서 기다릴 필요 없이 재미있는 기구들을 모두 타고 싶다'고 생각하기만 하면 된다. 수리수리마수리, 다음날 아침 콜린 가족은 디즈니월드에서 '오늘의 첫 번째 가족'으로 뽑혀 수백 가족을 제치고 줄 맨 앞에 선다. 그렇다면 다른 아이들은 어쩌란 말인가? 콜린이 〈시크릿〉에서 얻은 힘 탓에 뒤로 밀려나 기다리게 된 아이들은? 자기가 원하는 남자를 위해 차고와 옷장을 치운 여자에게로 마법에 걸린 듯 끌어당겨진 남자도 마찬가지다. 그 남자 역시 그녀와의 만남을 원했을까? 아니면 그녀의 환상 속에서 인질이 되어 버린 것일까?

Bright-
-Sided

컵이 바닥에 떨어져 산산조각 나도 그 컵에 물이 절반 차 있다고 생각하라. 긍정적으로 생각하라는 이런 강력한 권고가 유방암의 핑크 리본 문화에만 한정된 것은 아니다. 암 치료를 마치고 몇 년이 지난 뒤 나는 또 다른 개인적 재난의 영역에 발을 들여놓게 되었다. 바로 화이트칼라 실업자의 세계였다. 네트워킹 그룹, 신병 훈련소, 동기 유발 강좌 등에서 분노와 부정적 성향을 버리고 실업이라는 절박한 위기를 낙관적으로, 더 나아가 감사하게 받아들이라는 똑같은 충고를 하고 있음을 발견했다. 유방암을 선물로 얘기하는 것과 마찬가지로, 일자리에서 밀려나 빈곤을 향해 추락하고 있는 실업자들은 자기가 처한 상황을 '기회'로 받아들이라는 말을 듣는다. 여기서 약속하는 결과 또한 그 자체로 일종의 치유다. 긍정적이 되면 구직 기간에 기분을 더 좋게 유지할 수 있을 뿐 아니라 실제로 더 빠르고 행복하게 문제를 매듭지을 수 있다는 것이다.

긍정적 사고 또는 긍정적 태도가 치유책으로 제시되지 않는 분야는 사실상 거의 없을 정도다. 체중을 줄이고 싶다면? '긍정적인 감량 방법'을 제시하는 한 사이트에는 "살을 빼겠다고 마음먹었다면 긍정적인 자세로 임해야 한다. …승리자처럼 생각하자. 패배자의 사고방식을 가져선 안 된다."고 나와 있다. 짝을 구하는 데 애를 먹고 있다면? 잠재적 구혼자에게 매력을 풍기려면 긍정적인 태도만 한 것이 없고, 상대를 쫓아버리는 데는 부정적인 태도가 최고 비법이다. 한 인터넷 데이트 사이트는 이렇게 권고했다. "부정적인 태도로 자기소개나 메시지를 쓰면 잠재적 구혼자들을 물리치게 된다. 반면 긍정적인 태도는 사실상 모든 사람에게 매력적으로 비친다." 다른 사이트에서는 "소개팅 필승 비법은 두 가지로 압축된다. 그것은 긍정적인 태도와 열린 마음이다."라고 설명했다. 특히 여성은 반드시 긍정성을 발산해야 하는데, 이전 남자 친구가 얼간이였다든가 몸무게 때문에 고민하고 있다는 얘기를 해서는 안 된다. 다른 사이트에도 같은 이야기가 나와 있다. "언제나 긍정적인 태도를 유지해야 한다. 불평을 하며 부정적인 측면을 봐서는 안 된다. 그런 부정성을 내비쳐서도 안 된다. 자기 자신의 모습에 충실한 것이 중요하긴 하지만 교제를 할 때 부정적 태도는 결코 올바른 방법이 아니다."

돈 문제는 어떨까? 부는 긍정적 사고의 근본 목표 중 하나이기 때문에 이 책에서는 여러 번 이 주제가 언급될 것이다. 긍정적 사고가 돈을 어떻게 '끌어당기는지'에 관해 수백 종의 자기계발서가 나와 있다. 너무 솔깃한 얘기라 벌써 돈이 손에 들어온 것 같은 느낌을 받을 정도다. 어째서 지금까지는 돈이 당신을 피해 갔을까? 월급이 적다, 직장이 없다, 의료비가 많이 든다는 것은 핑계에 불과하다. 진정한 방해물은 당신 마음속에 놓여 있다. 당신은 잠재의식 속에서

'더러운 돈'에 혐오감을 품고 있거나 부유층에 대한 분노를 깊이 감춰 두고 있다. 만성적으로 일이 적어 돈에 쪼들리던 사진작가인 내 친구가 이 문제의 해결책을 찾기 위해 라이프 코치를 찾아간 적이 있다. 코치는 부에 대한 부정적인 감정을 극복하라고 충고한 뒤 지갑 속에 항상 20달러 지폐를 넣어 다니라고 했다. 그러면 그 20달러가 더 많은 돈을 끌어당긴다는 것이었다.

다른 사람들에게 기도를 해 달라고 하듯 긍정적 사고를 요청하는 사람들도 있다. 교사를 위한 인터넷 사이트에서 한 여교사는 사위가 뇌암 4기 판정을 받았다며 "내 사위를 위해 긍정적인 생각을 해주세요."라고 동료들에게 요청했다. 이라크에서 작전 중에 실종된 병사의 아버지는 CNN에 나와 시청자들에게 이렇게 말했다. "모든 사람이 이 문제에 관해 긍정적인 생각을 전해 주고, 그럼으로써 우리를 도와주기를 간절히 바랍니다. 만약 모든 사람이 우리에게 기도와 긍정적인 생각을 전해 준다면 문제 해결이 가능할 것입니다. …군에서도 할 수 있는 일을 모두 하고 있다는 사실을 압니다. 바로 지금이야말로 긍정적인 생각이 가장 중요합니다."[1] 하지만 긍정적인 사고에도 불구하고 그 병사는 일주일 뒤 유프라테스 강에서 시신으로 발견되었다.

배경에서 번쩍이는 영속적인 네온사인처럼, 도저히 도망칠 수 없는 광고 공세처럼, 긍정적이 되라는 명령은 도처에 있기 때문에 한 가지 근원을 밝혀내는 것이 불가능하다. 오프라 윈프리(Oprah Winfrey)는 마음가짐이 상황을 이긴다고 일상적으로 떠들어 댄다. 구글에서 'positive thinking(긍정적 사고)'을 치면 192만 개의 검색 결과가 나온다. 뉴욕이나 로스앤젤레스 같은 대도시의 강좌 정보를 제공하는 러닝 애넥스라는 사이트에 들어가면 비관주의를 극복하고, 내면의 힘에 접근하고, 생각의 힘을 강화함으로써 성공할 수 있다는 강좌들이 뷔페식으로 잔뜩 나와 있다. 사람들의 태도를 바꿔 결과적으로 삶을 개선하는 것을 목표로 하는 코칭 산업은 1990년대 중반부터 급성장하면서 인터넷 마케팅에 주력하고 있다. 면허가 필요 없는 직종인 라이프 코치는(비용은 치료 요법과 비슷하게 받는다) 우리가 앞으로 나아가는 것을 가로막는 '부정적인 독백', 곧 비관적 사고를 물리치는 법을 가르쳐 준다.

그렇다고 긍정적 관점이 전적으로 자발적인 것은 아니다. 아직 긍정적 사고라는 이데올로기를 수용하지 않은 사람들에게는 일종의 강제가 될 수도 있다. 기업은 동기 유발 강사를 초빙하는 한편, 해고되어도 불평하지 말라고 조언하는 베스트셀러 『누가 내 치즈를 옮겼을까?(Who Moved My Cheese?)』 같은 자기계발서를 무료로 배포해 긍정적 관점을 의식적으로 주입하려 한다. 요양원에는 억지로 꾸민 명랑함이 넘쳐난다. 어느 요양원 입주자의 말을 빌면 이런 식이다. "그 지긋지긋한 애칭들! 다정한 말들! 그 천치 같은 '우리'라는 표현들. 안녕하세요, 오늘 우리는 기분이 어떤가요? 이름이 어떻게 되시죠? 이브라고요? 이브, 식당으로 가실까요. 안녕, 자기, 오래 걸려서 미안해요. 오늘 우리는 정말 멋져 보이죠?"[2] 까다롭고 괴팍한 사람들의 피난처로 여겨졌던 학계에도 긍정적 사고가 세력을 뻗치고 있다. 2007년 초 서던일리노이 대학교의 행정처는 교수진에게 자부심이 없다는 조사 결과에 당황하여 동기 유발 강사를 초청했다. 불퉁한 교수들에게 고객 만족도를 높이려면 긍정적 태도가 필수적이라는 점을 납득시키려 했는데, 여기서 '고객'은 물론 학생들이다. 하지만 이 강좌에 참석한 교수는 겨우 10퍼센트에 지나지 않았다.[3]

긍정적 사고는 널리 확산된 문화적 합의 중 하나라는 지위에 만족하지 않고 계속 세력을 넓히고 있다. 긍정적 사고에는 이론적 지도자와 대변인, 전도사, 판매원이 존재한다. 자기계발서 저자와 동기유발 강사, 코치, 트레이너가 그들이다. 2007년에 나는 그런 사람들의 연례행사 중 하나인 전국강연자협회 대회에 가 보았다. 기법을 익히고, 성공을 뽐내고, 새로운 기회를 낚으면서 나흘을 보내는 일정이었다. 대회장으로 사용된 샌디에이고 시내의 호텔은 관광객들이 즐겨 찾는 곳인데 내부 분위기가 긍정적 효과를 최대한 끌어 올리도록 연출되어 있었다. 호텔의 주 연회장에서 열린 총회는 잔잔한 음악을 배경으로 폭포, 산, 야생화 등 달력 사진 같은 풍경을 10분 동안 슬라이드 쇼로 보여 주는 것으로 막이 올랐다. 이어 금발의 중년 여성이 인디언식 튜닉을 입고 무대에 나왔다. 강사는 한 목소리를 내보자며 1700명의 청중을 모두 일으켜 세우고 "아아, 아아, 아아, 아아, 아아"를 외쳤다. 모든 사람이 의무적으로 따라 하긴 했지만 그다지 열의를 보이지 않는 것으로 보아 비슷한 경험을 한 적이 있는 듯했다.

그 대회는 뉴에이지와 기업 문화의 만남이었다. 전시관에서 수정 요법에 쓰이는 수정을 고를 수도 있고, 웹사이트 마케팅 기법 강좌에 참석할 수도 있었다. 명상을 배울 수도 있고, 강사 에이전시를 찾아내는 데 필요한 정보를 얻을 수도 있었다. 우파니샤드, 카발라,

프리메이슨 등 '고대의 지혜' 속으로 침잠할 수도 있고, 이름과 웹사이트가 큼지막하게 새겨져 공항에서 끌고 다니는 동안 자동으로 광고가 되는 여행 가방을 살 수도 있었다. 그렇다고 참가자들이 종교 집단 같은 분위기를 풍기는 것은 아니었으며 광신이나 비정상적인 기미는 전혀 없었다. 참가자 대부분이 정장 차림이었고, 남자들은 머리를 짧게 깎은 사람들이 길러서 묶은 사람들보다 훨씬 많았다.

늘 그렇듯 비이성적인 활기는 모두 강단에서 나왔다. 기조연설자 가운데 가장 먼저 모습을 나타낸 것은 마르고 활력이 넘치는 수 모터(Sue Moter)라는 사람이었다. 프로그램에는 '인디애나폴리스 복합단련 건강센터 대표'라고 적혀 있었다. 환영하는 박수가 일자 그녀는 "내게 박수치지 마세요."라면서 청중에게 일어서서 몇 분 동안 음악에 맞춰 박수를 치라고 했다. 그런 다음 50분에 걸친 강연이 진행되었다. 우주는 1초당 열 번 주기로 진동하는데 거기에 공명하면 '무한한 힘'을 소유할 수 있다는 내용이었다. 모터는 우리가 우주에 공명하지 못하면 "지나치게 분석하고, 계획을 세우며, 부정적인 생각을 갖게 됩니다."라면서 이 모든 생각과 계획에 대한 대안은 "예스(yes) 속에 있는 것입니다!"라고 외쳤다. 강연을 마칠 때가 되자 모터는 다시 한 번 청중을 일으켜 세웠다. "두 손을 꽉 쥐고 예스를 생각하십시오. 이 행성을 두 발로 단단히 디디고 서세요. 예스라는 생각을 떠올리세요."

기조연설자 중 가장 이름이 알려진 사람은 형이상학과 마케팅 양쪽의 박사 학위를 갖고 있다고 자랑하는 일명 '미스터 파이어(Mr. Fire)' 조 바이텔(Joe Vitale)이었는데, 대회에서는 '권위자'로 소개되었다. 배우 대니 드비토의 얼굴을 길게 늘여 놓은 것처럼 생긴 바이텔의 강연 주제는 '직관에 따른 마케팅과 사랑'이었다. 그는 "여러분은 정말 대단합니다. 나는 여러분 모두를 사랑합니다. 여러분은 환상적입니다."라는 말로 시작했다. 그는 자신이 'P. T. 바넘(P. T. Barnum, 19세기 말 곡예단에서 사람들의 성격과 특징을 알아맞혔던 인물. 사람들이 보편적으로 가지고 있는 성격이나 심리적 특징을 자신만의 고유한 특성으로 여기는 경향을 '바넘 효과'라고 한다-옮긴이)의 사도'라면서 사람들의 주목을 끄는 데 효과적인 몇 가지 비법을 공개했다. 이를테면 브리트니 스피어스가 자신의 '최면 마케팅'을 표절했다고 농담처럼 언론에서 비난하는 식이었다. 메일링 목록을 보면서 이름 하나하나와 사랑에 빠지라고 말하는 걸 보니 그에게는 사랑도 그런 기법 가운데 하나인 듯했다. 바이텔은 최근에 출판된 자기 책 『호오포노포노의 비밀(Zero Limits)』을 선전했다. 그 책은 한 의사가 정신병원에 있는 환자들을 치료하는 내용인데, 의사는 환자들을 만나 보지도 않고 단지 기록을 검토하면서 그들에 대한 부정적인 생각을 극복하려 노력하는 것만으로 치료에 성공한다. 바이텔 또한 활기에 넘친 모습으로 강연을 마무리했다. "머릿속으로 '사랑합니다'라고 항상 말하십시오. 그러면 치유될 필요가 있는 모든 것이 치유됩니다."

청중은 이 모든 것을 진지하게 받아들여 내용을 받아 적으면서 이따금 고개를 끄덕거렸고, 웃음이 나올 것으로 기대되는 지점에서는 큰 소리로 웃어 주었다. 내가 판단한 바로는 거기 참석한 사람들 대부분은 책을 출판한 경험도 없고 전국강연자협회 대회처럼 대규모 청중을 앞에 두고 이야기를 해 본 일도 없는 이들이었다. 이 사람 저 사람과 이야기를 해 보니 강연자가 되기를 희망하는 사람들, 그러니까 많은 청중과 높은 보수를 갈망하는 코치와 트레이너가 대부분이었다. 그들 중 다수가 건강 관련 직종에서 일하는 사람들이었는데, 특히 전인 의학(몸과 마음을 조화시켜 질병을 치료하고 예방하는 대체 의학. 생체역학이나 심상 요법·최면요법·명상 요법·향기 마사지 요법·요가 등 다양한 치료법이 이에 속한다—옮긴이) 및 대체 의학 관련 종사자가 많았다. 일부는 해고된 화이트칼라 노동자를 위한 강연에서 보았던 부류인 기업 코치들이었고, 활동 분야를 넓혀 보려는 성직자들도 섞여 있었다. 따라서 워크숍 주제는 관할 관청에서의 업무 처리, 계약 따기, 사무실 관리, DVD와 테이프 같은 상품 마케팅 등 대개 실제 경영과 관련된 것이었다. 한편에서는 대회 분위기에 걸맞지 않은 이야기도 나왔다. 모두가 성공할 수는 없다는 점을 지적한 어느 워크숍 주관자가 그랬다. 그 강사는 파워포인트로 강연하면서, 상품과 웹사이트를 홍보하느라 계속 지출을 늘려가다 빈털터리가 되어 버리는 '죽음의 소용돌이'에 휘말리는 이들이 있다고 경고했다. 하지만 돈을 만들어 내는 방법은 분명히 있었다. 또 다른 워크숍에서 41세의 동기 유발 강사 크리스 와이드너(Chris Widener)가 비법을 알려 주었다. 그는 형편없는 젊은 시절을 보낸 뒤에(열세 살 때는 구제불능이었다고 했다) 지금의 부를 쌓았다. "3년 전에 나는 캐스케이드 산에 있는 집, 내가 꿈꾸던 집을 샀습니다. 역도실, 포도주 저장실, 한증탕이 있는 집이죠. …내 인생은 분명한 성공, 바로 그것입니다."

그 자리에 있던 청중이 경력을 쌓아 강사로 활약할 경우 강연에서 무엇을 말하게 될까? 전국강연자협회 대회에서는 아무도 이 질문에 대답해 주지 않았고, 내가 본 바로는 그런 물음을 제기하는 사람도 없었다. 답이 너무도 명확하기 때문이다. 그들은 자기가 들었던 강연의 내용, 건강과 부를 얻는 데 유일한 장애물은 자기 자신 속에 있다는 주장을 되풀이하게 될 것이다. 물질적으로 또 주관적으로 더 나은 삶을 원한다면 태도를 바로잡고, 감정의 반응을 수정하고, 자신의 마음에 초점을 맞춰야 한다고 목소리를 높일 것이다. 자기를 향상시키는 다른 방법, 예컨대 교육을 통해 어려운 신기술을 습득한다거나 모든 사람에게 혜택이 돌아가도록 사회 변혁에 나서는 것은 생각할 수 없을까? 하지만 긍정적 사고에서는 모든 도전이 내면적인 것이며 의지를 통해 쉽게 극복할 수 있는 문제다. 기계에서 새로 찍혀 나온 강사들이 앞으로 만날 청중에게 강연할 내용을 요약하면 분명히 이런 이야기가 될 것이다. "나 역시도 한때는 길을 잃고 방황하면서 자신을 의심했습니다. 하지만 나는 성공의 열쇠를 발견했습니다. 지금의 내 모습을 보십시오!" 그것을 보고 청중의 일부는 결의를 다지면서 명랑 교단의 새로운 선교사로 나설 것이다.

불평 금지

긍정적 사고가 약속하는 것은 인생을 물질적인 방식으로, 또 구체적으로 개선할 수 있다는 것이다. 단순하게 생각하면 이는 사실일 수 있다. 누구나 투덜대고 불평을 늘어놓는 사람보다는 '괜찮은' 사람을 좋아한다. 그러므로 이른바 권위자들이 책이나 웹사이트에서 권하는 내용은 대부분 무해하다. 성공을 목표로 한 어느 웹사이트에서는 '미소가 협력자를 만든다'고 충고하는데 맞는 말이다. 긍정적인 태도가 기대되는 문화에서는 그런 모습을 보여 주는 데 따르는 보상이 더욱 크다. 명랑함이 규범인 곳에서는 까다로움이 심술로 여겨진다. 누가 부정적인 사람과 사귀거나 고용하려 하겠는가? 그런 사람에게 무슨 문제가 있을지 어떻게 알겠는가? 그러므로 성공하고 싶다면 진짜 감정이 무엇이든 긍정적인 모습을 가장하는 속임수를 써야 한다.

긍정적으로 행동하는 법을 다룬 최초의 역작은 1936년 출판된 이후 지금까지 팔리고 있는 데일 카네기(Dale Carnegie)의 『카네기 인간관계론(How to Win Friends and Influence People)』이다. 기업가 앤드류 카네기와 발음이 같다는 점을 염두에 두고 이름(Carnagey)의 철자를 바꾼 카네기는 독자들이 정말로 행복할 것이라고 가정하지 않았다. 제대로 연기만 하면 다른 사람들을 조작할 수 있다는 점에 관심을 기울였다. "웃을 기분이 아니라고? 그래서 어쨌다는 것인가? 두 가지 방법이 있다. 우선 억지로 웃어라. 혼자 있다면 휘파람을 불거나 콧노래를 흥얼거리거나 노래를 불러라." 당신은 긍정적으로 행동하도록 자신을 '강제'할 수 있고, 아니면 그렇게 되도록 훈련받으면 된다. "많은 기업이 전화 교환원들에게 관심과 열의를 풍기는 목소리로 응답하도록 훈련시킨다." 전화 교환원이 정말로 열의를 느낄 필요는 없다. 그런 느낌을 '풍기면' 된다. 카네기의 책에서 최고의 성취로 꼽는 것은 진심을 가장하는 방법을 배우는 일이다. "인간관계의 다른 모든 법칙과 마찬가지로 관심을 표명하는 것도 반드시 진심 어린 것이어야 한다."⁴ 어떻게 하면 진심을 '표명'하는 체할 수 있을까? 이 부분에 관한 설명은 책에 나와 있지 않지만, 거의 배우 수준의 연기력이 요구되리란 사실을 짐작할 수 있다. 사회학자 앨리 혹실드(Arlie Hochschild)는 1980년대에 발표한 유명한 연구에서 항공기 승무원들이 언제나 쾌활하게 승객을 응대해야 한다는 점 때문에 스트레스를 받아 감정이 고갈된다고 밝혔다.⁵ "그들은 자기의 진짜 감정을 잃어버립니다." 혹실드는 나와의 인터뷰에서 그렇게 말했다.

20세기에 접어들자 카네기의 충고는 더 적절한 것이 되었다. 중산층에서 농부나 소기업가의 비중이 줄고 대기업의 고용인이 늘어났다. 그들이 주로 하는 일은 철로 가설, 광산 채굴과 같은 육체적인 작업이 아니라 다른 사람들을 상대하는 것이었다. 판매자는 고객을 상대하고, 매니저는 부하직원과 동료를 상대한다. 사회학자 윌리엄 화이트(William H. Whyte)는 1956년에 쓴 글에서 이러한 현상이 정신을 궤멸시키는 소련식 집단화로 한 걸음 다가가는 것이라고 우려했다. "조직화된 삶에서는 사람들이 어쩔 수 없이 일하는 시간을 대부분 이런저런 조직 속에서 보내게 된다. 그들은 컨퍼런스에, 워크숍에, 세미나에, 정보 교환 모임에, 일과 후 토론회에, 프로젝트 팀에 참가한다." 계속해서 타인과 접촉하는 이런 환경에서는 일을 해 나가는 경험이나 지식보다 인간관계를 맺는 소프트 스킬(soft skill)이 더 중요하다. 일찍이 카네기는 "공학과 같은 기술적인 분야에서도 재정적 성공에서 기술적 지식이 차지하는 비중은 15퍼센트 정도이고 나머지 85퍼센트는 인간공학 기술에 달려 있다."고 보았다.⁶

요즘에는 인간관계 기술을 새삼 강조할 필요조차 없다. 우리는 대부분 사람들과 함께, 사람들을 상대하며, 사람들 주위에서 일하고 있다. 자기 나름의 변덕과 욕구를 가진 개인이라기보다 미소와 낙천성을 기대할 수 있는 근원으로 기능하면서 다른 사람의 인생에서 감정적인 배경 역할을 하게 되었다. 자기계발서 『당신의 물통은 얼마나 채워져 있습니까?(How Full Is Your Bucket? Positive Strategies for Work and Life)』는 "100명 가운데 99명은 긍정적인 사람들 주위에 있고 싶어 한다."고 역설한다.[7] 선택은 자명하다. 도전적인 태도를 풍기는 비판적인 사람이 될 것인가, 아니면 늘 웃음을 지으며 예스라고 말하는 사람이 될 것인가? 명랑 교단의 세력이 확장될수록 순응하는 자세는 더 큰 점수를 얻는다. 주위 사람들이 그것을 기대하고 있기 때문이다. 인재 개발 컨설턴트인 게리 톱치크(Gary S. Topchik)에 따르면 지각, 무례함, 실수, 잦은 이직 등 직원들의 부정적인 태도와 행동 탓에 미국 기업들이 한 해에 30억 달러의 비용을 치르고 있다고 노동통계청은 추산했다.[8] 인종, 성, 나이, 종교에 관한 명백한 차별에 해당되지만 않는다면 미국 기업은 언제든 직원을 해고할 수 있다. 긍정적인 분위기를 발산하지 못했다는 것도 해고 사유가 된다. 미니애폴리스의 한 컴퓨터 기술자는 자기가 한 것으로 확인되지도 않은 어떤 발언이 빈정거림과 부정적 태도의 증거로 간주되어 직장에서 해고된 경험이 있다고 내게 털어놓았다. 텍사스 주 오스틴에 사는 '줄리'는 내 웹사이트를 보고 홈데포의 콜센터에서 근무하면서 겪었던 일을 알려 왔다.

일을 시작한 지 한 달쯤 지났을 때 상사가 나를 작은 방으로 호출하더니 내가 거기서 일하는 것이 행복하지 않은 게 분명하다고 말했습니다. 맞는 말이었습니다. 한 달에 300달러가 넘는 민영 의료보험료와 매달 410달러씩 갚아야 하는 학비대출금 탓에 잠도 자지 못하고 다섯 가지 일을 더 하고 있었으니까요. 하지만 "여기서 일하게 되어 기쁩니다."라는 선을 벗어난 말을 누구에게도 한 적이 없었는데 왜 그런 지적이 나오는지 이상했습니다. 게다가 나는 콜센터에서 일하려면 행복해야만 한다는 사실도 알지 못했습니다. 다른 콜센터에서 일하는 내 친구는 (행복을 가장하는 것은) 영혼이 죽어 가고 있는 와중에 수음을 하면서 느끼는 감정 같은 거라고 하더군요.

최근에는 행동만이라도 긍정적이어야 한다는 요구가 점차 가혹해지고 있다. 순응하지 않는 데 따른 불이익이 점점 커져, 긍정적인 태도를 갖지 않으면 직업을 잃고 실패하는 데 그치지 않고 기피 인물로 낙인찍혀 완전히 고립될 위험을 감수해야 한다. 베스트셀러 『백만장자 시크릿(Secrets of the Millionaire Mind)』의 저자이자 '잠재력 극대화 훈련'의 창시자인 하브 에커(T. Harv Eker)는 부정적인 사람들을 멀리 해야 하며, 그런 사람과 함께 살고 있다면 떠나야 한다고 조언했다. "당신을 끌어내리는 상황이나 사람을 분간해야 한다. 그런 상황이나 관계에서 빠져나와야 한다. 만약 가족이 그렇다면 가급적 가족들과 어울리지 마라."[9] 실제로 이 조언은 일반서와 종교서 양쪽에서 자기계발 분야의 기본 경구가 되었다. 동기 유발 강사 겸 코치인 제프리 지토머(Jeffrey Gitomer)도 "당신의 삶에서 부정적인 사람들을 제거하라."고 목소리를 높였다. "그들은 당신의 시간을 허비하고,

당신을 아래로 끌어내리기 때문이다. 만약 (그 상대가 배우자나 상사라서) 제거할 수 없다면 그들과 함께 있는 시간을 줄여야 한다."[10] 아직도 무슨 뜻인지 잘 모르겠는가? '비즈니스계의 투견'을 자처하는 동기 유발 강사 머로니(J. P. Maroney)는 이렇게 선언했다.

부정적인 인간들은 역겹다!
심하게 들릴지는 몰라도 부정적인 사람들은 정말로 역겹다. 그들은 당신과 나처럼 긍정적인 사람들의 기운을 빨아먹는다. 그들은 훌륭한 회사, 팀, 관계의 에너지와 생명을 빨아먹는다. …무슨 일이 있더라도 그런 사람들을 피하라. 오랫동안 알고 지낸 사람이라 해도 당신을 고갈시키는 사람과는 관계를 끊어 버려라. 내 말을 믿어도 좋다. 당신은 그런 사람들 없이 더 잘 살 수 있다.[11]

한 사람의 인생에서 부정적인 사람을 모두 제거한다는 것이 실제로는 무엇을 의미할까? 늘 트집만 잡는 배우자와 갈라서는 것은 올바른 선택일 수도 있겠지만 심한 배앓이를 하는 아기, 짜증을 부리는 어린아이, 뚱한 사춘기 자녀에게서 등 돌리기란 그렇게 쉬운 일이 아니다. 직장에서도 사정이 다르지 않다. 대량 살상극을 일으킬 징후를 보이는 인물을 간파해 해고하는 것은 바람직할 수도 있으나, 짜증 나는 사람이 실은 도움이 되는 얘기를 해 주는 경우도 있다. 자신이 일하는 은행의 서브프라임 모기지 비중이 너무 높다고 우려하는 관리자, SUV나 트럭에 대한 과도한 투자에 의문을 제기하는 자동차 회사 임원을 생각해 보라. '당신을 끌어내리는 사람'을 모두 깨끗이 쓸

어버린다면 아주 외로운 처지에 놓일 위험이 높으며, 더 심각한 것은 현실에서 분리되어 버린다는 사실이다. 가족생활을 비롯한 모든 사회생활에서는 다른 사람들의 기분을 살피고 통찰력을 얻는 한편 필요할 때면 상대에게 위안을 제공해야 한다.

하지만 긍정적 사고의 세계에서는 그렇지 않다. 다른 사람은 당신의 보살핌을 받거나 당신에게 달갑잖은 현실을 직시하도록 하기 위해 거기 있는 것이 아니다. 그들은 단지 당신을 보살펴 주고, 칭찬하고, 긍정해 주기 위한 존재다. 너무 단정적이고 거칠게 들릴지도 모르겠지만, 실제로 많은 사람이 이를 신조로 받아들여 '불평'이라는 단어 위에 큼지막하게 엑스 표를 친 스티커를 자동차에 붙이거나 명판을 벽에 걸어 둔다. 사람들은 자기감정을 차단하고, 그 결과 심각한 감정 결핍 상태에 이르게 된다. 누구에게도 남들의 문제를 생각할 시간과 인내심이 없다.

2006년 중반, 캔자스시티의 윌 보웬(Will Bowen) 목사는 '부정성'을 더욱 강하게 금하는 조치를 취해 자기 교회를 '불평 없는 곳'으로 선언했다. 비판도, 가십도, 비꼬는 것도 허용하지 않는다고 밝혔다. 신도들을 재교육하기 위해 보웬 목사는 불평해선 안 된다는 사실을 상기시키는 수단으로 자주색 실리콘 팔찌를 나눠 주었다. 그리고 21일 동안 불평을 입에 올리지 않고 지내면 불평하는 습관을 깨뜨릴 수 있을 것이라고 했다. 만약 이를 지키지 못하면 팔찌를 다른 손목으로 옮기고 다시 시작한다. 부정성에 대한 이 대담한 공격이 화제가 되어 보웬 목사는 『피플』 잡지에 실렸으며 〈오프라 윈프리 쇼〉에도 출연했다. 몇 달 만에 보웬 목사의 교회는 전 세계 80개 이상의 국가에 자주색 팔찌 450만 개를 나눠 주었다. 불평 없는 세상을 꿈꾼 그는 자기가 고안한 팔찌가 학교, 감옥, 노숙자 쉼터 등에 배포되었다고 자랑했다. 하지만 감옥과 노숙자 쉼터에서 팔찌가 얼마나 성공을 거두었는지에 관해서는 입을 다물고 있다.

긍정적으로 행동하는 것이 이제는 성공을 이끄는 자기실현적인 예언이 되었다. 그렇게 하지 않을 경우 고용주나 긍정적 사고를 믿는 동료들로부터 거부당하는 의미심장한 실패로 이어진다는 부정적인 의미에서는 분명히 그렇다. 권위자들은 부정적인 사람들을 떨쳐 버리라고 강조하면서 또 하나의 경고를 보내고 있다. 항상 미소를 띠고, 쾌활하게 행동하고, 흐름을 따라라. 그렇지 않으면 배척될 각오를 하라.

부정적인 사람들을 접촉 반경에서 배제하는 것만으로는 불충분하다. 세상사도 주의 깊게 검열해야 한다. 이른바 권위자와 동기 유발 강사들은 신문을 보거나 TV 뉴스를 시청하는 것은 잘못이라고 입을 모은다. 온라인 데이트 잡지의 한 기사는 긍정적인 태도를 발전시키는 비법을 다음과 같이 제시했다. "5단계: 뉴스 보는 것을 중단한다. 살인, 강간, 사기, 전쟁. 대개 뉴스는 부정적인 이야기로 가득하다. 뉴스를 읽는 게 습관이 되어 있으면 당신은 그런 환경적 요인에 바로 영향을 받게 된다."

제프리 지토머는 한 술 더 떠서, 그 시간을 긍정적으로 사고하기 위한 훈련에 바치라고 조언했다. "모든 뉴스는 부정적이다. 부정적인 뉴스에 계속 노출되는 것은 당신의 인생에 긍정적인 영향을 줄 수 없다. 인터넷을 이용하면 필요한 뉴스를 1분 만에 볼 수 있다. 신문을 읽느라 허비하는 시간을 자기 자신과 긍정적 사고를 위해 쓸 수 있게 된다."[12]

어째서 모든 뉴스가 부정적일까? 작가이자 변호사인 주디 브랠리(Judy Braley)는 나쁜 뉴스가 너무 많은 탓에 지구상에 긍정적 사고가 충분히 확산되지 못하는 것이라고 말했다.

이 세계에 사는 절대다수의 사람들은 긍정적 태도라는 공간 속에서 살지 않는다. 오히려 고통의 공간 속에 살고 있다. 고통 속에서 사는 사람들은 부정성과 고통을 확산시키는 방법만 알고 있을 뿐이다. 세상에 왜 이렇게 잔혹한 일이 많으며, 왜 우리가 늘 부정성의 폭격을 받고 있는지, 그것으로 설명이 된다고 생각한다.[13]

전국강연자협회 대회에서 나는 어떤 남자와 이야기를 나누게 되었다. 큰 키에 깔끔한 머리, 무표정한 얼굴과 뻣뻣한 태도로 미루어 군 출신이 아닐까 싶었다. 나는 그 사람에게 대부분의 사람들이 낙담해 있기 때문에 힘껏 고무해 줄 필요가 있는 것인지, 코치 입장에서는 어떻게 생각하는지 물어보았다. 그는 아니라고 했다. 대개는 낙담한 게 아니라 나태할 뿐이라고 말했다. 하지만 그 자신도 이라크 전쟁에 관한 뉴스를 읽었을 때는 기운이 빠져 신중하게 그 뉴스를 피했다고 인정했다. 나는 "책임 있는 시민이 되기 위해 그런 정보를 알아야 할 필요가 있다는 건 어떻게 생각하세요?" 하고 물었다. 그 사람은 한참 나를 물끄러미 쳐다본 다음 현명하게도 이렇게 제안했다. 그렇다면 당신이 사람들의 동기를 유발하기 위해 공을 들여야 할 분야는 그것이 아니겠냐고.

지토머는 날마다 90초 간격으로 사이트를 업데이트하고 있는데 그래도 성에 차지 않는 사람들에게 권할 만한, 오직 긍정적인 뉴스만 전하는 웹사이트도 두 곳 있다. 그중 하나인 굿뉴스 블로그(GoodNewsBlog.com)는 이렇게 밝히고 있다. "대부분의 미디어가 잔인하고, 무참하고, 비정상적이고, 뒤틀린 일에만 관심을 보이고 있어 인류가 멸종할 것이라는 생각을 갖게 되어도 무리가 아닐 정도다. '굿뉴스'는 이곳을 찾는 사람들에게 나쁜 뉴스가 드물고 진기하기 때문에 뉴스가 된다는 사실을 보여 주려 한다." 최근 이 사이트에는 '입양아와 생모의 재회 장면 웹캠 중계' '구조된 말들을 돌보는 간호사를 돕는 학생들' '생명의 위협을 경고해 소녀를 구한 앵무새' 등이 톱뉴스로 올랐다. 한편 해피뉴스닷컴(Happynews.com)에는 국제 기사가 아주 풍부하다. 물론 다르푸르, 콩고, 가자, 이라크, 아프가니스탄 뉴스는 전혀 등장하지 않는다. 여기 나온 하루치 뉴스 중에서 몇 가지를 뽑아 보면 '일곱 살 네팔 소년이 수술로 생명을 건지다' '미국-캐나다 경계수역협약 100주년' '이타적 결단을 내린 미국인들' '낭만적인 모험에 나선 귀여운 어린이들' 등이다.

사람들이 사는 세상에서 일어나는 비극과 진정한 드라마로부터 물러선다는 것은 긍정적 사고의 핵심에 깊은 무력감이 놓여 있다는 점을 시사한다. 왜 뉴스를 나 몰라라 하는가? 전국강연자협회 대회에서 만난 어느 사람은 "어떻게 할 수 있는 일이 없으니까요."라고 말했다. 브랠리는 재난 보도에서도 눈을 돌리라면서 "재난 소식은 당신에게 슬픈 감정을 불러일으키지만 당신이 할 수 있는 일은 아무

것도 없기 때문에 부정적인 뉴스다."라고 했다. 구호 기금에 기부하고, 반전운동에 참여하고, 인간적인 정책을 위해 영향력을 행사하는 일은 고려조차 되지 않는다. 아무리 태도를 개조해도 "민간인 사상자 수가 늘고 있습니다."라거나 "기근이 확산되어…"로 시작하는 뉴스 헤드라인을 좋은 소식으로 바꿀 수 없다는 사실을 시인하는 것이라고나 할까.

만약 정신의 힘이 진정으로 무한하다면 굳이 주위에서 부정적인 사람들을 제거할 필요도 없을 것이다. 그들의 행동을 긍정적인 방식으로 해석하면 되는 것 아닐까? 저 사람이 나를 비난하는 것은 모두 나를 위해서 그러는 것이다, 저 여자가 뚱한 얼굴로 있는 것은 나를 좋아하는데 내가 관심을 보여 주지 않아서 그런 것이다 등등으로 생각하면 그만 아닐까? 부정적인 사람들과 관계를 끊고 뉴스를 보지 말라는 것, 그러니까 환경을 바꾸라는 얘기는 우리가 희망한다고 해서 바꿀 수 없는 '진짜 세상'이 저 바깥에 존재한다는 것을 시인하는 셈이다. 이런 무서운 가능성에 '긍정적으로' 대응하는 유일한 방법은 찬성과 지지, 좋은 뉴스, 미소 짓는 사람들로만 조심스럽게 구성해 둔 자신의 세계로 후퇴하는 것뿐이다.

시크릿의 '양자물리학'

배척하겠다는 위협이 긍정적 사고에 저항하는 사람들에게 가해지는 날카로운 채찍이라면 무한한 매력을 지닌 당근도 있다.

긍정적으로 생각하라. 그러면 당신에게 긍정적인 일들이 찾아올 것이다. 원하는 것에 집중하기만 하면 당신은 무엇이든 가질 수 있다. 무한한 재산이든, 성공이든, 사랑하는 사람이든, 레스토랑의 앉고 싶은 자리든, 말 그대로 무엇이든 가질 수 있다. 우주는 당신의 요청에 응하기 위해 존재한다. 당신은 욕구의 힘을 다루는 방법만 배우면 된다. 원하는 것을 눈앞에 그려 보라. 그러면 그것이 당신에게로 '끌려온다'. 요청하고, 믿고, 받아라. 혹은 원하는 것을 정확히 제시하고, 당연한 권리로 요구하라.

미국에서는 이런 놀랍고 멋진 이야기가 100년 전부터 알려져 있었는데, 2006년 말 『시크릿』이 폭발적인 성공을 거두면서 전 세계적으로 널리 퍼졌다. 그 책은 단 몇 달 만에 380만 부를 찍었고 『USA 투데이』와 『뉴욕 타임스』 베스트셀러 1위에 동시에 올랐다. 책이 유난히 아름답게 꾸며진 것도 판매에 도움이 되었다. 광택 있는 종이를 사용했고, 표지는 붉은 봉인으로 장식된 중세 필사본처럼 만들어 또 다른 베스트셀러인 『다빈치 코드』를 어렴풋이 연상시켰다. 오스트레일리아의 TV 프로듀서인 저자 론다 번(Rhonda Byrne) 자신이나 대리인이 〈오프라 윈프리 쇼〉, 〈래리 킹 라이브〉 등 유명 토크쇼에 출연할 기회를 잡은 것도 판매를 늘린 요인이었다. 하지만 본질적으로는 입소문의 힘이었다. 『오타와 시티즌』은 그 책에 대한 이야기가 필라테스 교실, 부자 되기 웹사이트, 동기 유발 블로그를 통해 노로바이러스처럼 퍼져 나갔다고 보도했다.[14] 나도 『시크릿』 팬을 만난 적이 있다. 지역 대학에 다니는 그 젊은 흑인 여성은 『시크릿』을 되풀이해서 읽어 내용을 완전히 자기 것으로 만들었다고, 초라한 구내 카페테리아에서 내게 털어놓았다.

『시크릿』은 언론으로부터 비교적 따뜻한 응대를 받았지만, 식자층의 경악과 조롱을 받았다(이것은 '끌어당김의 법칙'을 의식적으로 적용한 결과는 아니었다). 비판하는 사람들 입장에서는 대체 어디서 시작해야 할지 모를 정도로 문젯거리가 풍부했다. DVD에는 쇼윈도에 진열된 목걸이를 보고 감탄하는 여성이 등장하는데 다음 장면에서 그녀는 그 목걸이를 목에 걸고 있다. 그저 목걸이를 '끌어당기려고' 의식적으로 노력했던 게 전부였다. 책 내용도 마찬가지다. 수십 년 동안 체중을 줄이려고 애썼던 저자는 음식 때문에 살이 찌는 것이 아니라고 선언한다. 음식이 살로 갈 것이라는 '생각' 탓에 실제로 체중이 는다는 것이다. 저자는 원하는 남자가 이미 자기 곁에 있는 것처럼 가장함으로써 그 남자를 '끌어당긴' 여자의 이야기도 들려준다. 여자는 차고에 남자의 주차 공간을 만들고, 옷장을 비워 남자 옷을 걸 자리를 마련한다. 아하, 그러자 그 남자가 그녀의 삶 속으로 온다.[15] 저자 번은 시력 개선을 위해서도 '비밀'을 활용했으며 덕분에 안경을 벗게 되었다는 얘기도 한다. 이런 마법 같은 이야기에 압도된 『뉴스위크』는 '복권의 숫자, 당신의 존재조차 알지 못하는 사람의 행동 등 외부 물질세계를 당신의 생각과 감정을 통해 조작할 수 있다'는 노골적인 주장에 그저 놀랄 뿐이었다.[16]

하지만 번이 새롭고 독창적인 이야기를 한 것은 아니다. 번은 영감을 중시한 사람들 27명의 통찰력을 하나로 묶은 것뿐이었다. 『영혼을 위한 닭고기 수프(Chicken Soup for the Soul)』의 저자 잭 캔필드(Jack Canfield)처럼 그 가운데 많은 인물이 아직 생존해 있으며 이미 명성을 얻은 사람들이다.『시크릿』의 절반 분량은 '특별 공동 저자'로 관대하게 인정한 대가들의 인용으로 채워져 있고, 책의 말미에는 그들의 이름과 약력이 나와 있다. 그 명단에는 풍수 전문가, 영적 상품 판매 업체 대표, 주식 거래인과 함께 물리학자 두 명도 포함돼 있다. 그렇긴 해도 번의 공동 저자 대부분은 자신을 '코치'로 소개하는 사람들과 동기 유발 강사들이다. 거기엔 전국강연자협회 대회에서 모든 것을 아우르는 사랑을 보여 주었던 조 바이텔도 포함되어 있다. 번이 털어놓은 비밀은 결코 비밀이 아니었다. 전문 코치들의 지혜를 총합한 것이었다. 나만 해도 모든 게 마음에 달려 있다는 주장을『시크릿』이 출판되기 3년 전에 이미 접했다. 당시 애틀랜타에서 성공적인 경력 관리 기법을 가르치던 어느 코치는 실패나 실업처럼 어떤 사람이 처한 외부 조건은 그 사람이 가진 '행복에 관한 내면적 감각'이 투영된 것이라고 말했다.

운동선수가 아닌 사람들에게도 '코칭'이라는 게 필요하다는 관념은 1980년대에 기업들이 사내 강연회에 스포츠 코치를 강사로 부르면서부터 퍼졌다. 많은 영업사원과 매니저들이 학창시절에 스포츠 활동을 했기 때문에 축구 경기장의 결정적인 순간을 예로 드는 강사들의 이야기가 잘 먹혔다. 1980년 말, 전직 카레이서이자 스포츠 코치였던 존 휘트모어(John Whitmore)는 운동장에서의 코칭을 그만두고 기업 임원실로 활동 무대를 옮겨 업무 능력 향상 등 추상적인 실적 개선을 목표로 내걸었다. 예전까지 컨설턴트로 불렸던 사람들이 자신을 코치로 소개하기 시작했으며 평범한 사람들, 주로 화이트칼라 노동자들에게 파고들어 긍정적인 혹은 '마음을 끄는' 태도를 팔기 위해 사무실을 냈다. 새로운 부류의 코치들은 스포츠 코칭으로부터 승리를 시각화한다는 개념을 빌려 왔다. 번과 그 일파가 원하는 결과를 눈앞에 그려 보라고 촉구한 것도 그런 맥락이다.

자기계발 권위자 및 '영적 교사'들의 세계에서 콸콸 쏟아져 나온 새로운 지혜의 원천은 스포츠만이 아니었다. 3만 5000년 전 전사의 영과 교신한다는 나이트(JZ Knight)가 이끄는 뉴에이지 종파 '람타(Ramtha)'에서 2004년에 제작한 다큐드라마 〈도대체 우리가 아는 건 무엇인가?(What the Bleep Do We Know?)〉를 보자. 등장인물인 배우 말리 매틀린(Marlee Matlin)은 삶의 무한한 가능성을 영적으로 인식하기 위해 신경안정제를 내던진다. 람타 각성학교에 다니는 학생들은 자신의 목표를 적어서 벽에 붙여 두고, 시끄러운 록 음악에 맞춘 격렬한 '명상'을 통해 그 목표를 실현하려 한다. 이보다 좀 더 사업다운 면모를 갖춘 쪽을 보면 '성공 코치'인 마이크 허나키(Mike Hernacki)가 1982년에 쓴 『원하는 모든 것을 무조건 가질 수 있는 궁극적인 비법(The Ultimate Secret to Getting Absolutely Everything You Want)』이 있다. 이 장르는 2006년 마이클 로지에(Michael J. Losier)의 『끌어당김의 법칙(Law of Attraction)』으로 이어졌다. 그런가 하면 하브 에커의 『백만장자 시크릿』은 "우주, 달리 표현해 '고차원의 힘'은 대형 통신판매 백화점과 유사하다."고 설명했고, 바이텔 또한 같은 이미지를 제시했다.[17] 헷갈리지 않도록 명료하게 주문하기만 하면 원하는 것이 시기적절하게 도착한다는 것이다.

무엇이 코치라는 사람들을 이런 신비로운 힘 쪽으로 끌어당긴 것일까? 코치 자체가 가르침을 받는 사람들과 크게 다른 점이 없기 때문일까? '취업 코치'는 고객에게 이력서 쓰는 법, 짧은 시간에 상대를 사로잡는 이른바 '엘리베이터 스피치'로 장점을 과시하는 법 등을 가르치지만 구체적인 문제로 들어가면 아무 것도 아는 게 없다. 취업 코치도, 이보다 취급 범위가 넓은 '성공 코치'도 투창을 멀리 던지는 데 도움을 줄 수 없다. 컴퓨팅 기술을 향상시키는 데에도, 대규모 사업장의 정보 흐름을 관리하는 문제에도 도움을 줄 수 없다. 그들이 다룰 수 있는 것이라곤 태도와 기대에 관한 문제뿐이므로 태도를 교정함으로써 성공을 보장받을 수 있다는 형이상학적 전제에서 출발하는 것이 유리하다. 만약 성공이 따라오지 않고 여전히 자금난을 겪거나 전망 없는 직장에 묶여 있다면 그것은 코치의 잘못이 아니라 당신의 잘못이다. 당신이 충분히 노력하지 않은 탓이므로 더 열심히 코치의 지도에 따라야 한다.

코칭 업계와 『시크릿』 같은 책에서 볼 수 있는 형이상학은 전통적인 주술 기법, 특히 '공감 주술(sympathetic magic)'과 놀랍도록 유사하다. 공감 주술은 끌어당김과 같은 원리로 작용하는데, 주물이나 부적(흑마술에서는 바늘이 꽂힌 부두 인형)이 원하는 결과를 가져오는 것으로 간주된다. 긍정적 사고에서는 원하는 결과의 이미지가 정신을 집중시키는 내면적 부적이 된다. 종교역사가 캐서린 앨버니즈(Catherine Albanese)에 따르면 물질적 주술에서는 제례나 의식을 치를 때의 상징적인 행동이 물품 및 양식화된 의복 사용과 연관되어 있다. 반면 긍정적 사고 형태의 정신적 주술에서는 장(場)이 내면화되며 핵심적인 의식은 명상 혹은 인도된 시각화 형태를 띤다.[18]

정신적 주술에서도 때로 실체적인 주물이 요구되는 경우가 있다. 『시크릿』에 언급된 기업가 겸 코치인 존 아사라프(John Assaraf)는 비전 보드(vision board) 사용에 관해 이렇게 설명했다.

몇 년 전, 차든 집이든 내 삶에서 이루고 싶은 어떤 것을 물질적인 형태로 표현할 수 있는 또 다른 방법을 알게 되었다. 나는 내가 원하는 물품의 사진을 오려 내고, 그 사진을 비전 보드 위에 붙였다. 그런 다음 책상 앞에 앉아 날마다 하루에 2~3분씩 보드를 지그시 바라본 다음에 눈을 감고 꿈에 그리는 차와 집, 내 통장에 들어 있는 돈, 기부하기 위해 필요한 돈을 갖고 있는 내 모습을 그려 보았다.[19]

한 웹사이트에서는 비전 보드를 만드는 방법으로 더 오래되고 '원시적인' 주술 형태를 태연하게 소개하고 있다.

포스터용 판지의 네 모서리를 남겨 두고 나머지 부분은 반짝이 장신구, 리본, 주술적 상징, 허브 등 번영과 관계된 물품들로 장식한다. 그런 다음 1달러 지폐에서 네 귀퉁이를 잘라 내어 그것을 판지의 모서리에 하나씩 붙인다. 이것이 공감 주술이다. 돈을 끌어당기기 위해서는 일단 돈을 갖고 있어야만 한다. 판지의 뒷면이나 별도로 준비한 종이에 이 부적의 사용법을 적어 둔다. 사용법은 다음과 같다.

- 이것은 번영의 부적이다. 매일 눈길이 닿는 곳에 두어야 한다. 침실이 가장 적당할 것이다.
- 최소 하루에 한 번은 마음속으로 부적을 생각하면서 이 주문을 몇 분씩 반복한다. '번영의 부적, 모든 좋은 일이 내게 올 것이다.'

– 이제 마법이 시작된다.[20]

이렇게 집에서 순수 만든 부적은 젖혀 두더라도, 코치들은 주술과 관련시키는 것이 억울하다고 항변할 것이다. 긍정적인 사고가 많은 사람에게 신뢰를 얻을 수 있었던 까닭은 과학에 확고한 기반을 두고 있다는 주장 덕분이었다. 긍정적인 생각이 어떻게 긍정적인 결과를 끌어당기는가? 그것은 중력의 법칙 못지않게 보편타당한 '끌어당김의 법칙'이 작용하기 때문이다. 『시크릿』의 특별 공동 저자 중 한 사람으로 '엄청난 부(Wealth Beyond Reason)' 훈련의 창설자인 밥 도일(Bob Doyle)은 웹사이트에서 이렇게 주장한다. "일반적인 생각과 달리 끌어당김의 법칙은 뉴에이지 개념이 아니다. 그것은 바로 지금 당신의 삶 속에서 틀림없이 작동하고 있는 과학적 원리다." 과학적 근거가 있다고 강변한 덕분에 긍정적 사고는 영적 교신 등 신비주의에서 유래한 이데올로기라면 질색하는 기업인들 사이에서도 많은 추종자를 모을 수 있었다. 『시크릿』과 그 대변인들이 주요 언론 매체의 관심을 모으는 데도 과학을 내세운 것이 효과를 발휘했을 것이다. 좀처럼 속마음을 드러내지 않는 토크쇼 사회자 래리 킹(Larry King)은 그 대변인 중 한 사람을 초대해 이렇게 소개했다. "오늘밤 사랑이나 일, 인생이 불행하다고 느끼십니까? 돈이 없어서 행복하지 못하십니까? 머리를 쓰십시오. 당신은 더 나은 자신의 모습을 그려 볼 수 있습니다. 긍정적인 생각은 당신을 변화시킬 수 있고, 당신이 원하는 것을 끌어당깁니다. 억지스러운 얘기가 아니냐고요? 다시 생각해 보십시오. 과학에 의해 지지되는 사실입니다."

코치들과 자기계발 전문가들은 바라는 결과를 가져다주는 힘, 진열장의 목걸이를 보며 감탄하는 사람의 목에 그 목걸이를 걸어 주는 힘을 발견하기 위해 오랫동안 애를 써 왔다. 허나키는 1982년 출판된 책에서 중력과 비슷한 힘에 착안해 두 대상의 질량과 가속도를 연결시킨 방정식을 내놓았다. 하지만 과학 지식이 중학생 수준인 사람이 봐도 뭔가 문제가 있다는 사실을 눈치 챌 수 있다. 첫째, 생각은 질량을 지닌 물체가 아니라 뇌 속의 신경세포를 자극하는 패턴이다. 둘째, 만에 하나 생각이 주위의 물체에 일종의 중력처럼 작용한다 해도 머리 위의 모자를 벗기지도 못할 만큼 미약하다.

마이클 로지에가 제안한 다른 공식은 생각의 비물질적 본질을 인정하고 있다. 그의 공식에서 생각은 '진동'이다. 그는 이렇게 설명한다. "진동의 세계에는 긍정적인(+) 진동과 부정적인(-) 진동 두 가지 종류가 있다. 당신의 기분과 느낌은 긍정적이든 부정적이든 반드시 발산되어 진동을 만들어 낸다."[21] 하지만 생각은 진동이 아니다. 음파와 같은 진동은 진폭과 진동수가 특징이다. 긍정적인 진동이라거나 부정적인 진동 같은 건 없다.

자성(磁性) 또한 오래 전부터 긍정적인 사고를 매료시킨 힘이다. 1937년 출판되어 지금까지도 활발하게 팔리고 있는 『생각하라! 그러면 부자가 되리라(Think and Grow Rich!)』에서 나폴레온 힐(Napoleon Hill)은 "생각은 자석과 마찬가지로 자기 자성에 맞는 힘과 사람들과 생활환경을 끌어당긴다."면서 따라서 "우리 마음이 부를 원하는 강력한 욕망의 자성을 띠도록 할 필요가 있다."고 주장했다.[22] 생각은 두뇌의 전기적 작용을 일으키는 신경 자극 패턴으로서 실제로 자기장을 형성한다. 하지만 그 강도는 애처로울 만큼 미약하다.『사이언티픽 아메리칸』의 칼럼니스트인 마이클 셔머(Michael Shermer)에 따르면 뇌에서 나오는 자기장은 10^{-15} 테슬라로, 금방 두개골 속으로 흩어져 다른 자기장에 삼켜진다. 지구의 자기장만 해도 세기가 10^{-5} 테슬라이므로 뇌의 자기장에 비해 100억 배 강력하다. 모든 사람이 알고 있듯 우리의 머리는 평범한 자석을 끌어당기거나 밀어내지 않으며, 자력에 이끌려 냉장고에 달라붙지도 않는다.[23]

정신적인 힘이 물질적 세계에 영향을 미치는 길이 한 가지 있긴 하다. 하지만 엄청난 수준의 기술이 개입해야만 가능하다. 바이오피드백 기술을 이용하면 뇌의 전기 작용을 창출하여 컴퓨터 화면의 커서를 움직이게 할 수 있다. 물론 수많은 시행착오를 거쳐야 한다. 이때는 전극을 꽂은 뇌파 전위(電位) 기록 장치를 머리에 써서 뇌의 전기신호를 탐지한 뒤 그 신호를 확대해 컴퓨터와 연결된 인터페이스로 보내야 하는데, 대개 이런 장치는 몸이 심하게 마비된 사람의 의사소통을 보조하기 위해 사용한다. 바이오피드백 기술이 우리의 총체적인 마음을 구현하는 것이라고 해도, 비유적으로만 '정신력 문제'일 뿐 실제로는 전혀 그렇지 않다. 첨단기술의 도움이 없다면 생각만으로는 컴퓨터 화면의 커서조차 움직일 수 없고, 돈을 자기 계좌로 움직인다는 것은 더 말할 것도 없다.

설명되지 않는 이런 공백을 메운 것이 양자물리학, 혹은 정교하게 걸러지고 수정된 양자물리학이다.『시크릿』과 〈도대체 우리가 아는 건 무엇인가?〉가 양자물리학을 인용했으며 요즘 이름깨나 알려진 코치는 너나없이 양자물리학을 들먹인다. 대개 뉴에이지 사상가

나 철학적 기회주의자들이 양자물리학에 매력을 느끼는 가장 큰 이유는 결정론의 지루한 구속으로부터 인간을 풀어 주는 것처럼 생각되기 때문이다. 뉴턴 물리학의 지배를 받지 않는 아원자입자(양자, 전자 등 원자를 구성하는 입자-옮긴이)들의 수준에서는 무슨 일이든 일어날 수 있는 것 아닌가? 그렇다면 우리 삶 또한 마찬가지가 아닐까? 그들의 논리를 따라가 보면, 양자물리학의 두 가지 측면이 우리에게 무한한 자유를 부여하는 듯 여겨진다. 하나는 파동-입자 이중성이다. 파동방정식에서는 빛과 같은 파동이 동시에 입자(광자)이며, 전자와 같은 아원자입자들 또한 파동으로 이해될 수 있다고 설명한다. 긍정적 사고를 주장하는 사람들이 좋아하는 터무니없는 추정에 따르면 인간 역시 파동 혹은 진동이다. 전국강연자협회 대회에서 강연한 수 모터는 손가락을 쥐었다 폈다 하면서 "이런 깜박거림, 이것이 바로 우리입니다."라고 말했다. 만약 우리가 진동이라면, 중력에 묶여 있으며 탄소와 산소 등으로 만들어진 체중 70킬로그램의 물질일 때보다 분명 더 자유로워진다.

양자물리학의 불확정성 원리는 이보다 더 광범위하게 오용되고 있다. 한 마디로 불확정성 원리는 아원자입자의 위치와 운동량 모두를 정확하게 알 수 없다는 것이다. 쉽게 풀어 보면 양자(量子) 수준에서의 측정 행위는 측정 대상에 영향을 미친다는 것인데, 전자와 같은 입자의 좌표를 측정하는 행위는 그 입자를 특수한 상태로 몰아넣어 '양자 붕괴'로 알려진 과정이 일어나기 때문이다. 이를 론다 번이 인용한 뉴에이지 물리학자는 "정신은 인식되는 대상 그 자체를 실제로 형성한다."고 환상적으로 해석했다.[24] 그 지점에서 논리는 우리가 정신을 통해 우주 전체를 창조한다는 생각으로 성큼 도약한다. 어느 라이프 코치가 쓴 글을 보자. "우리는 우주의 창조주다. …양자물리학의 도래와 함께 과학은 인간이 무력한 희생물이라는 관념을 뒤로 하고 우리가 우리 삶과 세상의 전능한 창조주라는 사실을 이해하는 쪽으로 향하고 있다."[25]

노벨 물리학상을 받은 머리 겔만(Murray Gell-Mann)에 따르면 그런 것은 '양자 헛소리'에 불과하다. 무엇보다 양자 효과는 우리의 몸이나 신경세포, 심지어 신경 자극의 전도에 관계된 분자들보다 훨씬 더 미세한 입자의 수준에서 일어난다. 끌어당김의 법칙을 설명하기 위해 양자물리학을 들먹인 〈도대체 우리가 아는 건 무엇인가?〉에 대해 마이클 셔머는 "어떤 체계가 양자역학적으로 설명되기 위해서는 질량(m), 속도(s), 거리(d)가 플랑크상수(h, $h = 6.626 \times 10^{-34}$ 줄-초)와 유사한 수준이어야 한다."고 지적했다. 이는 미소(微小)하다는 말로는 표현되지 않을 만큼 작은 수치다. 셔머는 어느 물리학자의 계산을 인용해, 신경 전달 분자의 질량과 시냅스를 가로지르는 속도는 대략 100 단위로 양자 효과가 발현되기에는 너무 큰 수치라고 반박했다.[26] 결국 우리가 생각하는 과정조차 고전적인 뉴턴 물리학의 결정론적 감옥에 갇혀 있는 셈이다.

정신이 우주를 형성할 힘을 가지고 있다는 주장은 어떨까? 양자물리학은 오히려 인간 정신과 심상의 초라한 '한계'를 일깨워 준다. 전자와 광자 같은 미소한 물질이 파동과 입자의 성질을 동시에 가지고 있다는 것이 어디에도 구속되지 않고 자유롭다는 것을 의미하지는 않으며, 우리가 자신을 파동으로 변형시킬 수 있다는 뜻은 더 더욱 아니다. 슬프게도 그것이 의미하는 바는 우리의 일상생활, 그러니까 비(非)양자 세계에서 유래한 이미지로는 그런 미세한 물질을 상상할 수도 없다는 것이다. 불확정성 원리가 '정신은 인지하는 대상 그 자체를 형성한다'는 의미가 아닌 것과 마찬가지로, 양자 수준의 입자에 관해 우리가 알 수 있는 것은 우리의 인식에 한계가 있다는 사실뿐이다. 양자는 '실제로' 어디에 존재하며 얼마나 빨리 움직이는가? 우리는 알 수 없다.『시크릿』에 등장한 신비주의 성향의 물리학자마저『뉴스위크』와 인터뷰할 때는 정신을 통해 물리적 힘이 발현되어 원하는 것을 실현할 수 있다는 관념에서 뒤로 물러섰다.

하지만 그런 꺼림칙한 문제도 양자물리학, 내가 전국강연자협회 대회에서 접한 그 '양자물리학'에 대한 찬사를 꺾지는 못했다. 수모터는 "당신이 어떤 에너지 진동수 속으로 들어가느냐에 따라 당신의 현실도 그대로 결정됩니다."라면서 무대를 펄쩍펄쩍 뛰어다녔다. 모터의 말마따나 '안타깝게도 우리는 뉴턴적 사고 속에서 자라났기 때문에' 양자물리학을 이해하는 게 쉽지 않다. 척추지압사인 모터 자신은 얼마나 이해하고 있는지도 불명확하다. 우리가 자신의 진동수를 선택하는 진동이라는 주장은 그렇다 치고, 그녀는 "원자 주위의 전자 구름"이라고 말하는 사소한 실수도 저질렀다(전자는 원자의 일부로 원자핵 주위를 돈다). 우리가 스스로 현실을 창조할 수 있음을 '과학이 한 치의 의심도 없이 보여 주었다'는 멋진 소식을 전해 준 것을 감안해 그만한 실수는 눈감아 줄 수 있다. 하지만 입자가 파동처럼 행동하고 파동이 입자의 성격을 갖고 있다는 것이 '무엇이든 당신이 진실이라고 정하면 그것이 진실'이라는 뜻이라고 주장하는 데에는 뭐라 할 말이 없다.

모터의 강연을 들은 다음 나는 '최후의 미개척지: 한계 없는 정신!'이라는 워크숍으로 갔다. 이 워크숍을 주관한 사람은 노스캐롤라이나에서 온 결혼식 주례 전문 목사인 레베카 너지(Rebecca Nagy)로 자신을 '양자의 영적 세계' 구성원이라고 소개했다. 워크숍은 그녀를 따라 "나는 공동 창조주다!"라고 소리치는 것으로 시작되었다. 앞에 '공동'이라는 말을 붙인 것은 전통적인 창조주의 존재도 무시하지 않는다는 뜻인 모양이었다. 너지는 위성이(아니면 전자였던가?) 주위를 도는 행성들의 슬라이드를 차례로 보여 주면서 "인간은 양자(빛 에너지) 신호를 받기도 하고 발산하기도 합니다."라고 말했다. 조금 뒤 그녀는 정신의 무한한 힘을 묘사해 보겠다며 지원자 두 사람을 앞으로 불러내 그중 한 명에게 다우징 봉(땅속의 수맥이나 광물 등을 찾는 막대기-옮긴이)을 주고 사랑하는 사람을 떠올려 보라고 했다. 하지만 너지가 여러 번 봉의 위치를 다시 잡아 주었는데도 아무 일이 일어나지 않았다. 그녀는 "판단을 해선 안 돼요. 그러기로 했잖아요. 판단하지 말아요!"라며 지원자를 다그쳤다. 다시 봉의 위치를 조정하면서 몇 분이 흘러도 아무 변화가 일어나지 않자 너지는 "잘 안 되네요. 아마 이곳이 호텔이라 그런가 봅니다."라고 우물거렸다.

나는 다른 참가자들이 이런 사이비 과학적 헛소리를 어떻게 생각하는지 알아보는 작업에 착수했다. 대부분 외향적인 사람들이라 말을 붙이기는 쉬웠지만, 양자물리학을 동원하는 것에 관한 의심을 내비치면 "즐거운 시간을 보내고 계신가요?" 하는 수준의 대화를 넘어 의견 일치를 보든지 아니면 심각한 지적 불화를 일으킬 것으로 짐작되었다. 몇몇은 양자물리학이라는 주제가 자기들 머리로는 이해하기 어렵다고 겸손하게 인정했지만, 손톱만큼이라도 회의를 나타낸 사람은 한 명도 없었다. 한 워크숍에서 나는 경영학 교수라는 여성의 옆자리에 앉게 되었는데 양자물리학을 언급하는 게 마음에 걸린다고 하자 그 여성은 "생각을 바꾸기 위해 여기 온 것 아닌가요?"하고 물었다. 나는 강연 내용이 실제 물리학과 관계가 있는지가 문제라고 답했다. 그녀는 "나는 그걸 알려고 온 건데요."라고 담백하게 받았다. 내가 "그러시군요."라는 말밖에 할 말을 찾지 못하자 여교수는 "양자물리학이 세계 경제에 영향을 줄 겁니다."라고 말했다.

냉소적인 사람을 한 명 보기는 했다. 리더십 코치 겸 양자물리학자라고 자신을 소개한 워크숍 주관자였는데, 박사 학위는 핵물리학으로 받았다고 했다. 워크숍이 끝난 뒤 내가 그를 몰아붙이자 그는 "일부 헛소리가 섞여 있는 건 사실"이라면서도 양자물리학과 뉴에이지가 많은 부분 겹친다고 주장했다. 좀 더 심하게 추궁했더니 '수많은 사람이 그걸 믿고 있기 때문에' 양자물리학을 그릇되게 적용하고 있다는 점을 지적해서 좋을 것 없다고 말했다. 내가 이러쿵저러쿵 트집을 잡는 것에 관해 가장 충격적인 반응을 보인 것은 남부 캘리포니아에서 온 라이프 코치였다. 가짜 양자물리학에 대한 불평을 몇 마디 늘어놓자 고급 옷을 걸친 그녀는 나를 안쓰럽다는 듯 쳐다보면서 "당신에게는 그게 통하지 않는단 말이지요?"하고 말했다.

그 순간, 그 호의적인 사람들 사이에서 내가 완전히 혼자라는 사실을 처음으로 느꼈다. 과학이라는 게 개인적 취향에 따라 받아들여도 되고 거부해도 되는 것이라면, 그 라이프 코치와 내가 공유할 수 있는 현실은 과연 어떤 것일까? 만약 해가 서쪽에서 뜬다고 말하는 것이 '내게 통한다면' 그 사람은 그것을 나의 특정한 견해로 받아들이고 기꺼이 거기에 동의할까? 한편으로 생각해 보면 긍정적 사고 주창자들이 진동이든 양자물리학이든, 저급한 형태이긴 해도 굳이 과학에 호소하려 한다는 점에는 감명을 받아야 할지도 모르겠다. 신념이나 세계관이 과학 또는 과학으로 통하는 것에 기초를 두면 믿지 않는 사람과 초보자들에게까지 손을 뻗을 수 있고, 자기들처럼 체계적인 관찰과 추론을 행하면 같은 결론에 도달할 것이라고 말할 수 있게 된다. 대안은 계시나 신비로운 통찰력에 기초를 두는 다른 방법을 택하는 것인데 그 경우에는 믿을 만하다는 인상을 주기 어렵다. 다시 말해 과학에는 몹시 친화력이 강한 무엇인가가 있다. 과학은 다른 사람들과 공유할 수 있고 다른 사람들도 똑같이 반복해서 관찰이 가능하다는 데 전적으로 의존한다. 하지만 '당신이 진실이라고 결정한 것이 진실'인 그런 세계라면 사람들이 무엇으로 연결될 수 있을까? 과학은 사람들 사이에 일어나는 대부분의 평범한 상호작용과 마찬가지로, 우리가 똑같은 물리적 세계를 공유하며 그 속의 모든 경이와 날카로운 욕망과 위험 또한 공유한다는 가정에 근거하고 있다.

 그런데 긍정적 사고에서 말하는 우주에 다른 사람들이 과연 존재하는지는 불명확하다. 만약 그럴 경우에는 문제다. 그들이 우리와 똑같은 것을, 예를 들어 똑같은 목걸이를 원한다면 어쩔 것인가? 아니면 선거나 축구 경기에서 우리와는 반대 결과를 희망한다면? 『시크릿』에는 디즈니월드에 놀러갔다가 기구를 타기 위해 너무 오래 기다리는 바람에 실망한 콜린이라는 열 살 소년의 이야기가 나온다. 소년은 〈시크릿〉 영화를 보고 이제는 그럴 필요가 없다는 것을 알게 되었다. '내일은 줄서서 기다릴 필요 없이 재미있는 기구들을 모두 타고 싶다'고 생각하기만 하면 된다. 수리수리마수리, 다음날 아침 콜린 가족은 디즈니월드에서 '오늘의 첫 번째 가족'으로 뽑혀 수백 가족을 제치고 줄 맨 앞에 서게 되었다.[27] 그렇다면 다른 아이들은 어쩌란 말인가? 콜린이 〈시크릿〉에서 얻은 힘 탓에 뒤로 밀려나 기다리게 된 아이들은? 자기가 원하는 남자를 위해 차고와 옷장을 치운 여자에게로 마법에 걸린 듯 끌어당겨진 남자도 마찬가지다. 그 남자 역시 그녀와의 만남을 원했을까? 아니면 그녀의 환상 속에서 인질이 되어버린 것일까?

래리 킹이 '시크릿 전도사'들을 토크쇼에 초청해 이야기를 나누던 중에 거부 반응을 나타낸 것도 이 때문이었다. 출연자 가운데 한 사람이 한 얘기가 발단이 되었다. "나는 인생을 계획하는 방법을 완전히 터득했습니다. 내가 진정으로 꿈꾸었던 일 가운데 하나는 이 자리에서 이렇게 당신과 마주앉아 지금 하려는 이 말을 하는 것이었어요. 끌어당김의 법칙이 제대로 작용한다는 걸 알 수 있지요." 아무래도 좀 지나친 얘기였던 모양이다. 래리 킹은 자기가 다른 사람의 인생에 '끌어당김'을 당한다는 생각에 갑자기 기분이 상해서 "만약 당신들이 비전 보드 위에 내 사진을 붙여 둔다면 가서 그걸 부셔 버릴 겁니다."라고 날카롭게 응수했다. 유명 토크쇼의 사회자인 래리 킹은 자신이 누군가의 비전 보드에 붙어 있는 이미지가 아니라 자기 의지를 가진 독립적 존재라는 점을 강변해야 하는 묘한 상황에 놓였던 것이다.

긍정적 사고에서 제시하는 화려한 우주는 북극광이 드넓게 펼쳐져 빛나는 가운데 욕망이 그것의 실현과 자유롭게 결합하는 곳이다. 거기서는 모든 것이 완벽하다. 당신이 바라는 그대로 이루어진다. 꿈은 밖으로 나가서 자기를 실현하고, 소망은 명확하게 표현하기만 하면 된다. 그 우주는 지독히 외로운 곳이다.

3
낙관주의의 어두운 뿌리

　　메리 베이커 에디의 가르침에서 핵심적인 요소는 물질적인 세계란 존재하지 않으며 있는 것은 오직 생각과 마음, 정신, 미덕, 사랑 혹은 그녀가 때로 경제적인 용어를 빌어 표현한 '공급계' 뿐이라는 점이다. 따라서 질병이나 가난 같은 것은 존재할 수 없으며 일시적인 미망일 따름이다. 수 모터처럼 요즘 활동하는 코치들의 가르침 속에서도 이와 똑같은 신비주의적 관념을 찾을 수 있다. 이 세상의 실체는 해체되어 정신, 에너지, 진동으로 변하며 그 모든 것은 우리의 의식적 통제에 잠재적으로 복종한다. 이것이 크리스천 사이언스의 '과학' 인데, 양자물리학 혹은 자성이 긍정적 사고의 과학적 기반이 된 것과 마찬가지다.

Bright-
-Sided

왜 미국에서는 이토록 많은 사람이 유례없이 쾌활하고 자기만족적인 세계관을 갖게 되었을까? 어쩌면 미국의 역사 속에서 답을 찾을 수도 있을 것이다. 원주민들만 제거된다 치면 미국은 새로운 세계, 기회와 잠재적 부가 넘쳐 나는 세상이었다. 사람들로 바글거리는 유럽에서 떨려 나온 이주민들의 앞에는 무한한 땅이 펼쳐져 있었고, 비관주의와 침울함은 발붙일 곳이 없었다. 계속 확장되는 국경, 얼핏 보기에 무한하게 느껴지는 공간과 자원은 미국인들이 긍정적 사고를 보편적 이데올로기의 핵심으로 삼는 데 분명히 기여했다. 하지만 긍정적 사고가 순전히 그렇게 시작된 것은 아니었다. 미국인들은 지리적 환경에 자극받아 긍정적 사고를 창안한 것이 아니라 오히려 그 반대를 추구한 끝에 긍정적 사고에 가닿게 되었다.

백인 이주자들이 뉴잉글랜드로 들여 온 칼뱅주의는 사회적으로 강요된 우울증이었다고 해도 과언이 아니다. 인문학자 앤 더글러스(Ann Douglas)가 썼듯, 칼뱅주의의 신은 '전적으로 무지막지한' 신이었으며 자신의 창조물에 사랑이 아니라 '증오'를 드러내는 전능한 존재였다.[1] 그 신의 천국은 자리가 한정되어 있어 천국에 들어갈 특권이 있는 사람은 태어나기 전부터 숙명적으로 선택되어 있었다. 살아있는 사람에게는 '가슴속에 깃들어 있는 가증스러움'을 끊임없이 검열하여 명확한 저주의 징표인 죄 많은 생각을 근절하기 위해 노력하는 과제가 주어졌다.[2] 칼뱅주의는 이러한 자기반성 과업에 오직 한 가지 형태의 위안만 제공했는데 그것 또한 이름만 다른 고역으로 청소하고, 작물을 키우고, 바느질을 하고, 농장을 짓고, 장사를 하는 것이었다. 육체적 혹은 정신적 형태의 노동이 아닌 모든 것은, 그러니까 게으름을 피운다든지 쾌락을 찾는 것은 비열한 죄악이었다.

훨씬 정도가 약하고 비종교적인 형태이긴 했지만 나도 어린 시절에 그런 경험을 했다. 내 선조 중 한 쪽은 스코틀랜드 출신인데 지주가 경작지를 이익이 많이 남는 목초지로 바꾸자 미국으로 이주했다. 그 선조들은 브리티시컬럼비아로 오면서 엄격한 칼뱅주의 장로파 신앙도 함께 가지고 왔다. 할머니 세대가 극도로 가난했기 때문에 나의 어머니는 조부모 손에서 자랐다. 어머니는 술 담배를 하고, 성생활을 주제로 한 『킨제이 리포트』 같은 상스러운 책을 읽는 등 여러 가지 방식으로 반항하긴 했으나 장로파 신앙에서 온 일부 특성은 우리 집에도 그대로 남아 있었다. 미소를 포함한 감정 표현은 '꾸민 짓거리'로 욕을 먹었고 눈물은 매를 불렀다. 정신적인 문제의 유일한 해독제는 노동이었다. 우리를 키우기 위해 직장을 다니지 않았으며 고졸 학력이 전부인 어머니는 병이다 싶을 만큼 집 안을 쓸고 닦았다. 어머니는 자주 이렇게 얘기하곤 했다. "무릎을 꿇을 일이 있으면 그 참에 바닥을 닦아라."

무조건적인 사랑을 베푸는 신이라는 가공의 위안을 내가 거부하도록 칼뱅주의 정신, 좀 느슨하게 보자면 프로테스탄트 윤리가 강인함을 준 것은 고마운 일이다. 하지만 나는 그것이 얼마나 고통을 주는지도 알고 있다. 아일랜드 혈통의 쾌활한 아버지가 그런 점을 많이 완화시켜 주긴 했지만 말이다. 힘들게, 생산적으로, 눈에 보이는 성과를 내면서 일하는 것이 우리의 유일한 기도였고, 무의미함의 공포와 가난에서 동시에 벗어날 수 있는 단 하나의 통로였다.

신학과는 무관하게 칼뱅주의의 몇몇 요소들은 20세기 후반에도 미국에 남아 강한 영향력을 발휘했다. 1980년대와 1990년대의 중상류층은 바쁜 것 그 자체를 신분의 표지로 여겼다. 기술이 직장과 사적 생활 사이의 구분을 없애 버린 터라 고용주 입장에서는 기꺼운 현상이었다. 누구나 휴대폰을 손에서 놓지 않고 노트북 컴퓨터를 저녁마다 집으로 가져갔다. 일 중독이 새로운 문제로 대두되었고, 멀티태스킹이라는 신조어가 등장했다. 예전 엘리트들은 유유자적함을 과시했지만, 우리 시대의 부유층은 기진맥진함을 드러내 보이려 안달했다. 그들은 모든 일에서 '핵심'에 있고, 언제든 전화 회의에 응할 수 있고, 항상 '특별히 애를 쓸' 준비가 되어 있었다. 학계에서 일하는 사람들은 업무량을 쉽게 조절할 수 있을 것 같은데도 그러지 않았다. 과로를 미덕으로 여기는 풍조가 어느덧 종교적 경지에까지 달했다. 교수들은 부담이 중첩된 탓에 미칠 지경이라고 자랑스레 떠벌렸다. 여름방학이 되어도 쉴 틈은 전혀 없었다. 방학은 연구와 저술에 몰두할 기회일 뿐이었다. 언젠가 둘 다 학계에서 성공한 교수 부부의 케이프코드 여름 별장을 방문한 적이 있다. 그들은 거실을 각자의 작업 공간으로 나누어 쓰고 있다면서 자랑스럽게 보여 주었다. 일, 점심식사, 일, 오후 달리기로 이루어진 일상생활에서 벗어난다는 것이 완전히 나태함에 빠지는 죄를 짓게 되는 일인 양 그들은 휴가를 몹시 불편해했다.

뉴잉글랜드, 그리고 약간 정도가 덜 하긴 했지만 버지니아 같은 이주지에 이처럼 강인하고 징벌적인 이데올로기를 심은 것은 청교도들이었다. 신세계에서 살아남기 위해서는 엄청난 노력이 요구되었기에 그런 이데올로기가 생존에 도움이 된 것은 분명하지만, 한편으로 그들은 칼뱅주의 그 자체를 견뎌 내기 위해서도 분투해야 했다. 자기혐오에 이를 정도의 자기반성과 끝없는 노력을 요구하는 칼뱅주의의 무게는 신도 개개인이 감당하기엔 벅찬 것이었다. 엄혹한 종교는 아이들을 겁에 질리게 했다. 17세기의 판사 새뮤얼 시월(Samuel Sewall)의 글에는 열일곱 살 난 딸 이야기가 나온다. "저녁 식사가 끝나고 조금 뒤에 딸이 대성통곡을 했다. 그것을 보고 온 가족이 따라 울었다. 아내가 이유를 물었지만 딸은 대답을 하지 못했다. 마침내 딸이 입을 열고 한 말은 자기 죄를 용서받지 못하고 지옥에 갈까 봐 너무 무섭다는 것이었다."[3] 그런 불안은 사람들을 병들게 했다. 17세기 초, 영국의 작가 로버트 버턴(Robert Burton)은 울적함이라는 전염병이 영국을 괴롭히고 있다고 비판했다.

마음으로 괴로움을 겪고 있는 사람들 대부분을 위협하고 고통을 주는 핵심적인 문제는 자신이 저지른 짓의 흉악성, 죄악에 대한 견디기 힘든 부담감, 이미 저주를 받았다고 여길 만큼 깊이 각인된

신의 무서운 분노와 노여움이다. …소명, 영벌(永罰), 자유의지, 은총에 관한 이런 맹렬한 호기심, 불필요한 추측, 무익한 고찰이 너무 많은 사람의 영혼을 괴롭히며 십자가에 못 박고 있다.[4]

200년이 지난 뒤에도 이런 형태의 종교적 음울함이 뉴잉글랜드에 만연해 있었다. 내면적 공포와 함께 신체적으로도 쇠약해져 음침한 은둔 상태에 놓이는 사람도 적지 않았다. 해리엇 비처 스토(Harriet Beecher Stowe)의 오빠인 조지 비처(George Beecher)가 그런 경우로 신경이 '산산조각' 날 때까지 자신의 정신을 괴롭힌 끝에 1843년 자살로 삶을 마감했다.[5]

막스 베버가 말한, 칼뱅주의 청교도의 '서릿발' 아래 벌벌 떨었던 곳이 초창기 미국만은 아니었다.[6] 하지만 신세계라는 상황이 그 절망적이고 가치 없는 종교의 장악력을 더욱 강하게 만들었다. 서쪽을 바라보는 초기 이주자들의 눈에 비친 것은 부의 약속이 아니라, 끔찍하고 황량한 황무지, 야생 동물과 야만인으로 가득 찬 황무지였을 따름이다.[7] 오래된 숲에 드리워진 침침한 그늘 속에서 토착 '야만인들'에 둘러싸인 이주민들은 인구가 많은 영국에 있을 때와 마찬가지로 꼼짝달싹하지 못한다는 기분에 휩싸였을 것이다. 칼뱅주의는 개인에게 안도감을 주지는 못했지만 모임, 그러니까 교회 신도들의 기분은 고양시켜 주었다. 자신을 스스로 구원할 수는 없지만 엄격한 정신 수양을 통해 사회적 실체에 소속될 수 있었고, 그럼으로써 정화되지 않고, 순화되지 않고, 교회에 속하지 않은 사람보다 자신을 위에 둘 수 있었다.

19세기 초반이 되자 칼뱅주의의 어두운 구름이 걷히기 시작했다. 숲은 길로 변했고, 거기에 다시 철로가 놓였다. 원주민들은 서쪽으로 쫓겨나거나 유럽의 질병 탓에 목숨을 잃었다. 국부가 급격히 팽창하는 가운데 하룻밤 사이 벼락부자가 되는 사람이 나타나는가 하면 알거지로 전락하는 이도 있었다. 격동하는 가능성의 신시대를 맞은 사람들은 인간이 처한 상황을 새롭게 보게 되었으며 선조들의 징벌적인 종교를 거부했다. 종교역사가인 로버트 오시(Robert Orsi)는 19세기 미국의 종교 문화가 "(신의 본질, 예수의 의미, 구원, 대속 등) 가장 근본적인 문제들에 복합적인 가능성과 모순, 긴장이 제기되면서 창조적으로 살아 움직였다."면서 종교 문화의 동요 현상이 극심했다고 강조했다.[8] 랠프 왈도 에머슨(Ralph Waldo Emerson)이 동포들에게 말한 그대로였다. "무엇 때문에 우리가 과거의 메마른 뼈 사이를 더듬으며 나아가야 하는가? 왜 살아 있는 세대에 낡은 옷장에서 나온 가장용 의복을 입히려 드는가? 태양은 오늘도 빛나고 있다. 들판에는 양털과 아마가 풍부하다. 새로운 땅과 새로운 사람들, 새로운 생각이 있다. 우리 자신이 할 일과 우리에게 맞는 법과 우리가 숭배할 대상을 요구하자."[9]

종교적 유산에 의문을 제기하기 시작한 것이 철학자들만은 아니었다. 노동자와 소농, 그들의 아내가 참여한 운동이 일어났고, 이들은 집회와 출판을 통해 왕권 및 성직자, 법률가, 의사 등 전문가들의 영향력을 비판하고 개인적 결정의 우선권을 주장했다. 메인 주의 피니어스 파커스트 큄비(Phineas Parkhurst Quimby)도 그런 인물이었다. 독학 시계기술자 겸 발명가인 그는 자신이 '삶과 행복의 과학'이라고 부른 형이상학적 생각을 일기에 기록했다. 존재의 행복 그 자체에 초점을 맞춘다는 것은 칼뱅주의에 대한 암묵적 비난을 뜻했다. 한편 중산층 여성들은 죄책감을 강요하고 가부장적으로 구속하는 옛 종교에 반발하면서 다정하고 모성적인 신성을 내세웠다. 그중 가장 영향력 있었던 인물이 메리 베이커로, 오늘날 우리에게 메리 베이커 에디(Mary Baker Eddy)로 알려진 여성이다. 그녀는 간신히 입에 풀칠을 하면서 지옥의 업화를 설교하는 칼뱅주의자 농부의 딸이었으며, 큄비와 마찬가지로 독학 형이상학자였다. 1860년대에 에디와 큄비가 만난 자리에서 오늘날 긍정적 사고라고 불리는 문화 현상의 막이 올랐다.

칼뱅주의 이후의 이 새로운 사고방식을 총칭해 신사상(New Thought) 또는 신사상 운동이라고 한다. 신사상에는 에머슨의 초절주의, 스베덴보리 같은 유럽의 신비주의 조류에 힌두교의 흔적도 섞여 있는데, 기본 틀은 아이를 겁에 질리게 하는 칼뱅주의를 비판하는 것이다. 신사상의 관점에서 보는 신은 냉담하고 무관심한 존재가 아니라 편재하는 전능한 정신 또는 영혼이다. 인간 또한 영혼이기에 신과 접촉한다. 모든 것을 아우르는 무한한 '하나의 정신'이 있을 뿐이며 인간이 이 보편적 정신의 일부분인 한 죄라는 것은 존재할 수 없다. 설혹 죄가 존재한다면 그것은 질병과 마찬가지로 '오류'다. 모든 것이 영혼, 정신, 혹은 신이므로 완벽할 수밖에 없다.

이제 인간은 정신의 무한한 힘에 접근해 물리적 세계에 통제력을 행사하게 된다. 가슴 두근거리는 이런 가능성, 끌어당김의 법칙에 관한 책들에서 끈덕지게 선전하는 가능성을 일찍이 에머슨은 예견한 바 있다. "인간은 위대한 비밀을 배우고 있다. 특정한 사건뿐 아니라 아주 큰 사건, 아니 일련의 사건 전체를 자기 의지에 복속시킬 수 있다는 것을, 그리하여 모든 것을 자신의 개성에 순응시킬 수 있다는 것을."[10]

신사상의 등장

신사상은 휴게실의 담화나 단편적 강연을 연상시키지만 한 가지 분명히 다른 점이 있다. 신사상 신봉자들은 19세기라는 무대에서 치러진 다양하고 실제적인 시험을 통과한 뒤 승리의 깃발을 휘날리게 되었다. 신사상에서 질병은 완벽한 정신을 흩뜨리는 것으로, 또 정신 자체의 힘으로 치유될 수 있는 것으로 간주됐다. 안타깝게도 엄격한 정신적 접근이 디프테리아, 성홍열, 발진티푸스, 결핵, 콜레라 등 전염병에는 듣지 않았으므로 19세기 말 공공위생 조치들이 도입되기 이전에는 수많은 사람이 목숨을 잃었다. 하지만 큄비와 에디가 발견한 것처럼, 병명이 확실치 않고 느리게 진행되면서 생기를 앗아가는 그런 질병에는 정신적 접근이 효과를 발휘해 중산층 사람들을 병약한 상태에서 벗어나게 했다.

19세기 후반에 '신경쇠약'으로 이름 붙여진 이 병의 증상은 복합적이고 다양한 형태로 나타났다. 한 예로 에디의 경우, 자매의 말에 따르면 10대 때 여러 가지 병을 앓고 있었던 데다 위와 폐에 생긴 궤양 때문에 괴로워했다.[11] 척추의 문제, 신경통, 소화불량 또한 에디를 괴롭힌 병이었고, 이와 함께 그녀를 진찰한 의사가 '성마른 기질과 뒤섞인 히스테리'라고 묘사한 문제도 있었다.[12] 에디처럼 갖가지 병에 시달리던 사람들은 대부분 등의 통증, 소화 장애, 피곤, 두통, 불면증, 우울을 호소했다. 오늘날의 만성피로증후군이 그런 것처럼, 당시에도 신경쇠약은 진짜 병이 아니라 관심을 얻고 잡일과 사회적 의무에서 면제되기 위한 방편이라는 의심을 샀다. 하지만 그 시대에는 진통제, 안전한 하제, 그리고 우울증 치료제가 없었다는 사실을 기억해야 한다. 몸이 안 좋다고 하소연하면 설사 역효과가 나더라도 증상을 불문하고 무조건 침대에서 쉬라는 처방이 내려졌다.

    신경쇠약이 치명적인 병은 아니었지만, 일부 관찰자들은 어느 모로 보나 그 병이 전염병과 마찬가지로 파괴적인 것이라고 생각했다. 해리엇 비처 스토와 가련한 조지 비처의 누이인 캐서린 비처(Catharine Beecher)는 각지를 여행하면서 조사한 끝에 "전국적으로 여성들의 건강이 심각하게 악화되어 있다."고 전했다. 현지 조사 자료에는 이런 내용이 포함되어 있다. "위스콘신 주 밀워키. A 부인 심한 두통 빈발. B 부인 매우 기운이 없음. S 부인 괜찮은 편이지만 한기를 자주 느낌. D 부인 잦은 두통으로 괴로워함. B 부인 건강 상태가 매우 나쁨. …이곳에서는 건강한 여성을 단 한 명도 만날 수 없음."[13] 신경쇠약은 여성의 전유물이 아니었다. 미국 심리학을 창설한 윌리엄 제임스(William James)도 젊은 시절에 병약했고, 후에 내과 의사가 되어 신경쇠약이라는 말을 만들어 낸 찰스 비어드(Charles M. Beard)도 마찬가지였다. 그렇긴 해도 병약함 탓에 생명이 단축된 사례는 아무래도 여성 쪽이 압도적이었다. 소설 『누런 벽지(The Yellow Wallpaper)』에서 지독하게 효과가 없는 치료 때문에 겪었던 고통을 언급했던 샬

럿 퍼킨스 길먼(Charlotte Perkins Gilman), 최초의 사회복지관을 세운 제인 애덤스(Jane Addams), 출산 조절에 앞장섰던 마거릿 생어(Margaret Sanger), 가정학의 창시자 엘런 리처즈(Ellen Richards), 윌리엄 제임스와 헨리 제임스의 누이인 앨리스 제임스(Alice James)가 그랬다. 캐서린 비처 역시 만성질환자였으며 히스테리 및 간헐적인 마비 증세로 고통을 받았다.[14]

찰스 비어드는 환자의 동기를 비난하지 않고, 신경쇠약이 디프테리아 같은 질병과 전혀 다른 순서로 나타난다는 점에 주목했다. 디프테리아는 외부의 물리적 매개체, 곧 미생물이 원인이 되지만 신경쇠약은 비어드가 붙인 명칭에서 드러나듯 신경의 기능 부전이다. 비어드는 이 병의 원인이 새로운 상황이 닥친 데 있다고 여겼다. 급속한 성장과 도시화, 사회적 이동성 증가라는 시대 변화에 대처하지 못한 사람들이 지나치게 신경이 긴장한 나머지 무너지고 만다고 생각했던 것이다.

하지만 미국 중산층이 원인 모를 병을 앓으며 쇠약해진 것은 새로운 상황보다는 옛 종교의 구속력에 더 큰 원인이 있었다. 어떤 면에서 신경쇠약이라는 병은 청교도가 신대륙의 플리머스를 향해 출발할 즈음 영국에서 로버트 버턴이 연구했던 종교적 음울함의 연장선상에 놓여 있었다. 많은 환자가 칼뱅주의 전통을 강조하는 가정에서 자라났으며 그 상처를 평생 지니고 살았다. 한 예로 메리 베이커 에디의 아버지는 안식일에 아이들이 반쯤 길든 까마귀를 데리고 노는 모습에 격분해 그 자리에서 돌로 까마귀를 죽여 버렸다. 소녀 시절에 에디는 칼뱅주의 교리인 운명예정설 때문에 고민하다 몸져눕기도 했다. "만약 내 형제 자매가 신에게서 영원히 추방당할 운명을 타고났다면 나도 구원받고 싶지 않았다. 그런 잘못된 교리 탓에 너무 고민했기 때문에 결국 가족 주치의가 왕진을 왔다. 의사는 내가 열이 심하다고 진단했다."[15]

캐서린 비처와 조지 비처의 아버지인 라이먼 비처(Lyman Beecher)는 어린 자녀들에게 영혼의 상태를 고민하고 또 고민하라고 들볶았으며, 방종의 징후가 보이는지 정기적으로 마음을 점검하라고 했다.[16] 엄격한 칼뱅주의 설교사의 아들이었으며 본인 또한 신경쇠약 환자였던 찰스 비어드는 후에 종교가 아이들에게 '행복해지는 것은 잘못을 저지르는 것'이라 가르친다고 비난했다.[17] 칼뱅주의 종교적 전통과 무관한 집에서도 아이들의 양육 방법은 마찬가지였다. 1940년대에 벤자민 스폭(Benjamin Spock)의 '관용적' 육아법이 등장하기 이전까지 미국 중산층 가정에서는 아이들을 훈련과 교정이 필요한 야만인으로 여겼다.

19세기의 신경쇠약이 급격한 팽창과 변화에 직면해 신경이 극도로 피곤해진 데서 유래했다는 설명을 거부하는 데는 보다 결정적인 이유가 있다. 비어드의 가정이 맞는다면 신경쇠약 환자들은 경제 변화가 가장 활발한 지점에 있는 사람들이어야 했다. 실업가, 은행가, 1848년 골드러시 때 금을 찾던 사람들이 시름시름 앓다가 병석에 눕는 게 맞았다. 그렇지만 주로 그 병을 앓은 것은 경쟁의 광풍에서 가장 배제된 사람들, 예컨대 성직자 같은 사람들이었다. 초대형 교회와 텔레비전 목사가 등장하기 이전이었던지라 19세기의 성직자는 은둔과 명상의 삶을 살았고, 대개 움직이지 않고 한 지역에서 평생을 보냈다. 그런데 이들은 병이 많기로 유명했다. 앤 더글러스가 인용한 1826년 자료에는 "많은 성직자가 건강 문제 때문에 제대로 역할을 하지 못한다."고 나와 있다. 그들은 소화불량과 폐결핵, 그리고 점진적인 체력 고갈로 고통받았다.[18]

이런 병약함이나 신경쇠약으로 가장 괴로움을 겪은 집단은 중산층 여성들이었다. 남성 우위의 편견 탓에 여성들은 고등교육을 받지 못해 대부분 전문직에서 소외되어 있었던 데다, 바느질에서 비누 제조까지 한때 그들이 가정에서 하던 생산적인 일도 산업화가 되면서 빼앗겼다. 이러다 보니 많은 여성에게 병약함은 직업의 대안이 되었다. 등받이가 젖히는 긴 의자에 누워 의사와 가족의 시중을 받으며 새로운 치료제나 양생법을 시험해 보는 것이 세상에서 남성적으로 분투하는 것의 대용물이었다. 이런 병약함은 심지어 유행이 되었다. 메리 베이커 에디의 한 전기 작가는 이렇게 묘사했다. "1830년대와 1840년대의 젊은 여성들은 건강이 좋지 않아 연약한 것, 일을 하기에는 약한 것을 매력이라고 여겼다. 베이커 일가의 소녀들처럼 뉴햄프셔 시골의 예민한 젊은 여성들도 유행을 알려 주는 그 시대의 잡지나 소설을 많이 접했다."[19]

그런데 여기, 19세기 여성 문화의 화려한 주름 장식과 병약한 감상벽에서도 칼뱅주의의 발톱 자국을 찾아낼 수 있다. 칼뱅주의는 고통받는 영혼에게 오직 하나의 위안거리를 주었는데 그것은 물질적 세상 속에서 힘들게 일하는 것이었다. 이 같은 노동의 위안이 없어지자 남은 것은 병적인 자기성찰이었다. 사람들은 소화불량, 불면증, 요통 등 신경쇠약 증세를 불러들이기에 딱 좋은 상태에 놓였다. 유행이었는지 아니었는지는 몰라도, 여성의 병약함은 강제된 나태함과 불필요한 존재라는 느낌에서 기인한 것이었고 실제로 정신적, 육체적 고통을 주었다. 수십 년 동안 병약함으로 고통을 겪었던 앨리스 제임스는 유방암 판정을 받자 곧 죽을 수 있게 되었다고 기뻐했다.

남자들에게는 신경쇠약이 찰스 비어드의 사례처럼 직업을 두고 고민하는 청년기에 나타나기도 했다. 일찌감치 의학을 선택한 것에 확신을 갖지 못하던 윌리엄 제임스도 스물네 살 때 해부용 시체 위로 몸을 굽히다 등에 심한 통증을 느꼈다. 이미 불면증과 소화불량, 눈 문제를 겪고 있던 그는 무기력한 우울증에 빠졌다. 의사라는 직종이 그에게는 너무 비과학적이고 비논리적인 일로 여겨졌으나 그렇다고 다른 일을 생각할 수도 없었다. 제임스는 "특별한 일을 찾을 때까지 나는 자신을 계속 증오할 것이다."라고 썼다.[20] 그런데 여성들에게는 그런 특별한 일 자체가 없었다. 일상의 노동이 비정형적이며 많은 부분 여성의 노동과 겹치는 성직자들 또한 마찬가지였다. 칼뱅주의를 믿는 영혼, 혹은 칼뱅주의의 영향을 받은 영혼은 진짜 일, 그러니까 '특별한 일'이 없으면 자기혐오로 자신을 소진시킬 수밖에 없었다.

주류 의학계는 이런 병약한 이들에게 실제로 도움을 전혀 주지 못했고 대개 해로운 결과를 안겼다. 의사들은 주로 피를 뽑아 다양한 증세를 치료했으며 때로는 거머리를 이용했다. 가장 자주 처방된 약은 유해한 수은이 함유된 감홍(甘汞, 염화제1수은)이었는데, 부작용으로 턱이 썩어 떨어져 나간 환자도 있었다. 필라델피아에서는 저명한 의사가 병약한 여성에게 어두운 방에 누워 휴식을 취하면서 수주일 동안 유동식만 먹으라는 처방을 내리고, 독서와 대화도 금지시켰다. 여성의 병약함은 천성적인 것이어서 어쩔 수 없다는 것이 당시의 유력한 과학적 시각이었다. 여성이라는 사실 자체가 일종의 질병이므로 가족의 경제력이 허용하는 한 가급적 많은 의학적 치료를 받아야 한다는 뜻이었다. 가끔 남성들이 신경쇠약에 걸리는 이유는 알 수 없지만, 그런 경우에도 치료법은 역시 피를 뽑고, 하제를 써서 변을 제거하고, 장기간 휴식을 취하는 것이었다.

주류 의학계가 병약함의 확산을 막지 못하고 많은 경우 비극적인 결과만 낳자 다른 종류의 치료자들에게 길이 열렸다. 피니어스 파커스트 큄비, 신사상 운동의 창설자이며 따라서 오늘날 긍정적 사고의 시조가 되는 그가 등장한 것이 바로 그 지점이었다. 그는 의학을 필요로 하지 않았고, 의학은 건강이 아니라 병의 원천이라고 여겼다. 형이상학을 연구하고 시계 제조를 하는 중에 얼마간 최면술에도 손을 대었던 큄비는 1859년 치유자로 나섰다. 두려움을 모르는 사상가였던 그는 많은 환자가 겪는 고통의 근원이 칼뱅주의에 있다는 점을 재빨리 간파했다. 역사학자 로이 앵커(Roy M. Anker)에 따르면, 큄비의 생각대로 옛 칼뱅주의는 사람들을 짓눌렀다. "칼뱅주의 윤리는 삶을 얽어매고, 사람들을 쇠약하게 만들고, 병에 걸리게끔 하는 죄의식이라는 무거운 짐을 지웠다."[21] 큄비는 일종의 '대화 치료'로 어느 정도 명성을 얻었다. 그는 환자와 이야기를 나누면서 우주는 근본적으로 자애로우며, 사람은 우주를 구성하는 '정신'과 함께하는 존재이고, 환자 자신의 정신의 힘을 사용해 병을 치료하거나 바로잡을 수 있다고 설득했다.

1863년 42세이던 메리 베이커 에디는 큄비에게 도움을 청하기 위해 포틀랜드로 갔다. 그때만 해도 멀고 힘든 여행이었고, 도착했을 때는 몸이 너무 약해져 들것에 실려 큄비의 상담실 계단을 올라야 했다.[22] 어렸을 적부터 병약했던 에디는 기력이 날 때 약간씩 독서와 저술을 하는 생활방식을 이어갈 수 있었다면 그럭저럭 행복했을 것이다. 하지만 그런 생활에 필요한 경제적 보살핌을 받을 수가 없었다. 첫 남편은 사망했고 두 번째 남편은 실종되었다. 중년의 나이로 빈곤에 시달리게 된 그녀는 하숙집을 전전했고, 집세를 내지 않으려 하숙집을 옮긴 일도 몇 번 있었다. 에디는 잘생기고 다정한 큄비에게 호감을 가졌을 것이며 어쩌면 애정을 느꼈을지도 모른다. 큄비 부인은 엄청나게 가난하면서도 허세를 부리는 새 환자를 분명히 불신했다. 두 사람 사이에 무슨 일이 있었는지는 모르지만 얼마 지나지 않아 에디는 병이 나았다고 밝혔고, 3년 뒤 큄비가 사망하자 그의 가르침을 자기 것이라고 내세웠다(에디의 추종자들은 지금도 그녀가 신사상의 창안자라고 주장하고 있다). 어쨌거나 큄비는 신사상이 실용적인 치료 요법이라는 점을 입증했고, 다작가이자 카리스마 넘치는 지도자인 메리 베이커 에디는 그 작업을 진척시켰다.

마침내 에디는 자신의 종교 '크리스천 사이언스'를 창설하여 상당한 부를 모았다. 곳곳에 있는 크리스천 사이언스의 '독서실'도 그때 만들어졌다. 에디의 가르침에서 핵심적인 요소는 물질적인 세계란 존재하지 않으며 있는 것은 오직 생각과 마음, 정신, 미덕, 사랑 혹은 그녀가 때로 경제적인 용어를 빌어 표현한 '공급계'뿐이라는 점이다. 따라서 질병이나 가난 같은 것은 존재할 수 없으며 일시적인 미망일 따름이다. 수 모터처럼 요즘 활동하는 코치들의 가르침 속에서도 이와 똑같은 신비주의적 관념을 찾을 수 있다. 이 세상의 실체는 해체되어 정신, 에너지, 진동으로 변하며 그 모든 것은 우리의 의식적 통제에 잠재적으로 복종한다. 이것이 크리스천 사이언스의 '과학'인데, 양자물리학 혹은 자성(磁性)이 긍정적 사고의 과학적 기반이 된 것과 마찬가지다. 하지만 19세기의 크리스천 사이언스는 기독교 신앙에 대한 칼뱅주의의 해석과 대립하면서 실제 종교 운동으로 대두되었다.

그런데 장기적 관점에서 볼 때 큄비의 신사상 치료법으로 개종한 사람 가운데 가장 큰 영향을 끼친 인물은 메리 베이커 에디가 아니라 미국 최초의 심리학자이자 분명 과학계에 속한 인물인 윌리엄 제임스였다. 제임스는 자신의 자잘한 병들을 고치기 위해 큄비의 다른 문하생이자 예전 환자였던 아네타 드레서(Annetta Dresser)에게 도움을 구했다.[23] "눈 먼 사람들이 보게 되고, 걷지 못했던 사람들이 걷게 되었다. 평생 병약했던 사람들이 건강을 회복했다."[24] 제임스가 그의 가장 유명한 저작 『종교적 경험의 다양성(The Varieties of Religious Experience)』에서 그렇게 신사상적 접근에 환호하는 것으로 미루어 드레서는 성공을 거둔 것이 분명하다.

제임스에게는 신사상이 철학적 뒤죽박죽이라는 점이 문제 되지 않았다. 효력이 있다는 게 중요했다. 그는 '체계적인 삶의 철학에 미국이 유일하고 분명하게 독창적으로 기여한' 실용주의의 효력을 신사상이 입증하는 것으로 보았다. 이처럼 신사상의 기틀은 철학적 논쟁이 아니라 구체적인 치료법이라는 형태로 다져졌다. 신사상은 대단한 성공을 거두었다. 칼뱅주의라는 질병, 제임스의 표현을 빌면 '지옥불 신학과 관계된 병'을 치료해 낸 것이다.[25]

제임스는 신사상이 새로운 치료법 이상이라는 것을 이해했다. 그것은 세계를 바라보는 완전히 새로운 방식이었다. 그는 신사상은 침투력이 워낙 강하기 때문에 간접적으로 들어도 누구나 요체를 파악할 수 있다고 썼다.

'휴식의 복음(Gospel of Relaxation)'이나 '걱정 말자 운동', 아침에 옷을 차려입으면서 '젊음, 건강, 활력!'이라는 구호를 반복하는 사람들에 관해 들어 보았을 것이다. 요즘 많은 가정에서는 날씨를 두고 불평하는 것을 금하고 있다. 또 점점 많은 사람이 불쾌한 기분을 표현하는 것, 평범한 불편이나 만성병을 중시하는 것이 좋지 않다는 점을 인식하고 있다.[26]

제임스는 과학자의 입장에서 볼 때는 "정상이 아니라고 할 만큼 감상적이며, 표현이 너무 모호해서 과학적으로 훈련된 정신을 가진 사람으로서는 읽을 수가 없을 지경"이라며 다수 신사상 문헌의 내용을 받아들이지 못했다. 그러나 건강한 마음 자세라는 측면에서 이 새로운 사고방식을 찬양했고, 만약 "그 모든 것이 기만이라면 그토록 많은 지성인이 크리스천 사이언스를 비롯한 신사상 유파에 경도된다는 것은 거의 있을 수 없는 일"이라는 다른 학자의 말을 인용하기도 했다.[27]

나폴레온 힐과 노먼 빈센트 필

　20세기 초가 되자 병원균 이론이 거둔 성과에 힘입어 과학적 치료제들이 등장하면서 신사상의 치유 방식은 쓸모가 없어진 듯 보였다. 중산층 주부들은 병상에서 일어나 엘런 리처즈의 가정학이 권고하는 대로 집 안의 미생물과 싸우는 일을 떠맡았다. 1901년 대통령으로 취임한 시어도어 루스벨트(Theodore Roosevelt)는 가끔씩 낮잠을 자는 것조차 배제하고 항상 몸을 움직이는 새로운 독트린을 앞장서 실천해 보였다. 신사상의 여러 부류 가운데서는 오직 크리스천 사이언스만이 모든 질병을 생각으로 치료할 수 있다는 '마음의 몸 지배'라는 관념을 고수했다. 이는 종종 비참한 결과를 낳기도 했다. 일부 추종자들은 20세기 말에도 메리 베이커 에디의 책을 되풀이해 읽으면서 항생제나 수술을 거부했다. 신사상 유파 중 더 선견지명이 있는 쪽에서는 건강이라는 문제에서 벗어나 성공과 부의 촉진이라는 신선한 영역을 찾아냈다. 1970년대 이전까지는 미국의 긍정적 사고 주창자들이 유방암 같은 육체의 질병을 관할 영역으로 감히 다시 주장하지 못했다.

　핵심적 신념이 '정상이 아니라 할 만큼' 이상하다 해도, 긍정적 사고는 19세기 윌리엄 제임스의 과학적 인가와 미국에서 가장 인기 있는 철학자인 랠프 왈도 에머슨의 승인을 받고 출현했다. 20세기 중반에 '긍정적 사고'란 구절을 대중화시킨 노먼 빈센트 필(Norman Vincent Peale)은 성경만큼은 아니었지만 그 두 사람을 뻔질나게 인용했다. 긍정적 사고가 좋은 평판을 얻게 된 데는 특히 제임스의 힘이

컸다. 그것은 그가 긍정적 사고를 지적으로 수긍했기 때문이 아니라 칼뱅주의에 희생된 가련한 병약자들을 치료하는 능력을 보증했기 때문이었다. 아이러니하게도 병약함을 널리 조장함으로써 칼뱅주의는 자신을 파괴할 무기를 스스로 만든 셈이었다. 칼뱅주의는 후에 긍정적 사고로 불리게 된 신사상의 손에 자기 가슴을 찌를 단검을 쥐어주었다.

하지만 이야기는 여기서 끝이 아니다. 최종적인 왜곡이 남아 있다. 긍정적 사고의 가장 좋은 점이라면 칼뱅주의에 분명한 대안을 제시했다는 것일 텐데, 한편으로는 칼뱅주의의 유독한 요소를 보존하고 말았다는 최악의 일면이 함께 존재한다. 가혹한 판단, 죄악에 대한 칼뱅주의식 비난, 자기반성이라는 끊임없는 내면 과제를 강조하는 것이 그러한 요소다. 칼뱅주의의 미국적 대안은 쾌락주의가 아니었고, 단순하게 감정의 자발성을 중시하는 것도 아니었다. 긍정적 사고 주창자들에게 감정이란 여전히 의혹의 대상이었으며 따라서 내면의 삶은 철저히 감시되어야 했다.

크리스천 사이언스 그 자체도 결코 칼뱅주의와 완전히 결별한 것이 아니었다. 20세기에 크리스천 사이언스 신자들은 압도적으로 백인 중산층이 많았고 남달리 절제가 강해 습관적인 자기부정을 일삼는 이들이 적지 않았다. 아버지가 크리스천 사이언스 신도였던 영국 작가 프리쳇(V. S. Pritchett)은 "그들은 술을 마시지 않았고 담배나 차, 커피와 같은 '위험한 약물'도 멀리했다. 성생활도 하지 않는 탓에 결혼이 파국으로 치달았다. …크리스천 사이언스는 한 마디로 갱년기의 종교다."라고 썼다.[28] 메리 베이커 에디는 만년에 악마와 유사한 존재까지 다시 상정했다. 이 완벽한 우주에서 왜 모든 일이 자기 뜻대로 되지 않는지를 설명하는 방편이었다. 나쁜 날씨, 잃어버린 물건, 자기 책의 인쇄가 불량한 것 등 그 모든 것이 상상 속의 적에게서 발산된 '악의가 담긴 동물적 자성' 탓이었다.

잠깐 우리 집 이야기로 돌아가 보면, 나의 어머니를 키운 증조할머니는 장로교에서 크리스천 사이언스로 개종한 분이었다. 그런 변화가 얼마나 매끄럽게 이루어졌던지 후에 할머니가 편지에서 그분을 기리며 '훌륭한 기독교 여성'이라고 당연한 듯 썼을 정도였다. 어머니는 장로교와 마찬가지로 크리스천 사이언스에도 관심이 없었지만 그 종교의 가혹한 신조 하나는 그대로 받아들였다. 질병이 전적으로 상상의 산물이 아니라고 해도, 병에 걸리는 것은 우리보다 나약하고 암시에 넘어가기 쉬운 사람들이라고 했다. 생리통과 소화불량은 게으른 여자의 환상으로 취급됐다. 학교를 하루 쉬어도 되는 것은 열이 나거나 토할 때뿐이었다. 다시 말해 아픈 것은 개인적 실패였으며 심지어는 일종의 죄악이었다. 어머니에게 학교 칠판 글씨가 잘 보이지 않는다고 고백할 때 얼마나 떨렸는지 지금도 나는 기억한다. '우리'는 안경이 필요한 그런 종류의 사람일 리 없었기 때문이었다.

옛 칼뱅주의와 새로운 긍정적 사고 사이에서 찾을 수 있는 가장 놀라운 연속성은 양쪽 모두 자기반성이라는 부단한 내면적 과제를 강조한다는 점이다. 칼뱅주의자들은 느슨함, 죄악, 방종함의 징후를 찾기 위해 스스로 감정을 감시했다. 한편 긍정적 사고에서는 분노나 의심과 관련된 부정적인 생각을 끊임없이 경계한다. 긍정적 사고에 관한 자기계발서를 비판한 사회학자 미키 맥기(Micki McGee)는 긍정적 사고의 종교적 선조를 연상시키는 언어로 "자아에 관한 과제를 지속적으로 끝없이 수행하는 것이 성공을 향한 길만이 아니라 현세적 구원으로까지 제시된다."고 지적했다.[29] 이제 자아는 영원히 맞붙어 싸워야 할 적대자가 되었다. 칼뱅주의는 사악한 성향을 이유로, 긍정적 사고는 '부정성'을 이유로 자아를 공격한다. 이런 적대감은 손목에 고무 밴드를 감는 방법 등을 써서 부정적인 생각을 극복해야 한다는 흔한 충고 속에 분명하게 드러나 있다. "부정적인 생각이 떠오를 때마다 고무 밴드를 잡아당겨 때리도록 하세요. 팡. 아플 겁니다. 밴드가 너무 두꺼우면 자국이 남을지도 모릅니다. 걱정 마세요. 당신은 자신을 상처 내려는 것이 아니라 부정적인 생각에 관한 고통 회피 반사를 만들려는 것뿐이니까요."[30]

그러려면 기묘한 자기소외가 요구된다. 과제의 대상인 자아가 있고, 그 과제를 수행해야 하는 또 다른 자아가 있다. 긍정적 사고와 관련된 글들에서 수많은 법칙과 작업 기록표, 자기평가 양식, 연습을 제공하는 이유도 이 때문이다. 이것들은 자아가 자신에게 그런 작업을 완수할 수 있도록 재프로그래밍하고 길들이는 데 필요한 실용적인 지침이다. 20세기 들어 긍정적 사고 주창자들이 건강 문제에서 손을 떼고 그 영역을 대부분 의학 전문가들에게 넘겨준 이후 이제 모든 작업의 목표는 부와 성공에 집중되었다. 1930년대 긍정적 사고의 교과서가 된 나폴레온 힐의 『생각하라! 그러면 부자가 되리라』는 신사상의 형이상학과 유사한 지점에서 출발한다. 힐은 '생각은 실체'라고 썼다. 여기서 생각은 자기의 실현을 끌어당기는 실체다. "생각의 모든 충동은 자신의 물질적 등가물로 자신을 실현하려는 경향을 가지고 있다." 힐은 생각이 현실로 변형되는 데 필요한 계단을 오르는 것이 힘든 일은 아니지만 한 단계라도 빠트리면 실패하고 말 것이라고 했다. 내용을 간추려 보면, 우선 부를 원하는 사람은 희망하는 내용을 글로 적어야 하는데 이때 정확한 금액과 날짜가 들어가야 한다. 그런 다음 쓴 내용을 읽는다. "큰 소리로 하루에 두 번씩 읽는다. 한 번은 잠자리에 들기 직전, 한 번은 아침에 일어나자마자 읽는다." 이 방법을 엄격하게 지키면, 힐이 자기반성이라는 과제가 요구되는 자아의 한 부분이라고 말한 무의식적인 정신이 돈에 대한 치열한 욕망으로 바뀐다. 무의식적 정신을 의식적인 욕망으로 더 빨리 바꿔 놓고 싶다면 "책에서 이 장 전체를 밤마다 한 번씩 큰소리로 읽으면 된다."고 힐은 조언했다.[31]

20세기 미국인과 전 세계 사람들에게 긍정적 사고의 부단한 작용을 가장 널리 알린 것은 노먼 빈센트 필이 1952년에 쓴 『적극적 사고방식(The Power Of Positive Thinking)』이었다. 개신교 주류 종파의 목사였던 필은 일찌감치 신사상에 이끌렸는데 나중에 그가 쓴 글에 따르면 어니스트 홈스(Ernest Holmes)라는 신사상 옹호자 덕분이었다. 필은 이렇게 썼다. "소년 시절의 나를 알았던 사람들만이 어니스트 홈스가 내게 해 준 것이 무엇인지 제대로 판단할 수 있다. 왜냐하면 그가 나를 긍정적으로 생각하는 사람으로 바꿔 놓았기 때문이다."[32] 필이 자신의 종파인 칼뱅주의 계열 네덜란드 개혁교회파와 긍정적 사고 사이에서 모순을 발견했다 하더라도 그건 문제가 되지 않았다. 그다지 뛰어난 학생이 아니었던 필은 신학 논쟁에 깊은 혐오감을 품고 신학교를 마쳤다. 그는 돈, 결혼, 사업 등 일상적인 문제를 풀 수 있게끔 기독교를 '실용화'하려고 생각했다. 19세기 신사상 운동의 지도자들과 마찬가지로 필도 부분적으로 자신을 치유자로 여겼다. 20세기의 병은 신경쇠약이 아니라 필 자신도 괴로움을 겪은 열등감 콤플렉스라는 점만 달랐을 뿐이다. 스테디셀러가 된 『적극적 사고방식』보다 한참 뒤에 나온 책에서 그는 이렇게 썼다.

> 자신에게 너무 문제가 많다는 사람이 있었다. 나는 "당신만 그런 게 아닙니다." 하고 말해 주었다. 도움을 청하며 편지를 보내 온 수많은 사람이 떠올랐다. 나 자신에 대해서도 생각해 보았다. 몇 년 동안이나 내게 갖가지 문제를 일으켰던 당사자가 바로 노먼 빈센트 필이었다고 인정하지 않을 수 없었다. …만약 우리 자신이 우리의 가장 큰 골칫거리라면, 그렇게 된 근본 원인은 상습적으로 우리 마음을 점하고 그것을 좌우해 온 생각의 유형에서 찾아야 할 것이다.[33]

우리는 적을 보고 있다. 그것은 우리 자신, 우리의 생각이다. 다행히도 생각은 관찰해서 교정할 수 있다. 역사학자 도널드 마이어 (Donald Meyer)는 이러한 필의 설명을 생각이 '자동화'되고 당사자가 충분히 '길들여지면' 그럴 수 있다고 정리했다.[34] 오늘날 우리는 이런 작업을 '재프로그래밍'이라고 하는데, 사람들은 쉽게 옛날 방식으로 되돌아가 버리기 때문에(필이 자주 목격하고 당황했던 현상이다) 재프로그래밍을 계속 되풀이해서 수행해야 한다. 『적극적 사고방식』에서 필은 연습법으로 '쉽게 할 수 있는 간단한 열 가지 규칙'을 제시했는데 이렇게 시작한다.

낙관주의의 어두운 뿌리

1. 성공한 당신의 모습을 그려 보고, 그 그림이 지워지지 않도록 마음에 확실히 각인시켜라. 그 그림을 결연하게 간직하라. 절대 그림이 흐릿해지도록 버려두지 마라. 마음이 그 그림을 발전시키려 할 것이다. …

  2. 자신의 힘에 대해 부정적인 생각이 떠오를 때마다 그것을 상쇄할 수 있도록 긍정적인 생각을 의식적으로 소리 내어 말해 보라.

  3. 상상 속에서 장애물을 쌓지 마라. 장애물이란 장애물은 모조리 없애라. 장애물을 최소화하라.[35]

필은 독자들이 스스로 긍정적인 생각을 끌어낼 수 있을 것이라고 신뢰했다. 그러나 시간이 지나면서 다른 긍정주의 전도사들은 확언이나 선언의 형태로 된 문안을 제공할 필요가 있다는 점을 깨닫게 되었다. 예를 들어 『백만장자 시크릿』에서 하브 에커는 자기가 받아 마땅한 부에 의혹을 품는 저항감을 극복할 수 있도록 다음과 같은 지시 사항을 독자에게 제시했다.

가슴에 손을 얹고 이렇게 말하라. …
"나는 부자들에게 감탄한다!"
"나는 부자들을 축복한다!"
"나는 부자들을 사랑한다!"
"그리고 나 또한 저 부자들의 일원이 될 것이다!"[36]

이 과제는 결코 끝나지 않는다. 역전이 일어나 부정성으로 다시 퇴행할 수 있으므로 끊임없이, 그리고 영원히 자기를 주시하는 과정이 필요하다고 정신과 의사이자 작가인 스콧 펙(M. Scott Peck)은 말했다.[37] 더 긍정적인 표현으로 바꾸어 보면, 계속 자신의 통찰력을 일깨워야 하는 끝없는 과제가 요구된다. 자기계발서 저자 스티븐 코비(Stephen Covey)의 표현을 빌면 현재 상태에 만족하는 사람은 '톱날을 날카롭게 세워' 자신이 더 잘 할 수 있다는 사실을 깨달아야 한다. 유명한 동기 유발 강사 앤서니 로빈스(Anthony Robbins)는 이렇게 말했다. "목표를 세우면 지속적으로 부단히 향상에 전념해야 한다. 모든 사람에게 지속적이고 부단한 향상이 필요하다는 사실을 당신도 알 것이다. 불만족이 주는 압박감, 일시적인 불편이 초래하는 긴장 속에는 힘이 깃들어 있다. 이는 삶에서 당신이 '원하는' 종류의 고통이다."[38]

긍정적 사고를 위해서는 자기 과제가 요구된다는 사실을 누구보다 속속들이 파헤쳐 설명한 사람이 동기 유발 강사 제프리 지토머다. 앞에서 본 것처럼, 주위에서 부정적인 사람을 일소해야 한다고 목소리를 높였던 지토머는 자기가 어떻게 긍정적인 성향을 성취해 유지하고 있는지 밝혔다. 부정적인 사람과 관계를 끊어야 한다는 지토머의 주장은 죄인 추방을 요구했던 칼뱅주의를 연상시킬 정도지만, 그가 처음부터 자신감에 찬 긍정적인 인물이었던 것은 아니다. 1970년대 초반, 지토머의 사업은 그럭저럭 굴러가는 수준이었고, 결혼생활은 엉망이었으며, 아내는 쌍둥이를 임신했다. 그러다 그는 '데어 투 비 그레이트(Dare to Be Great)'라는 마케팅 회사에 들어가게 되었다(그 회사의 창립자는 2006년에 나온 『시크릿』이 베스트셀러가 될 것을 35년 전에 예상했다고 주장하는 인물이다). 새로운 동료들은 지토머에게 긍정적인 성향을 갖게 될 것이고 그러면 엄청난 돈을 벌 거라며 "자, 어서 시작하라!"고 말했다. 그는 사업체를 팔고 자기 향상 과업에 빠져들었다. 동기 유발 영상물 〈미국에의 도전(Challenge to America)〉을 일주일에 5회 이상 보았고, 나폴레온 힐의 『생각하라! 그러면 부자가 되리라』를 동료들과 함께 읽고 또 읽었다. "날마다 한 장에 대한 독후감을 제출하도록 되어 있었다. 그 책은 16장으로 구성되어 있고, 참가한 사람은 10명이었다. 우리는 1년 동안 그 일을 계속했다. 내가 그 책을 몇 번이나 읽었는지 쉽게 계산이 나올 것이다."[39] 처음에는 그도 긍정적인 태도를 가장했다. "요즘 어떻게 지내냐고 친구들이 물으면 나는 허공으로 두 팔을 쭉 뻗으며 소리쳤다. '아주 좋아!' 실은 엉망이었지만 그렇게 했다." 그러자 그 일이 일어났다. "어느 날 아침에 일어나 보니 나는 긍정적 성향을 가진 사람이 되어 있었다. … 해냈다! 해낸 것이다!"[40]

성서를 『생각하라! 그러면 부자가 되리라』로 바꿔 놓으면 기독교 전승에서 발견되는 극적인 이야기와 조금도 다르지 않다. 17세기 칼뱅주의의 고전 『천로역정(The Pilgrim's Progress)』에 나오는 영웅처럼 지토머는 자신이 가족이라는 덫에 갇혀 낙담의 진창에서 뒹굴고 있음을 깨닫는다(이 사례에서는 죄악이 아니라 평범함이 낙담의 실체다). 존 버니언의 영웅과 마찬가지로 지토머도 자신을 개조하기 위해 예전의 사업을 버리고 첫 아내와도 결별한다. 칼뱅주의가 단지 개종만이 아니라 평생에 걸친 자기성찰을 요구하는 것처럼, 지토머의 긍정적 태도 또한 지속적인 '정비'가 필요하다. "긍정적인 내용의 글을 매일 아침 읽고, 긍정적인 내용을 매일 아침 생각하고… 긍정적인 말을 매일 아침 해야 한다."[41] 이는 그 자체가 일종의 작업이다. 이 점을 더 분명히 하기 위해 지토머의 『예스! 사고방식(Little Gold Book of Yes! Attitude)』에는 '긍정적 태도 정비부'라는 라벨이 붙은 파란 작업복을 입은 그의 사진이 실려 있다.

제시된 지시문을 암송하고, 작업 예정표를 점검하고, 재빨리 부자가 되는 법에 관한 책을 의무적으로 읽는 것은 에머슨이 칼뱅주의의 속박에서 벗어나 새로운 땅과 새로운 사람들, 새로운 생각으로 가득 찬 윤택한 세상을 맞이하라고 촉구했을 때 마음에 그렸던 내용이 아니다. 에머슨은 초월적 계시의 순간에 탐닉한 일종의 신비주의자였다. "나는 우주의 눈이 된다. 나는 아무 것도 아니며, 나는 모든 것을 본다. …이 모든 것은 자기중심주의가 자취를 감추었음을 의미한다."[42] 이런 에머슨의 언명에서는 자아(self)가 작업자와 작업의 대상으로 이중화되는 것이 아니라 사라진다. 우주는 '공급계'가 될 수 없다. 공급계라는 인식은 욕망하고 계산하는 에고(ego)가 있어야 가능하다. 하지만 에고가 이 그림 속으로 들어오는 순간 일체성은 부서져 버린다. 초월적 일체성은 자기 성찰, 자기 계발, 자신에 대한 작업을 요구하지 않는다. 그것은 자아를 떨쳐 버릴 것을 요구한다.

지옥과 파멸의 가능성이 아니라 성공의 기회에 몰입하는 것, 죄악이 아니라 힘을 찾아내기 위해 내면의 자아를 탐색하는 것은 분명 바람직한 일이다. 문제는 왜 그렇게 내적인 부분에만 오로지 몰입하는가 하는 점이다. 왜 사랑과 연대감을 품고 다른 사람에게 손을 내밀지 않는가? 깨달음의 빛을 찾아 자연 세계를 가만히 들여다볼 수는 없는가? 에머슨이 말한 것처럼 탐색할 광대한 세계가 밖에 펼

처져 있는데, 어째서 불안한 자기성찰 속에 틀어박히려 하는가? 실제로 해야 할 진짜 일들이 쌓여 있는데 왜 자기 자신에 관한 일에 그렇게 많은 시간을 쏟는가?

20세기 중반 이후 이런 물음에 대해 지나치게 실제적인 대답이 쏟아져 나왔다. 점점 더 많은 사람이 긍정적 사고가 요구되는 직업에 종사하게 되었으며 그런 일에는 자기 향상 및 정비가 수반된다는 것이다. 노먼 빈센트 필은 이 부분을 누구보다 확실히 파악했다. 화이트칼라 무산계급이 날로 증가하면서 고용주와 고객, 동료, 잠재 고객에게 더 호감을 줄 수 있는 모습을 만들기 위해 자아를 훈련시키는 것이 직업 생활에서 큰 비중을 차지하게 되었다. 이제 긍정적 사고는 불안한 사람을 위한 진정제, 심리적인 문제를 겪는 사람을 위한 치료제에 머무르지 않는다. 긍정적 사고는 모든 사람에게 부과된 의무가 되었다.

4
기업에 파고든 동기 유발 산업

　동기 유발 강연자들과 코치들은 자신들이 '변화', 곧 정리 해고 및 그 결과 남은 사람들이 지게 된 과중한 부담을 관리하는 도구라고 선전한다. 다운사이징 후의 유독한 분위기를 없애 준다고 장담한 어느 코칭 업체의 선전문을 보자.

　"이 프로그램은 다운사이징, 인수 합병 등과 같은 변화를 거치려는 단체나 기업에 꼭 맞습니다. 조직원들이 커피를 마시며 잡담이나 하고, 실적이 저하되고, 의사소통이 줄고, 스트레스를 받아 변화에 저항하려 한다면 이 변화 관리 훈련을 통해 긍정적이고, 의욕에 넘치고, 집중하도록 만들 수 있습니다."

Bright-
-Sided

요즘에는 낙담의 늪에 빠져 있다는 변명이 통하지 않는다. 긍정적 사고를 확산시키는 것이 하나의 완전한 산업으로 자리 잡았으며 이 산업의 상품, 곧 '동기 유발'이 다양한 가격대로 나와 있다. CD나 DVD가 포함된 책 형태도 있고, 직접 코칭을 받거나 일주일에 걸친 세미나에 참가하는 강도 높은 체험 상품도 있다. 값은 좀 비싸지만 주말을 이용해 이국적인 풍광을 자랑하는 곳에서 열리는 강연 상품도 있다. 한편 포스터, 달력, 커피 잔, 책상 장식품 등에 영감을 주는 메시지를 새겨 넣은 애장품 형태의 상품도 나와 있다. 동기 유발 상품을 만드는 석세서리스(Successories)라는 회사에서는 '긍정적인 친구들'이라는 일련의 제품을 판매하고 있는데 그중에는 '별을 향해'라는 글자가 새겨진 불가사리 모양의 콩주머니도 있다. 최근엔 약삭빠른 소매업체에서 '인생은 아름다워' 제품군을 개발해 티셔츠, 담요, 깃발, 수하물 표, 개 목걸이, 타이어 커버 등을 팔고 있다.

어떤 것부터 쇼핑을 시작하는지는 중요하지 않다. 한 상품을 사면 필연적으로 다른 상품의 구매로 이어진다. 동기 유발 전문가들

기업에 파고든 동기 유발 산업 143

은 강연 기회를 넓히기 위해 책을 쓰고, 한편으로는 강연장에서 책을 홍보한다. 그들은 강연을 통해 자기 책 이외에 다른 상품의 판로도 넓히는데, 그중에는 긍정적 태도 함양과 무슨 관계가 있는지 고개가 갸웃거려지는 상품도 있다. 동기 유발 업계의 슈퍼스타인 앤서니 로빈스는 웹사이트에서 자기 책과 함께 영양보조제를 판매하고 있으며, 휴대폰의 전자파를 막아 준다는 펜던트의 마케팅에 깊숙하게 관여한 적도 있다. 미국에서는 해마다 다양한 도시에서 '겟 모티베이티드!(Get motivated!)' 대회가 30 차례 열리는데 이를 통해 많은 사람이 동기 유발 시장으로 끌려 들어간다. 이 대회에서는 50달러 정도 되는 저렴한 비용으로 콜린 파월(Colin Powell), 빌 코즈비(Bill Cosby) 같은 유명인의 강연을 들을 수 있다. 한 신문 보도에 따르면 그 집회에는 진부한 이야기, 격려 연설, 통조림 햄에 관한 유머('스팸'이라는 상표명이 스팸 메일과 연관되어 자주 유머 소재로 등장한다-옮긴이), 정보 제공을 가장한 상품 홍보, 상품화된 애국심, 바이블 벨트(사우스캐롤라이나 주 등 백인 보수 기독교인들이 몰려 있는 지역-옮긴이)의 기독교 신앙 등 다양한 내용이 등장하지만 긍정적 사고를 위한 책과 테이프, 개인 코치 등 수많은 상품의 공개 진열장 역할을 하는 게 주된 기능이다.[1] 시장조사 업체 마켓데이터 사의 존 라로사(John LaRosa)는 "강연자들이 이야기하는 동안 책과 테이프, 멀티미디어 상품을 판매한 돈이 강연회장 뒤편에 쌓인다."고 말했다.[2]

　　수백만 명이 이런 상품을 산다. 심각한 병에 걸린 사람들이 특히 쉽게 마음이 동하고, 실업자와 직업을 잃을 위험에 처한 사람들도 마찬가지다. 지난 2007년 집을 구하던 나는 수 굿하트(Sue Goodhart)

라는 부동산 업자를 알게 되었다. 말끝에 동기 유발 강사에 관해 조사하는 중이라고 했더니 그녀는 서글픈 미소를 머금으면서 자기 차 뒷좌석을 가리켰다. 거기에는 동기 유발 시디가 잔뜩 쌓여 있었다. 동기 유발 마니아인 줄 몰랐다고 놀리자 그녀는 노동 계급 출신인 자기는 목표를 높게 세우라는 격려를 한 번도 받은 적이 없었다고 얘기를 꺼냈다. 회사에서 퍼시픽 인스티튜트라는 동기 유발 업체에 의뢰한 '목표 설정, 긍정적 사고, 시각화, 요령 피우기에서 벗어나기' 5일 코스를 듣고 그녀는 자기에게도 성공 잠재력이 있다고 생각하게 되었다. 하지만 한 번 참여한 것으로는 도저히 성이 차지 않았다. 집을 보러 돌아다니는 동안 차에서 계속 동기 유발 시디를 들었다. 세일즈는 외로운 일인 데다 그 시디들이 '다음 단계'에 도달하는 데 도움이 되었기 때문이다.

하지만 동기 유발 산업이 개인에게 전적으로 의존했더라면 지금처럼 수십억 달러 규모의 산업으로 자라지 못했을 것이다.• 동기 유발 산업은 더 넓고 지출 규모가 큰 시장, 미국의 거대 기업들을 포함한 산업계 전반으로 파고들었다. 기업은 동기 유발 상품을 무더기로 사들여 직원들에게 무료로 나누어 준다. 책이라면 한꺼번에 수천

• 마켓데이터 사는 2005년 기준 미국 자기계발 상품(테이프와 책, 사업과 다이어트와 관계 코치 등)의 총 시장 규모가 96억 달러에 달한다고 집계했다. 그러면서 "이 시장 자체의 정보와 여기에 속한 민간 기업의 정보를 입수하기가 매우 어렵다. 대부분의 기업이나 단체는 매출, 프로그램 참가 인원수, 자신들의 성장 속도에 관한 정보를 좀처럼 공개하지 않으려 한다."고 덧붙였다. 한편 2004년 『포텐셜(Potentials)』 잡지는 동기 유발 상품의 연간 매출액이 210억 달러에 이를 것으로 추정했다. 국제코치연합(International Coach Federation)에서는 2007년 전 세계 코치들이 거둔 수입을 15억 달러로 추산했고, 활동 중인 코치들은 대부분 비즈니스 코치라고 밝혔다.

권씩 사는 식이다. 기업은 또 회당 수만 달러 이상을 요구하는 동기 유발 강사에게 보수를 지불할 여력이 있다. 동기 유발 강사들이 자랑스럽게 고객 명단에 올려둔 기업을 보면 대부분의 미국 대기업이 들어가 있다. 동기 유발 강연 업종에 관한 어느 책에는 스프린트, 앨버트슨, 올스테이트, 캐터필러, 엑슨모빌, 아메리칸 항공이 고객으로 언급되어 있다.[3] 게다가 기업은 직원들에게 코칭 강좌에 참가하고, DVD를 보고, 동기 유발 행사에 참석하라며 관심을 강제할 수 있다. 실제로 '겟 모티베이티드!' 행사에 나오는 많은 사람들이 고용주에게서 공짜표를 받아 참가한다.

긍정적 사고는 고용주의 손에 의해 19세기의 주창자들이 짐작도 하지 못했을 용도로 바뀌었다. 떨치고 일어나 앞으로 나아가라는 권고가 아니라 직장에서의 통제를 위한 수단, 더 높은 실적을 내라고 들들 볶는 자극제가 되었다. 노먼 빈센트 필의 『적극적 사고방식』을 낸 출판사는 1950년대에 일찌감치 기업 시장으로 눈을 돌려 "기업 임원 여러분, 이 책을 직원들에게 주십시오. 커다란 이익을 낼 것입니다."라는 광고를 냈다. 광고는 영업사원이 이 책을 읽으면 자신이 파는 상품과 자기가 속한 조직에 새로운 신뢰를 갖게 될 것이며, 내근 직원들의 효율성도 높아져 퇴근 시간만 기다리는 사람이 현저히 줄어들 것이라고 장담했다.[4] 동기 유발이 채찍으로 사용되면서 긍정적 사고는 순응적인 직원의 품질 보증서가 되었고, 1980년대 이후 다운사이징 국면에서 고용 사정이 악화됨에 따라 채찍을 쥔 손에는 더욱 힘이 들어갔다.

세일즈맨의 세계

영업사원들은 긍정적 사고에 관심을 가지라는 말을 경영진으로부터 굳이 들을 필요가 없다. 거기엔 그럴 만한 이유가 있다. 수 굿하트의 말대로 영업자들은 외로운 이들이다. 그들은 대개 본사로부터 단절되어 고속도로와 모텔, 공항을 끝없이 유랑하는 삶을 살아간다. 기업에서 일하는 다른 어떤 사람 못지않게 판매 담당자들의 삶은 도전의 연속이며, 하루하루가 거절이나 패배로 끝나기 십상인 시험이다. 하지만 아무리 외롭고 마음이 상하더라도 자신을 일으켜 세워 다음 고객, 다음 도시, 다음번 거절에 대비해 신선한 열의를 보여야 한다. 그에게는(20세기 이후 점차 여성들도 늘고 있는데) 자신에 대한 의심을 극복하고 낙천성을 생성해 내는 방법이 절박하게 필요하다.

처음에는 긍정적 사고에 회의적이었다는 롭 스피걸(Rob Spiegel)이라는 영업자가 인터넷에 올린 글을 보자. "나의 의심은 긍정적 사고가 주술적 사고와 별반 차이가 없다는 점에 집중되어 있었다. …긍정적 사고가 역겨운 자기기만에 불과하며 결국엔 사람을 비현실적으로 만들어 오히려 성공에 방해가 될지도 모른다고 생각했다." 하지만 막상 자기 사업을(구체적으로 어떤 사업인지는 밝히지 않았다) 시작하자 그는 정신에 방어망을 쳐야 한다는 것을 알게 되었다.

소매를 걷어붙이고 창업이라는 역기를 들어 올리려 하면 불길한 생각이 텅 빈 머릿속을 재빨리 채운다. 영업에 나서서 '노(No)'라는 말을 들을 때마다 성공적으로 창업할 수 있을 거라는 생각이 흔들린다. 사업 초기 단계에서는 수락보다는 거절이 훨씬 많은데, 거부에 직면해 긍정적으로 생각하지 않는다면 그것은 결국 당신을 거부한 사람들을 믿는다는 뜻이 되어 버린다.[5]

　소비자 경제에서 영업이 차지하는 비중을 과소평가하면 안 된다. 소비자 경제가 번창하려면 필요하지 않은 상품, 혹은 필요하다는 사실을 자각하지 못한 상품을 구매하도록 소비자를 설득해야 하는데 이런 설득 작업이 영업자와 광고 회사의 몫이다. 이처럼 경제 성장에 기여하고 있음에도 불구하고 영업자들은 사회에서 존경을 받지 못한다. 우디 앨런(Woody Allen)의 영화 〈돈을 갖고 튀어라(Take the Money and Run)〉에서 감독 자신이 분한 인물은 보험 영업자와 한 방에 갇히는 바람에 큰 고통을 겪는다. 우리는 영업자가 보이는 열의가 거짓이라고 생각하고, 영업자란 모름지기 겉만 번지르르한 작자들이라 여긴다. 20세기에는 영업자를 주제로 한 두 편의 위대한 연극이 등장했는데, 아서 밀러(Arthur Miller)의 〈어느 세일즈맨의 죽음(Death of a Salesman)〉과 데이비드 매멋(David Mamet)의 〈글렌게리 글렌 로스(Glengarry Glen Ross)〉는 모두 영업자의 뒤틀린 영혼 속에도 인간성이 희미하게 남아 깜박거린다는 사실을 중심으로 이야기가 전개된다.

　1950년대부터 노먼 빈센트 필은 경멸받는 영업자들을 핵심 영역으로 삼았다. 필은 최고 경영진과 어울리는 생활을 하면서도 비천한 영업자들을 대상으로 강연하는 것을 특별히 좋아했고, 심지어 자신을 그들의 일원으로 여길 정도여서 "나는 하느님의 영업사원"이라는 표현을 즐겨 사용했다. 계속되는 거절만 제외하면 실제로 필의 삶은 자신이 긍정적 사고를 전도한 영업자들과 많이 닮아 있었다. 『적극적 사고방식』이 성공을 거둔 이후 그의 생활은 여행과 강연의 연속이었다. 아이들을 키우는 것은 아내의 손에 맡기고, 자기 교회의 운영도 다른 사람들에게 일임했다. 전기 작가는 노먼 빈센트 필이 "끊임없이 움직이며 유랑하는 생활방식과 한 건 한 건의 거래가 모두 개인적인 도전이자 실적이 된다는 인식을 영업자들과 공유했다."고 썼다.[6] 『적극적 사고방식』을 보면 대부분의 일화에서 배경이 되는 곳은 호텔이나 회의실이며, 불안하고 지친 영업자가 그를 붙들고 사적인 조언을 청한다. 모텔 방에서 생활하는 외로운 사람들이 필의 고정 고객층이었다.[7]

요즘엔 영업자들이 뜨거운 열의를 갖기 위해 혼자 외롭게 애쓸 필요가 없으며 고용주로부터 많은 도움을 기대할 수 있다. 고용주들은 정교한 동기 유발 방식을 개발하기 위해 점차 적극적으로 나서고 있다. 일부 제약 회사는 이미 동기 유발자로서의 능력을 어느 정도 갖춘 것으로 보이는 대학 치어리더들을 고용하는 새로운 시도를 했다. 고용된 치어리더들은 제약 회사와 대학 간 정식 충원 통로로 들어온 영업자에게 뒤지지 않는 실적을 올렸다. 켄터키 대학교의 치어리더 고문은 기업의 인사 담당자들이 입사 지원자의 전공을 묻지 않았다고 밝혔다. 자격 요건은 훈련받은 치어리더라는 것으로 충분했다. "과장된 몸짓, 과장된 미소, 과장된 열정. 치어리더들은 바로 이런 것들을 배우고 자기들이 원하는 방식으로 사람들을 움직일 수 있지요."[8] 영업사원의 동기를 유발시키는 간단한 방법으로는 실적에 보상을 해 주는 것도 있다. 메리케이 화장품은 판매왕에게 분홍색 캐딜락을 선물한다. 대부분의 기업들은 '이달의 직원'에게 편리한 주차 공간을 제공한다. 2006년 한 경영 컨설턴트가 추정한 내용에 따르면 미국 기업들은 직원들의 동기를 유발해 열의가 고무될 것이라고 믿고 티셔츠, 골프 나들이, 플로리다 여행 등 인센티브에 매년 1000억 달러를 쓴다.9

영업자들에게 적용되는 동기 유발 방침은 보상과 인센티브에 한정되지 않는다. 직원의 권리를 존중하지 않는 기업에서는 잔인하고 변태적인 수단까지 동원한다. 캘리포니아의 가정 보안 업체인 알람원에 다녔던 한 여성은 동기 유발을 명목으로 엉덩이를 맞았다며 2006년에 회사를 고소했다. 엉덩이를 때릴 때 주로 사용된 도구는 경쟁사의 금속제 옥외 표지판으로, 영업팀 간의 경쟁심을 높이기 위한 방편이었다. 재판에서 증인으로 나온 한 영업사원은 "대개는 앞으로 걸어가 손으로 벽을 짚고 몸을 굽힙니다. 그런 다음 표지판으로 얻어맞는 거죠."라고 말했다. 이 회사가 실적이 저조한 영업사원을 벌주는 방법으로는 머리에 달걀 던지기, 얼굴에 거품 크림 뿌리기, 강제로 기저귀 채우기 등도 있었다(엉덩이를 맞았다고 회사를 고소한 여성은 재판에서 졌다. 체벌 대상에 남녀가 모두 포함되어 있었기 때문에 성희롱 요건이 성립되지 않았다).

유타 주의 프로스퍼라는 회사에서는 관리자가 동기 유발 체험의 일환으로 워터보딩(waterboarding)을 하는 황당한 일이 2007년 5월에 벌어졌다. 워터보딩이 무엇인지 모르고 자원한 직원은 시키는 대로 나가서 드러누운 다음 고개를 뒤로 젖혔다. 동료들이 그의 몸을 붙잡고 있는 동안 관리자는 그 사람의 코와 입으로 물을 들이부었다. 관리자는 영업사원들에게 "이 사람이 지금 공기를 얻기 위해 얼마나 열심히 싸우는지 봤을 겁니다. 이제 안으로 들어가 판매를 위해 그렇게 열심히 싸워 주길 바랍니다."라고 말했다.[10] 사건이 커지자 회사 측에서는 고문 행위를 용납하지 않는다고 주장했지만, 직원의 얼굴에 수염을 그려 놓고 하루 종일 그 상태로 일하게 하는 등 이 관리자가 일상적으로 저지른 동기 유발 관행을 이전에 한 번도 제지한 적이 없었다는 사실이 밝혀졌다. 참으로 묘한 것은 프로스퍼라는 회사가 다른 기업들에게 동기 유발을 판매하는 곳이었다는 사실이다.

물론 대부분의 기업은 영업자의 몸에는 손을 대지 않고 정신만 통제하려 한다. 사회학자 로빈 레이드너(Robin Leidner)는 1987년 컴바인드 인슈어런스라는 보험회사의 판매 훈련 과정을 참관한 뒤 "적절한 태도와 판매 기법을 강조한 반면 생명보험 상품의 내용에 관한 강좌는 상대적으로 부족했다."고 지적했다. 첫날 강좌는 참가자들이 모두 자리에서 일어나 '승리의 펀치'를 날리면서 "나는 건강하다, 나는 행복하다, 나는 멋지다!"라는 구호를 외치는 것으로 시작되었다. 컴바인드에서는 이것이 창립자가 강조하는 '긍정적인 마음가짐' 철학의 일환이었다. 창립자인 클레멘트 스톤(W. Clement Stone)은 공화당의 주요 기부자이며 나폴레온 힐과 함께 『긍정적 마음가짐을 통한 성공(Success through a Positive Mental Attitude)』을 쓴 사람이다. 이날 참가자들에게는 '승리자의 성격을 개발하라'는 식의 슬로건이 계속 제시되었다. 레이드너는 "그런 슬로건에는 개인의 성격이 성공을 부르기 위해 개조해야 할 대상이라고 여기게끔 하려는 의도가 분명히 엿보인다."고 평가했다.[11]

영업자에게 긍정적 사고를 주입하는 데 열심인 회사라고 하면 정수기와 화장품 등을 판매하는 암웨이가 단연 으뜸일 것이다. 암웨이에 들어간 사람들은 비용을 본인이 부담해 테이프, 책, 세미나, 집회 등의 형태로 강력한 교화 과정을 거친다. 1980년대 초의 영업자들은 『적극적 사고방식』, 『생각하라! 그러면 부자가 되리라』 등의 고전이 포함된 권장 목록에 있는 책을 한 달에 한 권씩 사야 했다.[12] 이들은 또 세미나에 참가해 "신은 긍정적이고 악마는 부정적"이라고 배웠다. 암웨이 영업자로 일했던 사람은 "일에 대한 신념과 헌신을 약화시키는 건 뭐든지 부정적인 것이었다. 판매 단계에서 상위에 있는 사람이 권하는 테이프 구매를 거절하는 것도 부정적 태도로 간주되었다."고 말했다. 그는 암웨이의 영업자 대회가 록 콘서트와 비슷하다고 묘사했다.

주고받는 구호의 물결이 강당을 앞뒤로 휩쓸고 지나간다. 한쪽에서 "대단하지!"라고 소리치면 다른 쪽에서 "아직 멀었어!"라고 받는다. 지역 행사에서는 수천 명이 유명 상표의 프로판가스 라이터를 켜서(암웨이에서는 아직 라이터를 만들지 않는다) 불꽃으로 원을 그린다. 이는 [회사의 판매 신장] 계획이 가진 신비로운 힘을 상징하는 것이다. …강당 앞에 설치된 대형 비디오 스크린에는 구호와 동그라미들이 음악에 맞춰 섬광등처럼 번쩍인다.[13]

이때 전심전력으로 열광 속에 자기를 내던지지 않는 것 또한 당연히 부정적인 것이다.

스포츠 경기나 부흥회, 록 콘서트에 가본 사람은 누구나 알겠지만 군중의 흥분에 저항하기란 쉽지 않다. 음악이 쾅쾅 울려 나오고, 다른 사람들이 일어서서 구호를 외치거나 몸을 흔들면 어쩔 수 없이 거기 끌려가기 마련이다. 그러다가 짧은 순간 고양감을 맛보기도 하고, 자신보다 더 거대한 무엇의 일부분이 된 느낌도 받는다. 동기 유발 강사가 (그리고 이벤트 연출자도) 종종 청중을 자리에서 일으켜 구호를 외치게 하거나 춤을 추게 하는 것도 사람들의 이런 특성을 이용하려는 것이다. 조너선 블랙(Jonathan Black)은 동기 유발 강연에 관한 책에서 청중이 허물어져 흐느껴 우는 것을 두고 '탈바꿈한 청중'이라고 표현했다. "강연이 끝나면 그들은 강연자의 손을 부여잡고 자기들의 구원자라고 말한다. 그들은 강연자를 껴안고 몸을 떨면서 소리 내어 운다."[14] 불안한 영업자들, 좁은 모텔 방에서 지내는 사람들에게 이런 행사는 감동적인 카타르시스의 장이 된다. 정신을 통제하려는 시도라고 분개할 일이 아니라 오히려 일시적으로 스트레스를 발산할 수 있는 기회가 된다.

21세기로 접어들면서 상품화된 동기 유발은 기업 세계의 여흥거리가 아니라 핵심 드라마가 되어 미국 산업계의 심장부로 파고들고 있다. 영업자만이 아니라 사무직, IT 종사자, 엔지니어, 회계 담당자들도 동기 유발과 그것이 약속하는 결과, 즉 긍정적 사고와 실적 개선이 필요하다는 점을 깨닫고 있다. 동기 유발이라는 아드레날린을 정기적으로 주입해서 계속 지탱해 주지 않으면 기업 세계에 몸담고 있는 모든 사람이 비생산적인 실의에 빠질 위험에 처한 것처럼 느껴질 정도다. 하지만 긍정적 사고로 가장 눈에 띄게 개종한 부류는 역시 의사 결정권자들, 곧 임원과 관리자들이다.

신비주의자로 가득 찬 기업

　　기업을 상대로 한 동기 유발 산업 관계자 중에서도 이 산업의 괴상한 측면 탓에 불편한 감정을 내비치는 이들이 적지 않다. 판매 촉진 대회가 정당 집회나 교회의 부흥회와 유사한 것이나 끌어당김의 법칙이 전능하다고 주장하는 것 등이 그렇다. 경영 컨설턴트이자 베스트셀러 『리엔지니어링 기업혁명(Reengineering Corporation)』의 공저자인 제임스 챔피(James Champy)는 많은 동기 유발 상품이 '망상적'이며 그 상품을 파는 사람들이 '비열한' 경우가 종종 있다고 말했다. 노스웨스턴 대학의 마케팅 교수인 클라크 케이우드(Clarke Caywood)는 시각화와 같은 동기 유발 기법을 믿기에는 자신이 너무 많이 배웠고 냉소적이라고 하면서도, 그런 비결들이 해가 되진 않는다고 내게 말했다. "당신이 사소한 어떤 기법을 배웠다 칩시다. 예를 들어 갖고 싶은 보트의 모습을 마음의 거울에 떠올리게 하면 그것이 판매로 이어지는 계기가 될 수 있거든요." 케이우드와 나는 (교수와 글쟁이는) 보트를 시각화한다고 해서 그 사람이 보트를 가질 수는 없지만 보트 영업자가 매상을 위해 그런 '비결'에 의존할 필요가 있다는 점을 부인하는 것은 너무 오만하다는 결론에 도달했다.

　　그동안 기업 관리자들은 자신들이 '경영 과학'을 공부한 냉철한 전문가이며, 기업이 원활하고 효율적으로 돌아가게 함으로써 사회에 기여한다는 생각을 갖고 있었다. 20세기 초반, 의학 및 공학 전공자들이 전문가 집단의 권위를 주장한 것과 같은 시기에 전문가로 부상한 기업 관리자들은 (긍정적 사고와는 정확히 반대로) 모든 문제는 합리적, 과학적으로 풀어야 한다는 중산층의 광범위한 신념을 그대로 갖고 있었다. 과학과 기술이 자동차, 전화, 라디오처럼 획기적인 것들을 만들어 내고 있는데 소망적 사고 따위에 신경 쓸 이유가 있겠는가? 대학 교육을 받은 당시의 미국 중산층에게는 한 가지 핵심적인 신념이 있었다. 우리의 목표는 개인의 성공이 아니라 만인의 진보이며, 고도의 수련을 받은 합리적이고 냉철한 전문가에 의해 성취된다는 것이었다.

경영 과학의 본체에는 의학의 본체에 있는 것과 같은 방식의 과학은 전혀 없었다. 있는 것은 오직 검토할 사례, 요즘 말로 '모범 경영'뿐이었다. 하지만 경영이 학습을 통해 숙달될 수 있는 합리적인 행위라는 관념에는 능력주의의 강력한 추진력이 깃들어 있어 아들이나 사위에게 사업체를 물려주는 오래된 관행에 도전했다. 고용된 기업 관리자의 수가 전후 시기에 급속히 증가했고, 경영학은 학부에서 가장 인기 있는 과목이 되었으며 대학원생들은 MBA 과정으로 몰렸다. 이런 현상의 밑바탕에는 경영이 특정 개인과 무관한, 합리적인 것이라는 생각이 깔려 있었다.

그러다 1980년대에 다운사이징 바람이 휘몰아치면서 기업의 본질 그 자체에 의문이 제기되었다. 유행이 되다시피 해서 어느 틈에 부동의 습관으로 굳어진 다운사이징 흐름 속에서 기업들은 리스트럭처링과 리엔지니어링에 열중했고, 생산직뿐 아니라 사무직에서도 가능한 많은 직원을 덜어 냈다. 1980년부터 1985년까지 제너럴 일렉트릭(GE)의 최고 경영자 잭 웰치(Jack Welch)는 11만 2000명을 해고하는 한편 매년 실적이 최하위인 10퍼센트를 정리할 것이라고 밝혀

'중성자 잭'이라는 별명을 얻었다. 얼마 지나지 않아 각 기업의 주주들은 단기적으로라도 주가를 끌어올리기 위한 방법으로 지속적인 감원을 요구하게 되었다. 1987년 『뉴욕 타임스』는 기업계의 이런 새로운 질서를 두고 "노동자와 상품, 기업 구조, 사업, 공장, 공동체는 물론 심지어 국가에 대한 충성심마저 외면하는 것이다. 그런 모든 충절이 새로운 규칙 아래에서는 소모품에 불과하다. 생존 자체가 문제가 되면서 시장 선도, 탄탄한 이익, 높은 주가만 중시되고 있다."고 보도했다.[15]

기업은 본래 특정 과제를 위해 만들어진 조직이다. 19세기에 운하나 철로 건설을 위해 면허장을 발부받아 특정한 사업을 수행했던 것이 기업의 유래다. '기업'이란 단어는 지금도 단순히 주주를 위해 돈을 번다는 것을 넘어 집단 과제와 관련된 조직이라는 뜻을 담고 있으며, 전후 시기의 기업들은 생산하는 제품 및 전반적인 사회 기여라는 관점에서 정체성을 규정했다. 하지만 1980년대 금융 자본주의가 도래하면서 주주의 이익이 모든 것을, 심지어 상품에 대한 자부심마저 제치고 가장 중요한 가치로 떠올랐다. 전문 경영의 쇠퇴를 연구한 라케시 쿠라나(Rakesh Khurana) 하버드 경영대학원 교수는 미국 200대 대기업 협의체인 비즈니스라운드테이블(Business Round Table)의 정책 성명을 연구해 기업이라는 개념의 변화를 추적했다. 1990년 비즈니스라운드테이블은 "기업은 주주 및 사회 전반 양자에 이바지하기 위해 설립되었다."라고 밝혀 이해관계자에 고용인, 고객, 공급자 및 지역 공동체를 포함시켰다. 하지만 1997년에 발표한 성명을 보면 "이사회가 다른 이해관계자들의 이해를 어느 정도 염두에 두어야 한다는 관념은 이사진의 역할을 근본적으로 곡해한 것"이라면서 주주 이외의 이해관계자에 대한 책임을 대놓고 부인했다. 고용인, 고객 그리고 사회 전반에 대한 책임에서 놓여난 기업은 단순한 '금융자산의 집합'으로 변질되어 마음대로 약탈, 해체, 합병이 가능한 대상이 되었다. 일부 비판자들은 기업을 '법적인 허구, 상상 속의 유령'으로까지 묘사하고 있다. 기업의 상품은 점점 더 부차적인 것이 되고, 직원들 사이의 유대감도 갈수록 미약해지고 있기 때문이다.[16] 『상어와 함께 수영하되 잡아먹히지 않고 살아남는 법(Swim with the Sharks without Being Eaten Alive)』 같은 책은 새로운 기업 환경에서는 모든 사람이 각자 혼자 힘으로 살아가야 한다는 점을 강조한다.

고급 관리자들 역시 부하 직원과 마찬가지로 소모품이라는 사실을 깨달았다. 적대적 기업 인수가 벌어지거나 특정 생산라인 혹은 부서를 없앤다는 결정이 내려지면 언제든 내쳐진다. CEO도 다를 것이 없다. 하지만 고급 관리자들은 해고의 위협 속에서 지내는 일반 직원들에 비해 한 가지 커다란 이점을 가지고 있다. 스톡옵션(고액의 퇴직금도 있다)을 통해 보상해 주는 사례가 증가하고 있기 때문에 혼란의 와중에서도 엄청난 부를 손에 넣을 기회가 있는 것이다.

커다란 위험과 눈부신 보상이 결합된 강력한 칵테일은 미국 경영진을 휩쓸고 있는 아찔한 흐름으로 이어졌다. 미국의 관리자들은 전문 경영이라는 낡고 느리고 신중한 방법을 내던지고 직관과 즉각적 판단, 육감으로 무장하게 되었다. 베테랑 기업인 톰 피터스(Tom Peters)가 말한 것처럼 무슨 일이 일어나고 있는지 논리적으로 생각하며 앉아 있기에는 모든 것이 너무 빨리 움직이고 있다.[17] 경영 잡지

『패스트 컴퍼니(Fast Company)』는 "경영 관련 책에는 한 가지 매우 곤란한 점이 있다. 베스트셀러도 그렇고, 방대한 데이터가 나와 있는 책도 마찬가지다. 책이 다루는 현실 그 자체가 너무도 복잡하고, 역동적이고, 또 많은 경우 임의적이기 때문에 예측 가능성은 물론 합리성조차 허용하지 않는다."고 불평했다.[18] 『비즈니스위크』는 1999년에 "아직도 의사 결정 분지도(decision tree)나 5개년 계획에 시간을 쓰는 사람이 있을까? 20년 전의 시장과 달리 오늘날의 정보 및 서비스 중심 경제에서는 즉각적인 의사 결정이 전부다."라고 지적했다. 이때 즉각적인 결단은 직감이나 갑작스럽고 불가해한 계시에 근거를 둘 수밖에 없다.[19] 결정을 내리는 데 시간이 오래 걸리거나 망설이면 지나치게 분석적이라거나 너무 이치만 따진다는 비난을 감수해야 한다. 작동되는 유일한 패러다임은 변화 그 자체이며, 유일한 생존법은 온 마음을 열고 그 상황을 받아들이는 것, 피터스의 표현을 빌면 '혼돈 속에서 번창하는 법'을 배우는 것뿐이다.

위계질서의 꼭대기에 있는 CEO들은 급속히 변하는 세상사에 대해 올바른 직관과 육감을 가졌다는 확신을 심어 주는 카리스마 있는 지도자라는 새로운 자아상을 연출해 냈다. 구식 CEO들은 회사에서 뼈가 굵은 인물로 정상에 오르기 전에 여러 분야를 거치며 업무 전반에 통달했지만, 요즘엔 사업 분야와 무관해도 유명세를 내세워 그 자리에 앉을 수 있다. 쿠라나가 분석한 대로 CEO의 이미지는 유능한 관리자에서 지도자로, 의욕을 불러일으키는 현란한 지도자로 바뀌었다. 아무리 봐도 동기 유발 강사와 몹시 흡사하다.[20] 경영학계 일각에서도 CEO들의 새로운 자아상에 다소 황당한 요소, 곧 직감이라는 부분이 있다는 점을 발견했다. 2002년 학술지 『인간관계(Human Relations)』는 "많은 기업 경영자가 어떤 일을 할 때 올바른 방법은 단 한 가지뿐이라는 편집증에 가까운 신념을 갖고 있으며, 자기가 현실에 아주 대단한 통찰력을 가졌다고 믿는다."고 지적했다. 경영 컨설턴트를 밀어내고 그 자리를 차지한 동기 유발 전문가들의 적잖은 영향을 받아 CEO들은 정장을 차려입은 인물이라기보다는 '카리스마 넘치는 선지자'라는 자아상을 갖게 되었다.[21]

경영 과학에서 등을 돌린 기업 경영자들은 불확실성이 심화되는 세계를 설명하기 위한 새로운 방식을 필사적으로 찾아내려 했고, 카오스 이론에서부터 아메리카 원주민의 지혜, 탁월성에서부터 동양 종교에 이르기까지 모든 것이 대상이 되었다. 기존의 접근법을 거부하는 것에서 끝나지 않고, 일종의 반(反)합리성이 유행처럼 번졌다. 합리적 분석에 치중했던 옛 경영진의 자세를 긍정적으로 평가한 『비즈니스위크』는 "주식회사 미국과 영적 사고는 하이테크 기업에 타자기가 놓여 있는 것처럼 어울리지 않는 듯하다."고 썼다. 그런데 기사를 계속 읽어 보면 '타자기'가 모든 곳에 있다는 것을 알게 된다. 예컨대 '세계 최연소 유력 CEO들'의 1999년 모임에는 '주술적 치유 여행'이라는 프로그램이 포함되어 있었다.

그곳, 향 연기가 짙게 깔려 있고 촛불이 밝혀진 방에는 17명의 업계 수장들이 눈을 가린 채로 수건 위에 누워 북이 울리는 소리에 맞춰 '지하계'를 탐사하고 있었다. 그들을 이끄는 사람은 리처드 화이틀리(Richard Whiteley)로, 하버드 경영대학원 출신의 베스트셀러 저자가 도시의 주술사로 변신했다. "지구 안으로 통하는 입구를 상상해 보십시오. 우물이나 깊은 웅덩이 같은 것을." 화이틀리는 누워 있는 사람들의 오르락내리락하는 가슴 위로 반쯤 속삭이듯 말했다. 그런 다음 그들의 내면 깊은 곳에 있는 짐승, '그들의 기업을 21세기의 성공으로 인도해 줄 강력한 짐승'을 부활시키는 방법을 알려 주었다.[22]

주술적 치유에 한정되지 않고 비전 퀘스트(vision quest, 영계와의 교류를 구하는 의식으로 북미 인디언 부족의 성년 의례-옮긴이), 최고 관리자를 대상으로 한 미국 원주민식 치유 서클, 기도 모임, 불교 세미나, 불에 달군 돌 위를 맨발로 걷기, 부족 스토리텔링(tribal storytelling) 및 딥 리스닝(deep listening) 실습 등 갖가지 형태의 영적 체험이 1990년대 이후 미국 기업계에서 꽃을 무성하게 피웠다. 1960년대와 1970년대 카운터컬처의 요새였던 샌프란시스코 남부 빅서 온천에 있는 에살렌 연구소는 1990년대가 되자 본관 건물을 고급 기업 휴양지로 변신시켰고 AT&T, 듀폰, TRW, 포드, 프록터앤드갬블(P&G) 같은 대기업들이 고급 관리자를 위한 영적 체험 프로그램에 등록했다. 이런 흐름을 두고 한 자기계발서는 "기업이 신비주의자들로 가득 차 있다. …진정한 신비주의자는 수도원이나 성당이 아니라 임원실에서 발견될 가능성이 높다."고 지적했다.[23]

새로운 '영적' 기업 문화에서는 긍정적 사고와 끌어당김의 법칙을 통해 세상을 자기 생각대로 통제할 수 있다는 기대에 털끝만치도 의혹을 품지 않는다. 『포천』에서 지적한 것처럼, 기업의 새로운 영성(靈性)은 현실이 독립된 것이 아니라 인간 의식의 부산물이라는 세계관을 제공한다.[24] 숫자를 다루던 전통적인 경영 컨설턴트들은 톰 피터스나 앤서니 로빈스처럼 경영의 대가를 자처하는 이들, 구식 긍정적 사고 묘약의 성분을 강화해 활기찬 연출로 청중을 벌떡 일으키는 잘 팔리는 유명인들에게 밀려났다.

합리적 업무였던 경영이 쇠퇴하는 과정은 『LA 타임스』가 '최고 권위자'라고 부른 피터스의 화려한 경력을 통해서도 되짚어 볼 수 있다. 전통적인 방식의 극단적 합리성을 추구하는 맥킨지의 분석가로 출발한 피터스는 경영의 '인간적 요소'에 주목해 1982년 베스트셀러 『초우량 기업의 조건(In Search of Excellence)』을 출판했다. 그는 숫자에 의한 경영만으로는 불충분하다고 주장했다. 직원들이 고객만족을 위해 특별히 더 애쓰게 하려면 동기 유발과 보상이 필요하고 그러기 위해서는 직원들의 감정을 사로잡아야 한다. 기업을 구성하는 것은 사람이고 사람은 감정적인 존재다. 따라서 경영은 이 미지의 영역으로 나아가야 한다는 것이었다. 다른 말로 하자면 피터스는 동기 유발, 분위기 띄우기, 긍정적 사고에 기반을 둔 경영에 대한 새롭고 덜 합리적인 접근법을 주장했다.

하지만 다운사이징 시대가 닥치자 그의 메시지에는 위협적인 허무주의가 배어들었다. 1988년에 낸 책에서는 "혼돈 속에서 번창하라."고 권고했지만 그것으로는 부족한 상황이 되었다. 선견지명이 있는 관리자는 주도적으로 혼돈을 창출해 내야 했다. 피터스는 1992년에 나온 『해방경영(Liberation Management)』에서 "경쟁자의 손에 당하기 전에 당신의 기업을 먼저 파괴하라! 조직을 파괴하라! 계속 파괴해 나가라!"고 썼다.[25] 모든 문장에 붉은 느낌표가 찍혀 있는 그 책에는 통 넓은 사각팬티 차림의 저자 사진이 실려 있다. 그래서일까, 2000년에 『포천』이 피터스에 관해 쓴 기사는 이렇게 시작한다. "톰 피터스에 관해 한 가지만 알고 있는 사람이라면 아마도 그의 첫 책을 알고 있을 것이다. 두 가지를 아는 사람은 피터스가 이후 그만한 책을 쓰지 못했다는 사실을 알 것이다. 세 가지를 아는 사람은 가치 있는 첫 책이 나온 뒤 18년이 흐르는 동안 피터스의 머리가 이상해졌다는 것도 알 것이다."[26]

『포천』이 등을 돌린 건 무분별해진 피터스의 어투와 사각팬티 탓으로 보인다. 머리가 이상해졌다고는 하나 피터스가 업계 흐름에 뒤떨어진 것은 아니었기 때문이다. 다운사이징을 하라는 것이 1990년대 그의 메시지였다. 알다시피 그건 기업을 파괴하라는 것이었고, CEO들은 정확히 그렇게 했다. 잭 웰치는 2001년 GE 회장 자리에서 물러나면서 피터스의 메시지만큼이나 허무주의적인 한 마디로 고별 연설을 마무리했다. "조직을 뒤집어엎고, 대대적으로 개혁하고, 지붕을 날려 버려라."[27]

정리 해고는 기업을 강하게 했을까, 약하게 했을까? 1990년대 미국경영자협회에서 조사한 결과 정리 해고가 생산성에 미친 긍정적 영향은 조금도 없었다.[28] 하지만 그런 건 중요한 문제가 아니다. 정리 해고를 하면 분명히, 적어도 단기적으로는 주가가 오른다. 주식회사 미국의 새로운 '비즈니스 영성'의 핵심에 만약 신이 자리하고 있다면 그 신의 이름은 시바(Shiva), 파괴의 신이다.

구조 조정의 상처 가리기

1981년부터 2003년까지 다운사이징 여파로 미국에서는 약 3000만 명의 전업 노동자가 일자리를 잃었다.[29] 기관들은(민간도 정부도) 이런 대규모 사회적 혼란의 희생자들에게 내놓을 만한 '가치 제안'이 거의 없었다. 실업수당은 대개 6개월 동안 지급될 뿐이고, 의료보험도 고용 종료와 함께 끝난다. 정리 해고를 당한 화이트칼라 노동자들 중 많은 이들이 (전에 비해 급료가 평균 17퍼센트 낮아지긴 하지만) 다시 일자리를 찾아서 계약직 또는 이런저런 컨설턴트로 일한다.[30] 하지만 안전망이 없으면 중산층이 저임금 직종으로 수직 낙하하거나 아예 빈곤층이 되는 일도 있다. 나는 그런 식으로 하향 이동한 전직 관리자나 전문가들에 관한 이야기를 많이 들었고 직접 만나기도 했다. 애틀랜타 주에서 IT 마케팅 일을 하는 한 여성은 그 일을 찾을 때까지 6개월 동안 수위로 근무했다. 미니애폴리스의 한 운전기사는 새 고용주를 찾으려는 바람으로 과거 미디어 담당 임원으로 일했을 때의 명함을 고객들에게 나눠 준다. 정리 해고를 당한 뒤 노숙자 쉼터 신세를 지게 된 화공 기술자도 있다. 기술과 교육이 안전을 보장해 줄 것으로 믿으며 성장한, 한때 안정된 생활을 영위했던 화이트칼라 중산층이 진창으로 빠져들고 있다.

다운사이징 여파로 영업자의 수가 증가한 것은 아니지만 자신을 영업자로 여기는 사람들은 분명히 늘었다. 위험천만한 새로운 직장 환경에서는 누구나 자기를 팔려는 노력을 게을리할 수 없다. 인류학자 찰스 대라(Charles N. Darrah)는 화이트칼라 노동자들이 '기능의

묶음'이 되었으며 "자신의 기술을 여행용 짐처럼 끌고 다니면서 환경이 다른 여러 직장을 자유롭게 오간다."라고 묘사했다.[31] 하지만 톰 피터스의 표현을 빌면 화이트칼라 노동자들은 '당신이라는 브랜드'에 광을 낼 때에만 자유롭게 이동할 수 있다. "당신은 자신을 고용인이라고 생각해선 안 된다. 당신은 탁월성과 헌신과 열정을 소리 높여 외치는 브랜드다."[32] 소프트웨어 개발자에서 회계 담당자까지 모든 사람이 예전에 노먼 빈센트 필이 공략 대상으로 삼았던 '외로운 세일즈맨'처럼 너나 할 것 없이 불안에 시달리고 있다.

동기 유발 산업은 이런 새로운 현실을 교정할 수 없다. 동기 유발 산업이 할 수 있는 것이라곤 현실에 대해 생각하는 방식을 고치라고 제안하는 것뿐이다. 기업 구조 조정은 환영해야 할 즐겁고 진보적인 변화이고, 실업은 스스로 탈바꿈할 수 있는 기회이며, 새로운 '승리자' 집단은 격동 속에서 모습을 드러낸다. 기업들이 동기 유발 업체에 높은 비용을 치르면서 해 주길 바라는 일도 바로 그것이다. 1994년 『워싱턴 포스트』는 동기 유발 상품에 관한 기사에서 "대기업들은 대량 정리 해고로 의기소침해진 종업원들의 사기를 올리기 위해 값싸고 혁신적인 방법을 찾고 있다."고 전했다.[33] 인터넷에서 '코칭의 역사'를 찾아보면 코칭업이 1990년대에 급성장한 이유가 '평생 직장의 상실'이라고 나와 있다.[34] AT&T는 2년 동안 1만 5000명을 정리 해고할 것이라고 발표한 당일, 샌프란시스코 직원들을 '성공 1994'라는 동기 유발 행사에 보냈다. 『타임』의 리처드 리브스(Richard Reeves)에 따르면, 그 행사의 주연급 연사인 열광적인 기독교인 지그 지글러(Zig Ziglar)가 전한 메시지는 이랬다. "그건 당신의 잘못입니다. 체제를 탓하지 마십시오. 상사를 비난하지 마십시오. 더 열심히 일하고 더 열심히 기도하세요."[35]

동기 유발 포스터나 달력 같은 상품이 시장을 넓힌 것도 석세서리스의 대변인이 교묘하고 추상적인 표현을 써서 밝힌 것처럼 '이 세상에 부정성이 너무 많기' 때문이다. 그는 "다운사이징을 하는 기업이 너무 많고, 또 직원들이 기대하는 만큼 급료를 올려 줄 여력이 없는 기업이 많기 때문에 우리 제품이 필요한 겁니다. 우리 회사는 그런 문제를 누그러뜨릴 수 있는 방법 중 하나를 제공해 줍니다."라고 언론 인터뷰에서 말했다.[36] 매사추세츠 대학의 언론학 교수인 랠프 화이트헤드(Ralph Whitehead)는 "다운사이징을 행하는 당사자들은 닥치는 대로 총을 쏴 댄 다음 정신적 상흔을 가리려고 동기 유발 포스터를 벽에 붙인다."고 꼬집었다.[37]

그것이 심리 통제를 위한 대규모 실험이라고 생각해 보라. "현실은 엉망진창입니다." 박사 학위가 있는데도 의료보험 등의 혜택이 없는 단기 계약직 일자리밖에 찾지 못한 컴퓨터 공학자가 내게 한 말이다. 그렇다고 현실을 바꿀 수는 없다. 쉽게, 분명하게 바꿀 수 있는 방법은 없다. 적절한 사회 안전망 구축을 위해, 혹은 더 인간적인 기업 정책을 요구하기 위해 사회운동에 참여할 수도 있지만 그러려면 평생 노력을 바쳐야 한다. 지금 당장 가능한 것은 현실에 대한 인식을 바꾸는 것뿐이다. 부정적인 인식에서 벗어나 현실을 기껍게 받아들이고 아주 긍정적으로 바라보는 것이다. 이것이야말로 기업이 해고된 노동자들과 과로에 시달리며 아직 버티고 있는 직원들에게 주는 최대의 선물, 곧 긍정적인 사고다.

요즘에는 기업 행사 때 동기 유발 강연자가 빠지지 않고 등장한다.[38] 직원 포상, 신임 임원 소개 등 행사에서 어떤 일이 진행되든 여흥을 제공하는 건 대개 동기 유발 강연자다. 동기 유발 강연 시장의 추이를 유심히 관찰해 온 비키 설리번(Vicki Sullivan)은 동기 유발 강연 업계 입장에서 보자면 기업이 '봉'이라고 2007년 전국강연자협회 컨퍼런스에서 말했다. 설리번은 나와의 인터뷰에서 이제 고용주들은 신문을 읽지 말라거나 부정적인 사람과 이야기하지 말라는 식의 이미 익숙해진 묘약으로는 충분히 효과를 볼 수 없음을 알게 되었다고 말했다. "고용주들은 그 이상의 것이 필요하다는 것을 알게 되었지요. 변화가 점점 더 빠르게 일어나고 있으니까요. 사람들이 꿋꿋하게 버티도록 도움을 주려면 동기 유발 강사를 써야만 합니다."

동기 유발 강연자들과 코치들은 자신들이 '변화', 곧 정리 해고 및 그 결과 남은 사람들이 지게 된 과중한 부담을 관리하는 도구라고 선전한다. 다운사이징 후의 유독한 분위기를 없애 준다고 장담한 어느 코칭 업체의 선전문을 보자. "이 프로그램은 다운사이징, 인수 합병 등과 같은 변화를 거치려는 단체나 기업에 꼭 맞습니다. 조직원들이 커피를 마시며 잡담이나 하고, 실적이 저하되고, 의사소통이 줄고, 스트레스를 받아 변화에 저항하려 한다면 이 변화 관리 훈련을 통해 긍정적이고, 의욕에 넘치고, 집중하도록 만들 수 있습니다."[39] 이례적으로 솔직한 동기 유발 강연자 한 사람은 자신의 역할에 대한 불편한 마음을 내게 얼마간 털어놓았다. 설정된 목표를 달성하지 못했을 때 고용주가 종업원들을 죄는 데 자기 같은 사람들을 이용한다는 것이다. "그런 때 이렇게 말할 수 있는 거죠. '자네는 우리가 데려

온 그 강사가 하는 말도 못 들었나?'라고요."

급격히 성장하는 분야인 경제 자기계발서들도 화이트칼라 노동자들이 다운사이징에 적응하도록 일조한다. 다운사이징 선전의 고전인 『누가 내 치즈를 옮겼을까?』는 1000만 부가 팔렸는데 기업에서 뭉텅이로 사서 직원들에게 나눠 준 것이 상당 부분을 차지한다. 『누가 내 치즈를 옮겼을까?』는 책을 읽기 싫어하는 독자의 손에 들어갈 가능성을 염두에 둔 듯 94쪽밖에 안 되는 얇은 두께에 활자도 큼지막하고, 어린이용 책에 적합한 우화 형식을 취하고 있다. 미로 속에서 치즈를 먹으며 사는 두 사람 헴(Hem)과 허(Haw)가(이 둘은 심사숙고하는 인간의 속성을 대표한다) 어느 날 치즈가 늘 있던 곳에 가 보았더니 치즈가 사라지고 없다. 이 작은 사람들은 부당하다고 불평하고 화를 내느라 시간을 허비한다. 한편 미로 속에는 쥐 두 마리도 있었는데 쥐들은 잠시도 망설이지 않고 치즈가 있는 다른 곳을 찾아 달려간다. 인간과는 달리 쥐들은 단순한 삶을 산다. "그들은 지나치게 분석하지 않고, 일을 불필요하게 복잡하게 만들지도 않는다."[40]

마침내 작은 사람들도 '새로운' 치즈에 적응해야만 한다는 사실을 쥐들에게서 배운다. 허는 끌어당김의 법칙에 해당하는 방법을 써서 치즈를 찾는다. 그는 우선 마음속에 그림을 그린다. "아주 생생하고 상세하게, 체다 치즈부터 브리 치즈까지 좋아하는 치즈가 산더미처럼 쌓여 있고, 그 한가운데 자기가 앉아 있는 모습을".[41] 옛 치즈를 잃어버렸다는 사실에 분개하는 대신 허는 변화가 더 나은 것을 가져다줄 수 있다는 긍정적인 깨달음을 얻는다. 그리고 곧 '맛있는' 새 치즈를 먹게 된다. 이것이 정리 해고 희생자들에게 주는 교훈이다.

지나치게 분석하고 불평하는 인간의 위험천만한 속성을 극복하고 쥐처럼 살아야 한다는 것, 직장에서 쫓겨나면 조용히 입 다물고 나와서 다른 일자리를 찾아 재빨리 돌아다녀야 한다는 것이다.

기업은 정리 해고를 '자원 방출'이라거나 '직업 변경 기회'라는 그럴듯한 말로 포장하지만 실제 과정은 빠르고 가차 없이 이루어진다.[42] 1990년대에는 정리 해고를 실행하는 것이 아예 전문 기법이 되어 외부에서 구조 조정 전문가를 불러 진행하는 일도 종종 있었다. 무엇보다 정리 해고는 돌연히 전면적으로 실시해 희생자들이 해고에서 살아남은 사람들에게 불만을 전염시킬 시간을 주지 않는 것이 관건이다. 해고 대상자를 회사 밖으로 내보내면서 소동을 일으키지 않고 조용히 떠나도록 하는 일은 대개 경비 부서의 몫이다. 일반적인 시나리오대로 진행되면 대상자는 해고 사실을 통보받은 다음 곧바로 경비원에게 이끌려 문으로 향한다. 가족사진 같은 개인 짐을 챙길 시간을 주는 경우도 있고, 사람을 먼저 내보낸 뒤 짐은 나중에 부쳐 주는 경우도 있다.

쫓겨난 사람들의 악감정을 다독여 부당 해고 소송에 휘말리거나 구설수에 오르는 것을 차단하기 위해 기업은 재취업 알선 업체의 힘을 빌린다. 이런 업체들은 이력서 작성법을 가르치는 것 이외에 동기 유발 서비스로 해고자들의 마음을 위로하는 역할도 맡는다. 1994년 오리건 주의 한 재취업 알선 업체 대표는 자신의 도움 덕분에 "일자리 상실을 인생에서 한 걸음 앞으로 나아가는 계기로, 성장을 위한 경험으로, 하던 일에서 스스로 물러서 필요한 중간휴식을 갖는 것으로 보게 된 사람들이 많다."고 주장했다. 『LA 타임스』는 프리말데 로

드히아(Primalde Lodhia)라는 사람의 정리 해고 사례를 보도한 적이 있다. 인도 태생의 로드히아는 MBA 학위 소지자에다 컴퓨터 공학자 겸 기계 공학자였는데 1991년 정리 해고를 당했다. 그때 회사로부터 들었던 얘기는 "당신의 업무 성과에 매우 만족하지만 내보낼 수밖에 없다. 당신은 우리의 경영 방침과 맞지 않는다."는 게 전부였다. 회사는 재취업 알선 서비스를 제안했다. 그는 대신 현금을 요구했으나 받아들여지지 않았다. 로드히아가 간 동기 유발 및 재취업 알선 업체에서는 실업자가 되었다는 사실을 한 달 동안 누구에게도 말하지 말라고 했다. 그는 그 말을 그대로 따랐다. "좋은 충고였습니다. 너무 억울했기 때문에 그때 입을 열었더라면 나한테 득이 될 것 없는 소리를 하고 말았겠지요."라고 나중에 신문 인터뷰에서 말했다.[43]

재취업 알선 업체에서는 비용으로 1인당 1만 달러 이상을 요구하는 경우가 많기 때문에 정리 해고를 하면서 그런 데까지 신경 쓰지 않는 기업도 많다. 그러면 구직자 스스로 자기 돈을 들여 찾아 나서야 한다. 나는 2005년에 화이트칼라 구직자를 위한 네트워킹 행사와 '신병 훈련소'를 열 군데 남짓 가 보았다. 그런 곳에서 구할 수 있는 핵심 조언은 바로 긍정적 사고였다. 당신에게 무슨 일이 일어났든 그것은 당신의 마음가짐이 초래한 결과다. 괴로움을 극복한 뒤 긍정적이면서 매력적인 태도로 바꾸면 꿈꾸는 직장을 당신에게로 끌어당길 수 있다는 것이다. 과학기술 계통에서 일하다 2000년대 초반에 해고 당한 사람들을 조사한 미국학 교수 캐리 레인(Carry Lane)도 같은 결론에 도달했다. 정리 해고자를 대상으로 한 이벤트들은 빨리 기운을 차려서 착실한(긍정적이고 부지런한) 구직자처럼 행동하라고 교묘하게 부

추긴다는 것이다.[44]

　정리 해고 희생자들을 골라 내친 뒤 로드히아의 사례처럼 다른 사람과의 의사소통을 막아서 고립시키고 나면, 충격을 받아 불안해하는 남은 직원들을 다독여야 할 순서다. 기업은 여기서 다시 동기 유발 산업에 의존한다. 경제 저널리스트인 질 안드레스키 프레이저(Jill Andresky Fraser)는 동기 유발 작업을 '몹시 험난하고 심지어 적대적이기까지 한 조건에서도 제대로 성장할 준비가 된, 고양되고 의욕에 넘치는 개종자들을 만들어 내는 내부 홍보'라고 불렀다. 예를 들어 보자. 다운사이징이 한창이던 1990년대 중반에 뉴욕상품거래소는 의무 활동을 직원들에게 부과했는데, 얼마나 다양한 방식으로 실내를 뛰어 돌아다닐 수 있는지 보이라는 것이었다. "그래서 직원들은 뛰어다녔습니다. 깨금발로 뛰기도 하고, 두 팔을 위로 뻗기도 하고, 한쪽 눈을 손으로 가리기도 했습니다. 그들은 뛰고, 뛰고, 또 뛰었습니다. …그러면 경영진은 이렇게 말하는 거죠. '당신 자신이 얼마나 창의적인지 보라. 실내를 뛰어다니는 일 한 가지에도 얼마나 많은 방법이 있는지 보라.'"[45]

　정리 해고 후 남은 사람들에게 동기를 부여하는 가장 대중적인 기법은 역시 '팀 빌딩(team building)'이다. 워낙 광범위하게 실행되었기 때문에 동기 유발 산업과 상당 부분 겹치는 팀 빌딩 산업이 출현할 정도였다. 정리 해고라는 기업의 결정 자체가 팀이라는 개념을 조롱하고 있는 가운데, 남은 사람들은 미시적 팀 수준에서 집단의 목표의식과 동료애를 찾으라고 내몰렸다. 계속되는 다운사이징으로 전체 조직이 한 팀으로서의 의미를 잃으면 잃을수록 경영진은 그 허구적인 단위에 헌신하라고 개인을 더 몰아붙였다. 어느 경영 컨설턴트 겸 조직 변화 전문가는 이렇게 썼다. "조직은 팀을 제거하거나 밀쳐 두지 말고 다운사이징 국면에서 팀이 제공할 수 있는 이점을 고려해야 한다. 팀 체계는 일종의 동지애를 불러일으키는데 이는 업무 수행 시 팀워크를 촉진하고, 대규모 조직보다 더 작고 안전한 어딘가에 연결되어 있다는 소속감을 준다. 사람에게는 작은 집단에 연결되고자 하는 내재적인 욕구가 있다. …팀은 일터에 이런 것을 제공해 준다."[46]

팀워크를 북돋우기 위해 팀 빌딩 업체들은 유대감을 높이는 여러 가지 '신나는' 체험을 제공한다. 실내 활동도 있고 야외 활동도 있는데 그중 간단한 활동에는 풍선, 눈가리개, 물통 등이 동원되고, 1주일에 걸친 황무지 탐사처럼 강도 높은 활동도 있다. 결국 이는 회사가 당신을 내칠 것이라고 위협하는 상황에서도 회사에 열렬한 헌신을 바치라고 촉구하는 것이다. 감원을 단행한 AT&T에서 일하는 한 직원은 PBS〈저녁 뉴스〉에서 이렇게 말했다. "우리 전화 센터 직원들은 야외 체험 행사에 갔습니다. 1주일 동안요. 그러면 모든 사람이 하나로 결속된다는 거죠. 내 평생 가장 황당한 일이었습니다. 이런 식이죠. 당신들은 한 가족입니다. 당신들은 이 세상에서 가장 헌신적인 사람들입니다. …그러니까 말입니다. 만약에 자녀가 AT&T 광고가 나올 때 똑바로 서서 충성의 맹세를 외우지 않는다면…."[47]

팀 빌딩은 동기 유발의 다른 형태다. 감원을 단행한 삭막한 기업에 지금도 근무하고 있는 사람이 대상이라는 점에서 약간 차이가 있으며, 여기서 말하는 동기 유발은 팀 내부에서 이루어진다는 전제가 있다. 동기 유발 및 팀 빌딩 서비스를 동시에 제공하는 한 업체의 웹사이트를 보면 이런 점이 분명하게 드러난다(그렇다고 아주 분명하지는 않은데, 의미를 파악할 수 없도록 쓰는 것이 합리성을 부정하는 요즘 기업 문화의 특징이기 때문이다). "이 팀 빌딩 워크숍에서는 팀 빌딩 기법과 동기 유발 기법을 모두 습득하게 됩니다. 이를 통해 당신의 팀은 결속력이 강해지고, 사기가 올라가고, 의욕이 높아질 것입니다. 불평은 덜하고 일은 더 많이 하는 팀, 훈련을 덜 해도 더 큰 성과를 내는 팀을 만드는 방법 및 집중력 있고 생산적으로 회의를 진행하는 법을 익혀 조직의 인정을 받으십시오."[48]

한편으로 노먼 빈센트 필 방식의 구식 긍정적 사고와의 연관성을 보여 주기 위해 코치들은 "훌륭한 팀원은 예외 없이 긍정적인 사람"이라고 강조한다. 늘 미소 띤 얼굴에 불평은 한 마디도 하지 않고, 지나친 비판을 경계하며, 상사가 어떤 요구를 해도 우아하게 따르는 그런 사람 말이다.

동기 유발 작업은 때로 역효과를 낳기도 한다. 정리 해고가 한창 진행되고 있을 때 그런 위험이 특히 높다. 1990년대 중반, 직원의 20퍼센트를 감원한 뉴욕상품거래소는 직원들에게 승자의 사고방식을 불어 넣겠다며 '위닝 웨이즈(Winning Ways)'라는 프로그램에 착수했다. 그러자 직원들은 프로그램명을 '와이닝 웨이즈(Whining Ways, whine은 칭얼거린다는 뜻-옮긴이)'로 바꿔 부르며 비웃었다.[49] 그런가 하면 '커스틴'이라는 사람은 어느 인터넷 서비스 공급 회사의 일을 하던 중에 그 회사 사장이 좋아하는 동기 유발 상품을 보고 번뜩이는 아이디어를 얻어 동기 유발 패러디 상품 사업을 시작했다. 그가 운영하는 사이트(despair.com)에서 파는 '의욕 상실' 포스터는 상류로 헤엄치는 연어를 덥석 잡아채는 곰을 그린 것으로 "수천 마일에 걸친 여행이 때로는 아주, 아주 안 좋게 끝난다."는 문구가 곁들여져 있다. 석양 무렵의 아름다운 해변 풍경을 보여 주는 포스터에는 "아름다운 포스터와 멋진 문구만으로 의욕이 샘솟는다면 당신은 몹시 쉬운 일을 하고 있는 것이다. 곧 로봇이 그 일을 하게 될 것이다."라고 적혀 있다.

하지만 이런 창의적인 냉소는 드물다. 대개 미국의 화이트칼라 노동자들은 아무 생각 없이 '쿨에이드(Kool-Aid, 음료수 상표명으로 문자 그대로의 뜻은 '냉정한 도움'이다-옮긴이)'를 받아 마시면서 긍정적 사고를 예전에 누렸던 부와 안전의 대체물로 수용하고 있다. 이들은 가두시위에 나서거나, 정치적 신념을 바꾸거나, 자동화기를 들고 직장에 나타나지 않는다. 정리 해고의 제물이 된 한 임원은 뿌듯한 자부심을 드러내면서 "나는 부정적인 감정을 극복했습니다. 그건 역기능을 일으킬 뿐이거든요."라고 내게 말했다. '치즈'가 항상 옮겨 다니는 이 세상에서 긍정적인 사고는 그런 사람들에게 통제력을 느끼게 해 준다. 그들은 자신의 미래에 관한 계획은 점점 덜 세우게 될 것이며, 대신에 자기 마음을 제어할 수만 있으면 무한한 힘을 얻게 된다는 세계관이, 종교에 가까운 신념 체계가 주어질 것이다.

5

하느님은 당신이
부자가 되길 원하신다

조엘 오스틴의 세계에서는 하느님마저 지지자의 역할을 할 뿐 필수적인 존재가 결코 아니다. 신비와 경외감은 사라지고 없다. 하느님의 존재는 집사장 내지 개인적 조력자로 격하되었다. 하느님은 나의 속도위반 딱지를 해결해 주고, 식당에서는 좋은 자리를 찾아 주고, 내가 책 계약을 딸 수 있도록 해 준다. 이런 사소한 과업을 위해 하느님한테 기원하는 것을 보면 필요 이상으로 공손한 게 아닌가 싶은 생각마저 들 정도다. 우리의 마음이 자석처럼 움직여 시각화한 모든 것을 끌어당긴다는 끌어당김의 법칙을 일단 받아들이면 인간이야말로 전능한 존재가 아닌가?

Bright-
-Sided

20세기 후반, 종교 면에서 나타난 가장 두드러진 현상은 '불과 유황의 종교'인 칼뱅주의의 부활, 곧 기독교 우파의 부상이었다. 기독교 우파의 대표주자인 텔레비전 전도사 제리 폴웰(Jerry Falwell)과 팻 로버트슨(Pat Robertson)이 동성애자나 여성운동가 같은 '죄인'들을 거세게 비난하면서 세계의 종말을 예언하는 가운데 좀 더 부드러운 접근법도 착실히 세력을 확대해 나갔다. 바로 기독교의 탈을 쓴 긍정적 사고다. 긍정적 사고가 신사상으로 알려져 있던 19세기에는 칼뱅주의와 긍정적 사고가 적대적으로 대치하고 있었으며, 21세기가 가까워질 무렵엔 실제로 싸움을 벌였다. 그것은 공개적 충돌이 아니라 시장 점유, 곧 TV 시청자와 독자, 신도들을 놓고 벌어진 소리 없는 전투였다. 설교단에서 퍼져 나간 긍정적 사고의 메시지는 그전까지 직장에서만 긍정적 사고를 접했던 화이트칼라 교외 지역 거주자들에게로 가닿았고, 그런 경험이 없었던 수백만 저임금 블루칼라층에게도 전해졌다.

모든 면에서 볼 때 요즘 가장 잘나가는 설교사들은 긍정적 사고를 전파하는 사람들이다. 이들은 더 이상 죄를 언급하지 않으며 기독교 우파의 단골 속죄양이었던 낙태나 동성애도 거의 지적하지 않는다. 지옥의 위협과 구원의 약속은 사라졌고, 십자가에 못 박힌 예수의 고통에 관한 이야기도 마찬가지다. 실제로 신복음주의 초대형 교회에서는 십자가를 찾아볼 수 없다. 2001년부터 2006년 사이에 주간 예배 참석자 수가 2000명 이상인 초대형 교회의 수는 배로 증가해 1210개에 달했고, 총신도 수는 약 440만 명에 이르렀다.[1]

초대형 교회의 (그리고 많은 작은 교회의) 새로운 긍정신학은 고난과 구원에 관한 참혹한 이야기나 가차 없는 심판을 접어 두고 현생에서의, 그것도 아주 빠른 시간 안에 가능한 부와 성공과 건강을 약속한다. 당신은 새 차와 새 집, 탐내던 목걸이를 가질 수 있다. 하느님은 당신이 번창하길 원하시기 때문이다. 2006년 『타임』 조사에서는 종파나 교회 규모를 막론하고 미국 기독교인들의 17퍼센트는 자신이 '번영신학(prosperity gospel)' 운동에 속해 있다고 생각하며, 61퍼센트가 '하느님은 사람들이 번창하길 바라신다'는 서술에 동의한 것으로 나타났다.[2] 그렇다면 어떻게 해야 당신의 삶에 번영이 현시되도록 할 수 있는가? 기도와 같은 고전적 방법이 아니라 긍정적 사고를 통해 가능하다. 초대형 교회의 메시지에 관한 언론 보도를 보자.

> 동기 유발 강연과 유사하게 설교는 대개 성공적인 삶을 위한 방법, 다시 말해 '예수는 긍정적 사고의 힘을 마중한다'는 내용이다. 들뜨고 고무된 신도들은 음악이나 비디오에 맞춰 한 몸처럼 움직인다. (이런 식으로 예배가 진행된 후에 청중이 가장 듣고 싶어 하지 않는 것은 '암울한' 설교인데) 초대형 교회의 예배에서 흔히 들을 수 있는 설교 내용은 좋

은 마음가짐을 유지하라, 부정적이거나 신랄한 태도를 버려라, 단호히 결심하라, 떨쳐 버리고 앞으로 나아가라 등이다.³

TV 설교사 조이스 마이어(Joyce Meyer)는 "우리가 살아갈 삶을 결정하는 것은 다른 것이 아니라 바로 우리의 태도라고 나는 믿는다."고 썼다. 경건함이나 신앙심이 아니라 '태도'라고 했다. 마이어는 "긍정적 태도를 유지하는 것이 특히 중요하다. 왜냐하면 하느님은 긍정적이시기 때문이다."라고 강조했다.

새로운 신학의 다른 주창자들과 마찬가지로 그에게는 긍정적일 이유가 충분하다. 마이어는 체중 감량에서 자부심까지 다양한 주제를 아우르는 설교를 통해 전용 제트기와 2만 3000달러짜리 골동품 대리석 변기를 소유한 억만장자가 되었다. 긍정신학 전파자들이 어찌나 돈을 많이 벌었던지(당연히 그중 대부분은 세금 공제 혜택을 받는다) 2007년에는 척 그래슬리(Chuck Grassley) 상원 의원이 조사에 착수했는데, 마이어뿐 아니라 TV 설교사 크레플로 달러(Creflo Dollar), 베니 힌(Benny Hinn), 케네스와 글로리아 코플랜드(Kenneth and Gloria Copeland)도 조사 대상자에 포함되었다. 여기에 거론된 목사들이 만약 부를 과시하는 부주의한 행동을 했다면, 세속의 동기 유발 강연자들과 마찬가지로 성공의 역할 모델로 자기를 제시할 필요가 있었기 때문일 것이다. '나를 따르라'는 것이 그들의 메시지다. 내게 돈을 보내고, 내 교회에 십일조를 내고, 내 책에 나와 있는 방법대로 하라. 그러면 당신도 나처럼 성공하게 될 것이다.

휴스턴의 레이크우드 교회 목사인 조엘 오스틴(Joel Osteen)은 긍정복음 전파자들 중에서는 부자 축에도 끼지 못한다. 전용기도 없고 집도 딱 한 채뿐이다. 하지만 그는 신복음의 '록 스타'란 별명을 갖고 있으며, 잡지 『교회 보고서(Church Report)』에서 '미국에서 가장 영향력 있는 기독교인'으로 꼽혔다.[4] 동기 유발을 업으로 삼아 재산을 모은 다른 많은 사람과 달리 오스틴에게는 근성과 결단력으로 장애물을 극복해야 했던 고통스런 이력 같은 것이 없다. 그는 아버지로부터 교회를 물려받았으며, 오럴로버츠 대학교를 중퇴한 뒤 별도의 신학 교육을 전혀 받지 않고 목사직을 떠맡았다. 하지만 일단 그가 설교단에 서자 교회는 무서운 속도로 성장을 이어나가 요즘엔 주간 예배 참석자 수가 4만 명, 주간 수입은 100만 달러에 달한다. 오스틴은 인세 수입만으로 충분한 듯 교회에서 급료를 따로 받지 않는다(그 교회에는 월급 받는 직원이 이미 300명이나 있다). 그의 첫 책 『긍정의 힘(Your Best Life Now)』은 약 400만 부가 나갔고, 그에 힘입어 두 번째 책 『잘되는 나(Become a Better You)』로는 이른바 선인세로 1300만 달러를 챙겼다.

  오스틴이 쓴 책들은 아주 읽기 쉽다. 지나치다 싶을 정도로 쉬워서 마시멜로에서 뒹구는 느낌이다. 주장도 없고 이렇다 할 전개도 없이 그저 일화만 이어서 나오는데, 일화의 주인공은 오스틴 자신과 가족, 성서의 인물들, 그리고 성을 빼고 이름으로만 표기된 많은 사람들이다. 1950년대 노먼 빈센트 필에게 제기되었던 비판은 오스틴의 걸작에도 그대로 통한다. "그 책은 1장을 중간으로 옮겨도 되고, 마지막 장을 1장으로 해도 아무 상관이 없다. 아니면 이 책에 있는 장을 저 책으로 옮겨도 괜찮다. 문단 또한 아무렇게나 섞어서 순서를 좋을 대로 배열해도 전혀 문제가 없다."⁵ 오스틴이 쓴 유명한 어느 일화에는 크래커와 치즈가 잔뜩 든 여행 가방을 끌고 유람선 여행에 나선 사람이 등장한다. 그 사람은 표 값에 식비가 포함되어 있다는 사실을 몰랐다. 우리가 교회에 기꺼이 십일조를 내면서 신앙심을 표현하기만 하면 모든 사람이 풍부함(부와 맛있는 뷔페 식사)을 누릴 수 있다는 뜻이다. 그런데 그가 제시한 일화 중에는 지루하기 짝이 없는 것도 많아 읽다 보면 절로 눈이 감길 지경이다. 예를 들면 이런 식이다. "내가 어렸을 때 우리 집에는 스쿠터라는 개가 있었다. 스쿠터는 몸집이 커다란 독일산 셰퍼드로 이웃에선 왕으로 군림했다. 강하고 빠른 스쿠터는 항상 여기저기서 다람쥐를 뒤쫓느라 정신없이 바빴다. 그 개에게 함부로 집적이면 안 된다는 것을 누구나 알고 있었다. 어느 날 아버지가 자전거를 타고 나갔는데…."⁶

하느님이 당신이 갖기를 바라시는 성공과 건강, 행복을 어떻게 하면 손에 넣을 수 있을까? 오스틴이 제시한 기법은 세속의 긍정적 사고 주창자들의 방법에서 직접 따온 것이다. 바로 시각화다. 다른 긍정신학 주창자들 역시 언명을 강조하며, 꿈이 현실로 나타나기 위해서는 신앙과 승리를 긍정적으로 고백하는 것이 필요하다고 한다. 긍정신학 전도사 1세대에 속하면서 오스틴의 역할 모델이 된 케네스 해긴(Kenneth Hagin)은 이렇게 말했다. "머릿속에서 생각나는 대로 말하지 말고, 당신의 영혼으로부터 나오는 하느님의 말씀을 말하는 것을 배워야 한다. 생명과 건강과 승리에 관한 하느님의 약속을 당신의 상황에다 공언하라. 그러면 당신이 말한 바로 그것을 소유하게 되어 하느님이 마련해 두신 부유한 삶을 누리게 될 것이다!"⁷ 나폴레온 힐, 노먼 빈센트 필과 마찬가지로 오스틴과 해긴에게도 성공이란 끌어당김의 법칙 같은 것을 기초로 정신을 재프로그래밍해 긍정적인 이미지를 만들어 냄으로써 얻어진다. 오스틴이 쓴 글은 힐을 연상시킨다. "당신은 계속 마음속에서 보고 있는 것을 만들게 된다. 우리는 마치 자석과도 같아서 늘 생각하는 것을 끌어당긴다." 이에 대한 증거로 오스틴은 자기 삶에서 거둔 작은 '승리'를 댄다. 속도위반 딱지를 떼이지 않았다거나 주차 공간을, 그것도 그냥 빈 곳이 아니라 주차장에서 가장 좋은 자리를 찾아낸 것 등이다. 그의 비법은 혼잡한 식당에서도 효력을 발휘한다. "그럴 때는 이렇게 말하면 된다. '하느님 아버지, 웨이터가 내게 호의를 갖게 해 주셔서 감사합니다. 이 사람이 곧 나를 자리에 안내하겠지요.'"[8]

그렇다고 오스틴의 우주에 긴장이 전혀 없는 것은 아니다. 소망이 쉽게 실현되는 그의 세상 안에도 '적'은 잠복하고 있는데, 바로 부정적인 생각이다. "그 적은 당신이 성공하지 못할 것이라고 한다. 반면 하느님은 그리스도를 통해 당신이 모든 것을 할 수 있다고 하신다. 적은 당신의 문제가 너무 심각해서 희망이 없다고 말한다. 하지만 하느님은 그 문제를 해결해 주겠노라 하신다."[9] 긍정적 사고를 설파하는 목사로 유명세를 떨치고 있는 로버트 슐러(Robert Schuller) 또한 똑같은 '적'을 지목하면서 독자들에게 "부정적 감정을 절대로 말로 내뱉지 마라."고 충고했다. 그런 감정에 언어라는 형태를 부여하면 적에게 꺾여 투항한다는 뜻이 되기 때문이다.[10] 이런 설교자들은 '적'을 사탄으로 의인화하거나 부정적 사고가 죄라고 비난하지 않는다. 사탄이니 죄니 하는 말은 입에 담지도 않는다. 하지만 그들의 밝은 전망 속에는 옛 칼뱅주의적 마니교가 그대로 깃들어 있다(마니교의 기본 교리는 선악 이원론이다-옮긴이). 이쪽 면에는 선함과 경건함과 빛이 있지만, 저쪽 면에는 어둠과 의심이 있다.

조엘 오스틴의 긍정신학

나는 2008년 여름에 오스틴의 레이크우드 교회를 찾아가 보았다. 그곳에서는 성소의 표지를 전혀 볼 수 없었다. 십자가도, 스테인드글라스 창문도, 예수의 그림도 없었다. 내가 묵은 호텔에서 6차선 도로를 건너면 바로 교회가 있었는데, 창고를 연상시키는 납작하고 폭이 넓은 교회 건물은 주위를 둘러싼 고층 사무실들 사이에서도 전혀 이질감이 없었다. 사실 그 건물은 오스틴이 1999년 사들여 1만 6000석 규모의 초대형 교회로 개조하기 전에는 휴스턴 로켓 농구팀의 홈구장이었다. 지하 주차장을 통해 교회로 들어가자 만화 주인공들로 꾸며진 활기찬 분위기의 탁아 센터가 있었다. 팝콘만 없었지 교외 멀티플렉스 영화관과 완벽하게 똑같았다. 예전에 농구장이었던 교회 본관에서도 종교적 흔적은 찾아볼 수 없었다. 제단 대신에 회전하는 지구본을 설치해 둔 무대가 있고, 무대 옆면은 증기나 흐르는 물 같은 것으로 생기를 더한 인공 바위로 꾸며져 있었다. 2층에 있는 서점으로 올라가기 전까지는 기독교의 상징물을 무엇 하나 볼 수 없었다. 반스앤드노블에서 특정 주제에 해당하는 책만 뽑아 배치한 것 같은 서점에는 조엘 오스틴의 책들이 눈에 잘 띄게 진열되어 향초나 성서 구절을 새겨 넣은 식기 세트와 나란히 놓여 있었다. 그나마 거기서는 십자가가 눈에 띄었다. 벽에 거는 커다란 십자가 외에도 도드라지지 않게 십자가를 새긴 꽃병, 열쇠고리, 잔, 넥타이, 양말이 있었다.

 일요일 예배가 시작되었다. 기립 박수를 받으며 무대에 오른 오스틴 부부(아내 빅토리아 오스틴 역시 목사다)는 40대의 매력적인 커플이었다. 하지만 조엘 오스틴은 내가 읽었던 표현과 달리 '성공 교의의 걸어 다니는 광고' 같지는 않았다.[11] 책에 실린 사진에서 봤을 때는 아내보다 5센티미터는 큰 것 같았지만 실제로 보니 오히려 작았고, 입고 있는 양복은 너무 헐렁했다. 또 곱슬머리에 젤을 잔뜩 발라 앞머리는 짧고 옆머리와 뒷머리는 긴 헤어스타일을 연출하고 있었다. 빅토리아 오스틴(Victoria Osteen)은 주름 장식 블라우스에 검은 조끼와 바지 차림이었는데 바지가 허리에 꽉 맞지 않아 흉하게 벌어졌다. 어떤 뜻에서는 두 사람이 완벽하게 어울리는 것 같았고, 적어도 대칭은 이루고 있었다. 조엘의 입은 역삼각형 모양으로 고정되어 트레이드마크인 미소를 만들었고, 반면에 빅토리아는 입은 웃고 있어도 짙은 눈썹 탓에 얼굴에 긴장이 감돌았다.

 목사 부부의 생산 가치는 인물 자체보다 더 정교했다. 멀리 아프리카에서 파생된 비트를 제거한 크리스천 록이 생음악으로 쾅쾅 울려 대는 중간 중간에 섬세하게 안무된 짧은 설교가 터져 나왔다. 조엘, 빅토리아, 그리고 한 선임 목사가 3분 내지 5분씩 설교를 하는 동안 무대 위와 옆면에 걸린 대형 비디오 스크린에 그들의 얼굴이 커다랗게 확대되어 비쳤다. 설교가 끝나면 이후 진행 사인을 보내는 듯 싶었고, 그들이 뒤로 물러설 때면 합창단과 리드 싱어가 무대 중앙으로 나섰다. 그러는 내내 천장의 조명은 색깔과 밝기가 바뀌었고 리듬에 맞춰 섬광등처럼 번쩍이기도 했다. 합창단의 노래는 격렬하게 몸을 흔들기에 알맞은 음악은 아니었지만 대부분의 신도가 자리에서 일어나 몸을 좌우로 흔들거나 팔을 위로 추어올렸다. 카메라가 신도석을 훑는 동안 자기 모습이 비디오 스크린에 비칠 것을 기대하는지도 몰랐다. 지역 침례교회 목사의 아내인 내 친구가 옆자리에서 "디즈니"라고 중얼거리는 소리가 들렸다. 그날의 예배는 녹화용이어서 교회 안에 있는 약 2만 명의 사람들은(이튿날인 월요일 아침 예배 때는 빈자리가 꽤 있었다) 사실상 스튜디오의 청중이었다. 진짜 쇼는 우리가 보는 장면을 편집해서 700만 시청자들에게 전해질 예정이었다.

모르고 있었지만 하필 내가 갔던 일요일은 오스틴 부부가 자기들 인생에서 가장 중요한 전환점 중 하나라고 단언한 날이었다. 바로 전 주에 법원은 빅토리아가 항공기 승무원을 공격해 부상을 입힌 혐의로 기소된 사건을 기각했다. 그 사건은 2005년 오스틴 부부가 스키 휴양지인 베일로 향하는 항공기의 1등석에 탑승했을 때 일어났다. 빅토리아는 좌석 팔걸이에 조그만 '얼룩' 아니면 '엎지른 자국'이 있다고 소란을 피웠다. 그녀는 즉시 얼룩을 지우라고 요구했지만 다른 승객들의 탑승을 돕느라 바빴던 승무원에게 거절당했다. 빅토리아는 계속 고집을 피웠으며 전해진 바로는 조종실로 가서 조종사들에게 불평을 늘어놓으려 했다고 한다. 그 때문에 빅토리아는 연방항공국에 3000달러의 벌금을 물게 되었다. 까다로운 승무원이 소송을 제기하지 않았더라면 사건은 거기서 마무리되었을 것이다. 승무원은 그 일로 치질이 생기는 등 상해를 입었으며, 유명한 복음주의자의 잘못된 행동 탓에 신앙을 잃었다며 빅토리아 오스틴의 순자산 10퍼센트를 배상금으로 청구했다.

내 친구의 남편, 그러니까 침례교 목사는 전날 토요일에 커피를 함께 마신 자리에서 오스틴 부부가 주일 예배에서 그 문제에 관해서는 일언반구도 하지 않을 것이라고 예언했다. 무엇하러 그들이 빅토리아의 행동을 다시 떠올리는 짓을 하겠는가? 그 항공기에 함께 있던 다른 승무원이 '전투적 디바'라고 증언했던 그런 행동을 말이다. 하지만 그의 예언은 빗나갔다. 오스틴 부부의 일요일 예배는 빅토리아의 법정 승리를 기리는 데 바쳐졌다. 예배가 시작되자 앞으로 걸어 나온 조엘은 까꿍 놀이를 하는 것처럼 손으로 몇 초간 자기 얼굴을 가렸다. 그가 손을 떼자 눈이 붉어져 있었고 유명한 미소도 잠시 자취를 감추었다. 화면에 커다랗게 확대된 모습에는 눈물 자국이 보이지 않았지만 그는 주머니에서 커다란 흰 손수건을 꺼내 눈을 힘껏 비비더니 "그건 단순히 우리의 승리가 아닙니다. 하느님 왕국의 승리입니다."라고 말했다. 그러므로 이후의 예배 전체는 '축하연'이 될 터였다. 예배가 진행되는 동안 그는 재판 문서에 성서 구절을 인용했다는 이야기를 하면서 황색 법률 용지를 우리에게 보여 주었다. 또 증언대에 선 날 입었던 양복에 관한 지루한 일화를 두서없이 늘어놓았다. 바로 그날 증언대에 설 줄은 몰랐는데 또 다른 한 벌을 찾을 수가 없어 입은 양복이 애초에 증인석에서 입으려고 생각해 두었던 양복이었다는 이야기였다. 그는 양복이 단 두 벌뿐인 것일까? 그러더니 "하느님은 우리한테 반대하는 사람들을 적대하십니다."라고 으름장을 놓았다.

이어 무대 중앙으로 나온 빅토리아는 예루살렘 거리에서 승리의 춤을 춘 다윗만큼이나 의기양양했고 기쁨에 겨워 폴짝폴짝 뛰기도 했다. 그녀는 그 '상황'이(빅토리아는 문제의 사건을 상황이라고 표현했다) 힘겹고 굴욕적이었으나 "나는 승리의 깃발을 머리 위에 두르게 되었습니다."라고 말했다. 스카프를 두고 그렇게 말한 건 아니고 비유일 거라고 나는 짐작했다. 이상하게도 빅토리아는 그런 일을 겪고 아무것도 배운 게 없는 모양이었다. 역경을 통해 겸손함을 갖추지도 않았고, 옆에 서 있는 남편에게 감사를 표하는 통상적인 몸짓도 없었다. 이는 같은 긍정신학 전도사이자 오렌지카운티의 초대형 교회 목사인 로버트 슐러의 기준에서 볼 때도 좀 너무한 편이었다. 그도 1977년에 1등석 승무원과 유사한 언쟁을 벌였는데(시중꾼을 두는 데 익숙한 사람이 전용기가 아니라 일반 항공기를 탈 때는 그럴 위험이 있다) 슐러는 법정에서 사과하는 것으로 사건을 마무리했다. 하지만 빅토리아에게서 들을 수 있었던 것은 "상황 탓에 진창에 빠질 수는 없습니다."와 "상처를 핥지 마세요."라는 말뿐이어서 조엘이 입에 달고 있는 '희생자가 아니라 승리자'라는 권고를 연상시켰다. 정말로 그랬나 보다. 사건이 있고 얼마 뒤 하느님은 그녀가 책을 쓰기를 원하신다는 뜻을 드러내셨다. 그래서 그 책이 10월에 출간될 것이며 몇 달 뒤에는 어린이 책도 한 권 나온다고 했다.

나는 백만장자가 여성 노동자에게(그 승무원은 흑인 여성이었다) 법정에서 승리를 거둔 것을 축하하는 일에 다른 사람들이 어떤 반응을 보이는지 궁금해 조심스럽게 살펴보았다. 거기 모인 사람들은 3분의 2가 흑인과 라틴계로, 값비싼 책 계약이나 1등석 탑승과는 인연이 없어 보였지만 빅토리아에게 열렬한 박수를 보냈다. 많은 사람이 손바닥을 위로 향한 채 팔을 들어 그녀에게 승리를 가져다준 신을 찬미했다. 어쩌면 그들은 사건의 전말을 잘 알지 못했을지도 모른다. 단순히 빅토리아가 거둔 승리의 한 조각을 자기 것으로 하고 싶었던 것인지도 모른다. 그들 또한 빅토리아와 마찬가지로 승리를 거둘 것이며 하느님이 그것을 약속했다는 게 노동계급이 대다수인 청중에 전해진 메시지였기 때문이다. 그런데 그 약속이 이행되는 데는 약간 시간이 걸릴 수도 있다. 조엘은 하느님이 잘 잊어버리기 때문에 그 약속을 '상기시켜 드려야' 한다고 했다. 그래서 그런지 그 교회에서 부르는 노래 중에는 〈당신이 한 약속을 기억하세요〉라는 게 있었다. 돌봐 주지 않는 하느님을 표현하는 것인 듯 '당신의 백성들을 기억하세요, 당신의 아이들을 기억하세요' 라는 가사가 이어졌다. 결국 이런 얘기다. 당신이 원하는 것에 집중하라. 그렇게 끈덕지게 졸라 대면 결국엔 하느님이 당신에게 주실 것이다.

그런데 레이크우드 교회에는 고대 기독교의 흔적이 남아 있었다. 종교 일반의 흔적이라고 하는 게 맞을지도 모르겠다. 고대 그리스 신화와 제례 속에서 지금도 찾아볼 수 있는 지하 세계 신들의 메아리가 거기 아련히 떠돌고 있었다. 그 교회에서 하느님은 다양한 모습을 띠고 있어서 '예수 그리스도 속의 하느님'이라는 표현이 자주 나왔고, 빅토리아는 성유 바르는 일을 여러 차례 언급하며 법정 전체에 그렇게 하고 싶었다는 말도 했다. 조엘은 재판에서 전환점이 된 날짜가 '08년 8월 8일'이라는 사실을 몹시 강조하며 성서에서 수비학(數秘學)적으로 중요한 숫자라고 주장했다. 나는 토요일 저녁에도 그 교회의 소규모 모임에 참석했는데(좌석이 108개 있는 방에 사람이 12명으로 정말 소규모였다) 연사는 유대식 식사 규칙을 지지하며 그 내용을 설명했다. 꼭 유대식은 아니었는지 모르지만 어쨌거나 돼지고기와 갑각류를 피하라는 얘기였다. 대다수 기독교인이 그런 규제는 이미 2000년 전에 베드로와 바울에 의해 없어진 것으로 믿고 있는데도 말이다. 자, 여기 어디에 기독교 신앙이 있는가? 겸손하게 행동하고 타인에게 희생적 사랑을 베풀라는 요구가 어디에 있는가? 법에 의지해 외투를 빼앗아 가려는 사람이 있다면 그에게 옷장도 내주라고 말한 예수는 어디에 있는 것인가?

오스틴의 세계에서는 하느님마저 지지자의 역할을 할 뿐 필수적인 존재가 결코 아니다. 신비와 경외감은 사라지고 없다. 하느님의 존재는 집사장 내지 개인적 조력자로 격하되었다. 하느님은 나의 속도위반 딱지를 해결해 주고, 식당에서는 좋은 자리를 찾아 주고, 내가 책 계약을 딸 수 있도록 해 준다. 이런 사소한 과업을 위해 하느님한테 기원하는 것을 보면 필요 이상으로 공손한 게 아닌가 싶은 생각마저 들 정도다. 우리의 마음이 자석처럼 움직여 시각화한 모든 것을 끌어당긴다는 끌어당김의 법칙을 일단 받아들이면 인간이야말로 전능한 존재가 아닌가?

이런 것이 기독교의 전통에서 벗어났다는 사실은 이미 기독교인들 사이에서 충격과 비난을 불러일으키고 있다. 휴스턴에 사는 나의 침례교도 친구들은 자기 잇속만 차리는 오스틴의 신학에 경악해서 고개만 설레설레 흔들 뿐이었다. 많은 기독교 관련 웹사이트에는 오스틴을 비롯한 긍정신학 전파자들을 이단자나 가짜 기독교인으로 비난하는 글이 올라와 있다. '사탄과 한패'라는 표현까지 있다. 이런 비판은 때로 매우 전문적인 신학의 기반에서 이루어지기도 하지만(조이스 마이어는 우리가 지옥에 가는 것을 막기 위해 예수가 지옥에서 지냈다는 특이한 견해를 내놓기도 했다) 대개는 누구의 눈에도 이유가 명백해 보이는 것들이다. 그들은 재물을 하느님의 상위에 놓는다, 그들은 죄의 실체를 무시한다, 그들은 하느님을 인간의 종으로 격하시킨다, 영적으로 요구되는 종교적 전통을 하찮게 여긴다 등등. 2007년 오스틴을 취재한 방송 〈60분〉에서 신학 교수인 마이클 호턴(Michael Horton) 목사는 고대로부터 내려온 기독교의 강력한 주제인 죄, 고통, 구원을 빼 버린 오스틴의 세계관을 '솜사탕 복음'이라고 일축했다. 또 긍정신학의 핵심, 곧 하느님은 당신이 원하는 것을 주려고 만반의 준비를 하고 있다는 개념도 이단이라고 지적하면서 "그것은 종교를 신에 관한 것이 아니라 우리에 관한 것으로 만든다."라고 말했다.

신사상의 흔적

긍정주의 설교가 기독교 전통의 장식을 가미하고는 있지만, 그 혈통은 19세기 신사상과 더 직접적으로 연결되어 있다. 신사상에서 파생된 현존 종파가 크리스천 사이언스와 그보다 규모가 작은 유니티 교회(Unity Church)다. 유니티는 1891년 발흥한 종파로 크리스천 사이언스와 마찬가지로 피니어스 파커스트 큄비의 가르침을 근간으로 하고 있다. 『불평 없이 살아보기(A Complaint free World)』를 썼으며 앞서 말한 자주색 불평 금지 팔찌를 만든 윌 보웬이 유니티파의 목사고, 『번영의 네 기둥(The Four Pillars of Prosperity)』에서 아슬아슬하다 싶을 만큼 신을 상대로 위세를 부린 에드윈 게인즈(Edwene Gaines)도 유니티파 목사다. 게인즈는 비행기 표를 사는 데 필요한 200달러를 손에 넣지 못한 일을 두고 이렇게 썼다. "나는 자리에 앉아서 하느님을 호되게 꾸짖었다. '자, 보시죠 하느님! …멕시코시티로 가는 이번 여행을 성사시키기 위해 저로서는 필요한 모든 일을 다 했습니다. 이 거래에서 제가 할 바는 다했다는 말입니다. 이제 나는 곧바로 여행사로 갈 생각입니다. 내가 도착했을 때는 필요한 돈이 거기 있는 게 좋을 겁니다!'"[12]

현대 긍정신학으로 흘러 들어간 다른 지류들도 근원을 거슬러 올라가면 결국엔 19세기의 시계 제조공 피니어스 큄비에게 가닿는다. 앞에서 본 것처럼 노먼 빈센트 필이 신사상을 기반으로 하고 있으며, 그를 계승해 요즘 활약하고 있는 로버트 슐러도 그렇다. 필은 1958년 슐러가 크리스탈 교회의 신도를 모을 때 직접 도움을 주었다. 필과 마찬가지로 슐러도 시각화, 확언, 재현에 근거를 둔 일종의 정신 재프로그래밍을 설교한다. 독창적인 점은 긍정적 사고를 '실현 가능한 사고'로 바꿔 부른 것밖에 없다. 1960년대와 1970년대에는 다양한 종파의 목사가 필을 거치지 않고 신사상으로 향하는 길을 스스로 발견해 냈다. '말씀 신앙' 운동, 혹은 번영신학의 시조로 불리는 케네스 해긴은 19세기 말의 복음주의자 케니언(E. W. Kenyon)의 저작에서 아이디어를 빌려 왔는데, 케니언의 밑바탕이 된 것은 매코널(D. R. McConnell)의 세속적 신사상이었다.[13] 해긴의 사도에는 조엘 오스틴의 아버지인 존 오스틴(John Osteen), 최초의 흑인 TV 설교사 프레드 프라이스(Fred Price)도 있었다. 프라이스는 친구에게서 해긴의 저작을 소개받은 뒤 이렇게 썼다. "그날 밤 집에 와서 해긴이 쓴 책을 하나도 빠뜨리지 않고 모두 읽었다. 그리고 나는 영원히 변했다. 마치 눈에서 비늘이 떨어져 나간 것 같았다."[14] 말씀 신앙은 민권운동의 성과물이 계층 상향 이동의 촉매가 되기를 열망했던 흑인들 사이에서 강한 반향을 일으켰다. 할렘을 근거로 활동한 프레더릭 아이커렌코터(Frederick Eikerenkoetter)도 유명한 번영 설교사인데 '아이크 목사'로 불린 그는 1960년대 중반에 신사상 문헌을 읽고 이른바 '마음의 과학'이라는 것을 발견하기 전까지는 전통적인 원리주의자였다.[15] 그는 거대한 올백 머리를 과시하면서 가난은 잘못된 마음가짐에서 유래한다고 설교했고, 밍크로 장식한 여러 대의 캐딜락을 굴리며 자신의 방식이 옳다는 것을 입증했다.

요즘의 말씀 신앙 설교자들은 뻔뻔스러울 정도로 권리를 강조한다. 종교학자 밀먼 해리슨(Milmon Harrison)은 크레플로 달러의 비디오 시리즈 '당신의 상속분을 움켜쥐어라(Laying Hold of Your Inheritance)'에 관해 이렇게 썼다.

"요 키에로 로 미오('내 것을 원한다'는 뜻의 스페인어—옮긴이)!" 젊은 히스패닉 여성이 당당하게 요구한다. 텔레비전 화면에 나타난 그녀는 일요일 아침에 교회에 가기 전 흐리멍덩한 눈으로 채널을 이리저리 돌리고 있는 나를 똑바로 쳐다본다.

"나는 내 몫을 원한다고요. 지금 바로!" 전문직 종사자처럼 차려 입은 흑인 남성이 요구한다. 그는 자기 말을 강조하기 위해 권투 선수처럼 발끝으로 펄쩍펄쩍 뛴다. 다른 흑인 여성이 강한 몸짓으로 그 말을 수화로 옮긴다. 그 사람들이 어찌나 '자기 것'에 대한 주장을 권위 있고 급박하게 전달하는지 나까지도 그 순간 집단적 흥분에 휩싸인다. 내가 할 수 있는 것이라곤 그들이 한 목소리로 "나도 내 것을 지금 당장 원한다!"고 외칠 때 함께 소리치지 않는 것이 고작이다.[16]

메리 베이커 에디였다면 그런 식으로 조잡하게 표현하지 않았을 것이다. 모든 것을 주는 신, 혹은 순서만 기다리고 있으면 모든 것을 주는 우주라는 관념을 한 세기 전에 뚜렷이 표명한 장본인은 사실 에디였다.

크리스천 사이언스, 유니티 교회와 더불어 긍정적 사고가 미국 기독교 속으로 비집고 들어온 것은 100년도 더 된 일이다. 그런데 20세기 말에 이르러 왜 갑작스레 뚜렷한 세력으로 부상하게 된 것일까? 한 가지 가능한 설명은 전염 현상이다. 교회는 세속의 흐름에 영향을 받게 되는데 1990년대에는 경제서, 자기계발서, 심지어 체중 감량 프로그램에도 긍정적 사고가 반영되어 그 영향권에서 벗어날 수 없었다. 조엘 오스틴만 해도 긍정적 사고라는 교의를 아버지에게 물려받았을 수도 있고, 휴스턴의 사업가와 대화하던 중에 문득 깨달 았을 수도 있고, 아니면 공항 서점에서 경제서를 한 권 뽑아 들었다가 힌트를 얻었을 수도 있다. 그러나 대다수 관찰자들은 기독교 내에 저 옛날 신사상으로 점점 다가서는 추세가 존재하고 있다는 데 동의한다. 그 추세가 바로 '교회 성장 운동'이다. 1980년대에 시작되어 이후 20년 동안 가속화된 움직임 속에서 교회는 성장 그 자체를 위해 전통적 교의를 희생시키는 모습을 보여 왔으며, 긍정적 사고가 성장의 핵심 촉매제가 된다는 사실이 입증되었다. 현재 미국의 4대 교회 가운데 세 곳이 번영신학을 주창하고 있다.[17] 남은 한 곳인 릭 워런(Rick Warren) 목사의 새들백 교회는 어리석은 번영신학을 적대시하지만 전체적으로 보면 의도와 기회를 강조하고 죄와 구원의 문제는 경시한다는 점에서 분명히 긍정신학 진영에 속한다.

기업을 닮아 가는 초대형 교회

규모가 신앙의 성공을 나타내는 유일한 기준은 아니지만 중요한 기준이긴 하다. 주류 종파의 목사들은 몇 년째 똑같은 교회 건물에서 똑같은 반주를 사용해 똑같은 복음을 전파했고, 신도 수가 감소한다는 점에는 그리 신경을 쓰지 않았다. 주류 교회의 신도 감소는 자칭 '교회 경영자(pastorpreneurs)'라는 새로운 세대가 나타나 '전략적 사고'와 '공격적인 사업 목표'를 내세우고 새로운 접근법을 시도하는 자극제가 되었다.[18] 그들은 미국 교외 지역을 바라보면서 자신들이 이교도와 마주 선 선교사 같다고 느꼈다. 그곳에는 신앙을 갖고 있다고 하면서도 교회에 나가지 않는 수백만 명의 사람들이 있었다. 1950년대 중반에 시작된 교회 성장 운동의 흐름 속에서 인도 같은 곳으로 가 진짜 선교 활동을 벌인 열성적인 목사들은 "어떻게 하면 우리 종교를 저 사람들에게 더 친근한 것으로 만들 수 있을까?"란 질문을 던졌다. 미국적인 환경에 맞게 바꾸어 보면 이런 질문이 될 것이다. '우리 교회 주차장을 가득 채우려면 어떻게 하면 될까?' 성장 그 자체를 위한 성장을 비판하는 사람도 꽤 많다. 예를 들어 '짜증스러운 교회 마케팅(Church Marketing Sucks)' 웹사이트에는 '교회 성장은 지옥으로 가는 고속도로인가?'라는 글이 있다. 이에 대해 애틀랜타 주의 어느 침례교회는 팸플릿에서 다음과 같이 답했다. "교회가 커지는 것은 영성이 충만하기 때문이다. …열심히 일하면 언젠가는 성공을 거둘 것이라는 희망이 없다면 아무도 사업을 시작하지 않을 것이다. 이것이 아메리칸 드림 아닌가?"[19]

기업식 접근법에서는 교회를 열면 신문의 예배 광고를 보고 사람들이 올 것이라고 기대하지 않는다. 우선 해야 할 일은 사람들이 교회에 바라는 것이 무엇인지를 찾아내는 것이다. 로버트 슐러, 릭 워런, 빌 하이벨스(Bill Hybels) 목사는 잠재적 신도들을 대상으로 여론조사를 실시해 초대형 교회의 기반을 다졌다. 조사 결과 그들이 발견한 것은 사람들이 '교회'를 원하지 않는다는 것, 적어도 어린 시절 경험한 것과 같은 그런 교회는 원하지 않는다는 사실이었다. 만약 이것이 기업의 시장조사였다면 그 기업은 두 손을 들고 생산라인을 폐기한다는 결정을 내렸겠지만 기업가형 목사들은 달랐다. 그들은 기존 제품을 변경하면 된다는 결론을 내렸다. 딱딱한 신도석을 편안한 극장식 좌석으로 바꾸고, 설교에는 배경음악을 깔고, 오르간 대신 기타를 쓰면 되는 것이다. 또 교회에 다니지 않는 사람들, 흔히 말하는 '구하는 자들(seekers)'의 취향에 맞춰 초대형 교회들은 십자가, 첨탑, 예수의 모습 등 전통적인 모든 상(像)과 상징을 치워 버렸다. 종교역사학자인 랜들 발머(Randall Balmer)에 따르면 특히 십자가는 흡혈귀에게 미치는 것과 같은 영향을 '구하는 자들'에게 줄 수 있다. 즉 방문자들을 위협하고 겁을 줄 수도 있다.[20]

대중의 신(神) 공포증을 더한층 누그러뜨리기 위해 초대형 교회는 주변의 현대식 건물들에 꼭 어울리도록 설계된다. 예전의 고딕 성당들은 세속에 초월적 비전을 현시하도록 설계되었고 장식에 관한 풍부한 상상력을 한껏 발휘했다. 종교개혁은 성당 건물에서 가고일(gargoyle)과 고통받는 성인들의 모습을 떼어 냈지만 건물 설계 면에서 세속과 분명한 선을 긋는 전통은 그대로 남아 있었다. 그러나 초대형 교회들은 다르다. 그들은 교외 지역의 은행이나 학교 같은 모습을 선호한다. 2005년에 초대형 교회들을 조사한 건축가 비톨드 리브친스키(Witold Rybczynski)는 그런 교회들이 설계 면에서 확고히 세속적이라는 결론에 도달했다. 그가 시카고 외곽에 있는 윌로크리크 커뮤니티 교회에 관해 쓴 부분을 보자. "그 건물은 예배 장소처럼 보이지 않았다. 그렇다면 무엇처럼 보였을까? 공연예술 센터, 지역 대학, 기업 본사? 영감을 주는 면은 없었다. 종파에 관계없이 대다수 목사들이 선호하는 스리피스 정장을 건물로 만든다면 그런 모습이 될 것이다."[21]

그것은 명백히 의도된 결과다. 언론인 프랜시스 피츠제럴드(Frances Fitzgerald)가 썼듯이, 교회와 세속 간의 문턱을 낮추기 위한 것이며 '구하는 자들'이 은행이나 사무 건물과는 사뭇 다른 영적 차원에 비틀거려 넘어지지 않도록 배려하는 조치였다. 기독교 예술가 브루스 버자르(Bruce Bezaire)는 바로 그것이 기업형 교회의 문제라고 지적했다. "미(美)가 신에게서 등을 돌림으로써 미에 대한 문화적 감각이 퇴보했다고 생각할 수 있는 만큼, 미로부터 등을 돌린 교회가 과연 신을 어떻게 이해하는지 걱정스럽다. 회반죽을 바르지 않은 네모난 회색 건물에 들어서는 것이 숭배와 환희, 고양, 예배의 경험에 어떤 보탬이 된다는 것일까?"[22] 그러나 기업형 교회의 위장 전술은 제대로 먹히는 것 같다. 레이크우드 교회의 신도인 비상근 교사는 어렸을 때 가톨릭 학교에 다녔기 때문에 그와 관련된 건 뭐든지 싫다면서 레이크우드의 황량한 모습이 아주 편하다고 했다. 그녀는 "교회는 건물이 아니라 마음속에 있는 것"이라고 말했다.

교회가 들어설 예정지에서 조사를 실시한 목사들은 사람들이 바라는 것은 오락(예컨대 록 음악이나 그와 비슷한 음악)임을 알게 되었다. 또 이혼, 약물중독, 10대 자녀의 문제 등에 관한 지원 및 어린이집 같은 서비스를 원한다는 것도 알게 되었다. 제3세계 선교 교회들은 이미 오래 전부터 신도를 모으기 위해 그 지역의 음악과 문화를 약간 가미하고, 교회와 연계된 교육 및 의료 서비스를 제공해 왔다. 마찬가지로 요즘의 초대형 교회들은 소비자의 욕구에 발맞추기 위해 취학 전 교육과 방과 후 교육, 스포츠, 10대 활동, 갱생 프로그램, 취업 지원, 건강 박람회, 매 맞는 여성 및 이혼한 사람들을 위한 지원 그룹 등을 제공하는 종합 서비스 센터로 변모했고, 에어로빅이나 근력 키우기 강좌까지 연다. 미국 교회들은(초대형 교회 또는 초대형이 아니더라도 많은 교회가) 복지 혜택이 충분한 국가에서라면 세속적인 사회복지 당국이 해야 할 사업을 대신하고 있다.

그런데 초대형 교회의 목사들은 어떤 선교사도 생각해 본 적이 없는 영역으로까지 발을 내딛고 있다. 일반적으로 선교사들이 생활

양식의 변화를 감수하고 사회복지 서비스를 수행하면서 지역민 속에 자리를 잡으려는 목적은 단 한 가지, 죄와 구원에 관한 기독교 신앙의 핵심, 곧 '말씀'을 전하기 위해서다. 신도를 늘리는 데 아무리 관심이 많다고 해도 환생이나 다신론까지 유연하게 받아들이지는 않을 것이다. 그러나 기업가형 목사들은 다르다. 이들은 전통적 교의가 과도하게 도발적이거나 방해가 된다고 판단되면 서슴없이 내던진다. 교회의 시장조사 결과, 사람들은 죄에 관한 장광설을 듣고 어떤 식으로든 죄책감을 느끼는 것을 몹시 싫어한다는 사실이 드러났다. 일주일에 고작 하루 직장이나 빨래 같은 잡일에서 벗어날 수 있는데 그런 귀중한 날의 한 시간을 지옥의 업화가 닥쳐오고 있다는 경고를 받는 데 써야 할 이유가 있을까? 초대형 교회와 그런 위치를 꿈꾸는 교회들에게는 요구가 많은 기독교의 핵심 교의를 대체할 무언가가 필요했고, 그것이 바로 긍정적 사고였다. 긍정적 사고가 성서에 근거한 진실이거나 성서에 의해 지지되고 있기 때문이 아니라 '고객'을 (일부 초대형 교회 목사들은 신도를 '고객'이라고 부른다) 만족시키기 때문이다. 초대형 교회의 한 신도는 『크리스천 사이언스 모니터(Christian Science Monitor)』와의 인터뷰에서 "정말 좋아요. 우린 주일 예배에 빠지지 않는답니다. 메시지가 항상 긍정적이고 음악이 굉장히 멋지거든요."라고 말했다.[23] 대다수 긍정신학 설교자들은 자신의 메시지와 기독교 전통 교의 사이에서 아무런 긴장도 느끼지 않는다. 하느님은 선한 분이시니 우리가 최선의 것을 누리길 원하시는 게 당연하다는 것이다. 조이스 마이어는 같은 뜻으로 "나는 하느님이 우리에게 좋은 것을 주길 원하신다고 믿는다."고 말했다.[24]

긍정적인 메시지는 '구식 종교'에 비해 대중에게 더 잘 먹혔을 뿐 아니라 목사들 자신의 개인 욕구에도 더 잘 맞았다. 목사들은 세속적이고 물질적인 세상에 대한 비판자가 아니라 그 속에서 뛰는 선수로 자신을 바라보게 되었다. 기업가, 더 정확히는 CEO로 말이다. 이는 되는 대로 갖다 붙인 비유가 아니다. 옛 방식의 교회들은(이젠 이런 교회들을 '소형 교회'라고 불러야 할지도 모르겠다) 예산이 기껏 몇 십만 달러에 불과했으나 초대형 교회들의 연간 수입 및 지출액은 수백만 달러다. 또 교회에서 일하는 사람의 수가 수백 명에 달하기 때문에 고용 규모로 봐서 일반 기업의 CEO와 동격이라 해도 무방하다. 규모만 따져도 교회 경영에 기업식 접근법이 필요하다고 할 수 있겠는데 실제로 대다수 초대형 교회 목사들은 기업을 직접적인 조직 모델로 삼고 있다. 『이코노미스트』는 빌 하이벨스의 윌로크리크 커뮤니티 교회에 관해 이렇게 보도했다.

단순히 외형상으로만 기업의 모습을 취하고 있는 게 아니다. 윌로크리크에는 강령(믿음 없는 사람들을 충실히 예수 그리스도에 헌신하는 신도로 만드는 것)이 있고, 경영 전담팀과 7단계 전략 및 열 가지 핵심 가치도 있다. 이 교회는 MBA 학위 소지자 두 명을 고용하고 있으며(한 사람은 하버드, 한 사람은 스탠포드 출신이다), 컨설팅 부문도 운영하고 있다. 심지어 사업적인 면에서도 최고 영예를 얻었다. 하버드 경영대학원의 사례연구 대상에 선정된 것이다.[25]

초대형 교회의 목사들은 기업 CEO들과 교류하기도 하고, 주위에서는 그들이 현실세계를 이끄는 그 빈틈없는 사람들의 동반자라고 치켜세운다. 새들백 교회의 릭 워런은 몇 년 동안 다보스에서 '이 세상의 주인들'과 어울렸는데, 『뉴요커』의 기사에서 맬컴 글래드웰(Malcolm Gladwell)은 워런이 이렇게 말했다고 전했다.

"지난 일요일 밤에 잭 웰치와 저녁을 함께 했습니다. …그가 교회로 와서 저녁 식사를 같이 했지요. 나는 그의 영적 여정에서 일종의 스승과 같은 존재였어요. 그는 내게 '릭, 당신은 내가 평생 만나본 사람 중에 가장 위대한 사상가예요. 내가 아는 사람 가운데 당신처럼 세계 차원에서 생각하는 인물은 루퍼트 머독뿐입니다.'라고 말했습니다. 그래서 나는 이렇게 대답해 주었지요. '그것 참 흥미로운 일이군요. 나는 루퍼트의 목사랍니다. 루퍼트가 내 책을 출판했지요!'" 그러더니 워런은 머리를 뒤로 젖히며 특유의 호탕한 웃음을 토해 냈다.[26]

초대형 교회의 목사들이 툭하면 예수의 이름을 부르며 간구하는 것으로 미루어 예수의 인도를 구하는 것은 분명하지만, 한편으로 그들은 세속의 경영 컨설턴트와 전문가들에게서도 지침을 구한다. 존 잭슨(John Jackson) 목사는 『교회를 경영하라(PastorPreneur)』라는 책에서 긍정적 사고계의 권위자 스티븐 코비를 인용했다. 빌 하이벨스는 경영 전문가인 피터 드러커(Peter Drucker) 찬미자로, 1995년에는 자기 사무실 바로 밖에 드러커가 기업계에 자문해 보라고 촉구했던, 다음과 같은 질문을 적은 포스터를 걸어 두었다. '우리의 사업 영역은 무엇인가? 우리의 고객은 누구인가? 고객이 가치 있다고 생각하는 것은 무엇인가?' 또 목사들이 의지할 수 있는 기독교 성향의 '교회 성장' 컨설턴트들도 많이 있다. 실제로 주차장 문제부터 이벤트 관리까지 온갖 주제에 관해 목사들에게 자문을 주는 일이 소규모 사업으로 부상하고 있으며, 새들백이나 윌로크리크 같은 초대형 교회는 교회 성장 컨설팅을 부수적 사업으로 진행하면서 훈련 세미나, 웹사이트, 소규모 교회 목사들을 위한 컨퍼런스를 제공하고 있다. 하지만 초대형 교회에서 세속적 영감이(신성과 세속의 구분이 그런 교회들에 존재하고 있다면 말이지만) 큰 역할을 하고 있다는 사실은 아무도 부정하지 못할 것이다. 로버트 슐러는 예배에 유명 인사를 즐겨 초청하는데, 이름난 동기 유발 강연자들과 암웨이 CEO도 포함되어 있다. "기업들은 우리가 미래를 내다보고 꿈을 꿀 수 있도록 가르쳐 준다."고 어느 야심만만한 목사가 『뉴욕 타임스』에 말한 그대로다.[27]

많은 목사가 CEO 역할을 맡고, CEO들과 사귀고, 경영 지식에 빠져들면서 그들은 점점 더 자신을 CEO처럼 여기게 되었다. 기업 경영자들은 상품을 팔고 시장 점유율을 높이기 위해 긍정적으로 생각할 필요가 있다. 기업가형 목사들도 마찬가지다. 특정 종파에 속하지 않는 기업가형 목사들이 늘고 있는데, 이는 재정 원조 등 중앙집권적인 조직의 도움을 기대할 수 없음을 뜻한다. 잘 알지 못하는 지역, 교회에 다니지 않는 회의적인 사람들에 직면한 그들은 온전히 자신의 카리스마와 수완에 기댈 수밖에 없고, 그런 카리스마와 수완은 긍정적 사고에 의지하게 된다. 한 예로 오스틴은 컴팩 센터 매수가 신의 도움뿐만 아니라 그런 대담한 조치를 시각화한 자신의 능력 덕분이었다고 밝혔다. "나는 휴스턴의 심장부에 있는 컴팩 센터에서 우리 신도들이 하느님께 예배 드리는 모습을 '보기' 시작했다." 그는 크게 성공하는 데 관심이 있는 사람이라면 자기와 똑같이 해 보라고 충고했다. "저 낡은 술 부대를 없애 버리자. 좀스러운 생각을 버리고 하느님이 생각하는 방식으로 생각하기 시작하라. 큰 것을 생각하라. 늘어나는 것을 생각하라. 풍부함을 생각하라. 충분한 것 이상을 생각하라."[28]

최근 몇 십 년 사이에 외형과 경영, 성장 기법에서 기업화된 기관은 교회만이 아니다. 대학도 마찬가지여서 MBA 학위 소지자를 관리자로 채용하고, 건물을 고딕 양식에서 단조로운 현대식 디자인으로 바꾸고, 공격적인 마케팅 기법을 적용하고, 앞에서 본 것처럼 동기 유발 강연자를 초청한다. 나는 몇 년 전에 여성의 경제적 기회를 신장시키기 위해 활동하는 비영리 기관 모임에 갔다가 팀 빌딩 코치의 '도움'을 받는 것을 보고 깜짝 놀란 적이 있다. 그 코치는 우리를 소그룹 단위로 쪼갠 다음 각자의 꿈과 가장 당황스러웠던 경험을 공유하자고 했다. 심지어는 역사적으로 기업과 적대 관계에 있는 노동조합도 요즘에는 기업형 경영 방식을 채택한 듯 보이며(술집이나 공장 정문에서 노동자들과 대화를 나누었던 구식 조직가들은 상상도 하지 못했던 방식이다), 의견 조사와 포커스 그룹(시장 조사나 여론조사를 위해 각 계층을 대표하도록 뽑은 소수의 사람들로 이뤄진 그룹-옮긴이)을 활용해 잠재적 조합원들에게 호소할 내용을 가다듬는다. 요즘에는 어디를 가든 '유인 제공'이나 '부가가치' 같은 기업 용어와 맞닥뜨리게 된다. 똑같은 지휘 계통에, 똑같은 책상 배치에, 미학을 경시하는 똑같은 밋밋한 기능주의에, 똑같이 동기 유발 및 인위적으로 조성된 팀 정신에 의존하는 것 천지다.

그렇다고는 해도 기업과 교회, 특히 기업과 초대형 교회 사이에는 피상적으로 닮은 것을 넘어 특별한 유사성이 있다. 최근 수십 년 동안 교회가 기업과 닮아 가는 가운데 기업은 오히려 교회와 유사해졌다. 기업을 이끄는 카리스마적 인물은 리더십 문제에서 신비에 가까운 힘을 갖고 있다고 주장하거나 그렇게 되기를 열망한다. 어느 경영학 책에서는 카리스마적 (저자가 표현한 바로는 '변형적') 리더십을 향한 추세에 관해 "경영 관행의 많은 부분이 순수하게 비유적인 유사성을 넘어서 종교적 헌신의 의례 및 심적 상태와 가까워지고 있다."고 분석했다. 기업이 전반적으로 컬트, 곧 신성한 영감을 받은 것으로 여겨지는 지도자를 전적으로 따를 것을 요구하는 조직과 점점 비슷해지고 있다는 것이다.[29] 초대형 교회의 목사들만 기업 CEO를 역할 모델로 삼고 따르는 것이 아니다. 릭 워런과 CEO 친구들의 교류에서 드러나듯, CEO들도 그런 호의에 답하곤 한다. 초대형 교회를 취재한 기사에서 『이코노미스트』는 다음과 같은 점에 주목했다.

멋진 역전이 일어나 기업들 또한 교회로부터 배우기 시작했다. 피터 드러커는 이런 교회들에는 주류 기업이 배울 점이 있다고 했다. 교회는 고용인과 자원봉사자들의 의욕을 북돋우고, 선의를 가진 아마추어였던 봉사자들을 훈련된 전문가로 바꿔 놓는 데 탁월한 능력을 갖고 있다. 커다란 성공을 거둔 교회들은 (악명 높은 일부 컬트와 마찬가지로) 저비용으로 자립적인 성장을 이루는 비밀을 발견해 냈다. '구하는 자들'을 복음 전도자로 바꿔 놓으면 그들이 밖으로 나가 또 다른

'구하는 자들'을 불러온다.[30]

'구하는 자들'의 관점에서 보면 초대형 교회와 직장은 어떤 차이가 있을까? 우선 겉모습에는 별다른 차이가 없다. 초대형 교회 건물은 기업 사무 건물이나 본사와 흡사하다. 목사는 성직자용 예복이 아니라 주로 정장 차림이다. 종교적 상징과 상은 사라지고 없다. 게다가 핵심 철학에서 기업과 교회는 같은 메시지를 전한다. 앞으로 나아가고, 장애물을 극복하고, 긍정적 사고를 통해 바라는 것을 손에 넣으라고 한다. 더구나 목사들은 으레 자유기업 체제와 그것이 일반 노동자들에게 요구하는 내용에 찬동하기 때문에 기업과 교회의 유사성은 더욱 짙어진다. 슐러는 '불리한 조건'을 내세우거나 인종적 편견에 희생되었다는 주장을 계속 노력하지 않는 데 대한 변명거리로 삼지 말라고 경고했다.[31] 오스틴은 "고용주들은 직원들이 신바람 나서 일하기를 원한다."면서 신바람을 낼 만큼 급료가 많지 않다고 생각하는 사람들에게 이렇게 충고했다. "그런 태도로는 축복을 받을 수 없다. 하느님은 당신이 모든 것을 일터에 주기를 바라신다. 열심을 내라. 본보기가 되라."[32]

하지만 초대형 교회와 기업 사이에는 한 가지 분명한 차이점이 있다. 교회는 다정하다. 아무도 당신에게 고함치지 않고, 불가능한 마감 시한을 설정하지 않으며, 당신이 미숙하다는 느낌을 받도록 하지 않는다. 일요일 아침에 그곳에 가면 자원봉사자들이 미소 띤 얼굴로 맞아 주고, 예배가 끝난 뒤에는 CEO(그러니까 목사)에게 인도되어 악수를 나누게 된다. 아이를 봐 주는 시설도 있고 각종 지원 그룹과 서비스도 제공된다. 무엇보다 멋진 점은 설사 십일조를 내지 못해도, 예배에 자주 빠지고 자원 활동에 참여하지 않아도, 한때는 죄로 여겨졌지만 지금은 부정성으로 통하는 것에 다시 빠진다 해도, 누구도 나가라는 말을 하지 않는다는 것이다. 바로 이 부분이 초대형 교회의 매력 포인트다. 초대형 교회는 기업의 모습을 띠고 기업의 힘과 효율성을 그대로 보여 주면서도 무자비함과 공포라는 요소는 없다. 교회는 다운사이징을 해서 당신을 내쫓지 않는다.

따라서 긍정신학을 받아들인 '구하는 자들'의 세상은 직장에서 쇼핑몰로, 쇼핑몰에서 다시 기업형 교회로 아무 이질감 없이 연결된다. 어디를 가든 들리는 메시지는 똑같다. 당신은 멋진 집과 자동차는 물론 쇼핑몰에 있는 모든 것을 가질 수 있다. 당신에게 그런 힘이 있다는 것을 믿기만 하면 된다. 그런데 그 이면에는 숨죽인 목소리로 경고하는 어두운 메시지가 놓여 있다. 당신이 원하는 것을 갖지 못한다면, 불행하다고 느낀다면, 용기를 잃거나 패배한다면 그것은 전적으로 당신 책임이다. 긍정신학은 아름다움과 초월, 자비가 없는 세계를 완성하고 승인했다.

6
긍정심리학 :
행복의 과학

'긍정 사회과학'으로 향한다는 언급은 과학적 근거의 문제보다 더 큰 불안감을 불러일으켰다. 디너는 긍정심리학이 널리 알려진 '브랜드'라면서 그 용어를 그대로 쓰자는 입장이었다. 게다가 긍정 사회과학이라는 개념을 '혐오'한다는 말도 했다. 사회과학에는 사회학이 포함되는데 사회학은 '무력하고' 자금 부족에 시달리기로 악명 높기 때문이라고 했다. 그러다 보니 주제는 학문에서 멀어져 적나라한 기회주의 쪽으로 흘러가는 듯했다. 어느 청중이 긍정심리학의 이름을 '응용 행동경제학'으로 바꾸자면서 "경영대학원에서 인기가 있고 높은 연봉이 따라온다."는 이유를 댔을 때 웃는 사람은 아무도 없었다.

Bright-
-Sided

1997년의 일이었다. 마틴 셀리그먼(Martin Seligman)은 대부분의 사람들은 전혀 관심이 없는 어느 선거 드라마의 결과를 초조하게 기다리고 있었다. 미국심리학회(APA)의 회장을 뽑는 선거였다. 셀리그먼은 미국심리학회의 저명한 연구자이며 숙련된 조직가였지만 패배를 확신하고 있었다. 스스로도 인정했듯 그는 골수 비관주의자에 불평가였고 '걸어 다니는 비구름'이었다.¹ 하지만 이런 부정적인 성향에도 불구하고 그는 선거에서 이겼고, 몇 달 뒤에는 '긍정심리학'을 회장 재임 기간의 연구 주제로 삼겠다고 발표했다. 낙관주의, 행복, 충족감, 윤택함과 같은 긍정적 감정과 사고방식을 연구하겠다는 뜻이었다.

셀리그먼이 심리학 전문가들 사이에서 주도권을 행사하기 이전까지 긍정적 사고는 학계에 발을 붙이지 못했다. 1950년대의 지식인들은 노먼 빈센트 필을 조롱했고, 그로부터 40년 뒤의 학자들은 필의 계승자들을 하루살이 대중문화 현상이나 싸구려 행상으로 취급했다. 하지만 셀리그먼이 조종간을 잡자 (그리고 각종 재단의 자금을 잔뜩 끌어들이기 시작하자) 존경받는 박사급 심리학자들이 낙천성 및 행복감

긍정심리학: 행복의 과학   209

을 건강과 직업의 성공 같은 바람직한 결과와 연결시킨 학문적 저작물을 쏟아내기 시작했고, 그중 상당수는 신생 『행복 연구 저널(Journal of Happiness Studies)』에 게재되었다. 새로운 긍정심리학, 곧 '행복의 과학'은 즉시 언론의 호평을 받아 잡지의 머리기사를 장식했고, 신문 지상에도 계속 등장해 (어쨌거나 낙천주의자가 볼 때는) 좋은 뉴스를 전해 주었다. 학계와 인연이 없는 동기 유발 강연자, 코치, 자기계발 관련 사업자들에게 그것은 하늘이 준 선물이었다. 긍정적 사고와 긍정적 결과의 관련성을 설명하기 위해 신이나 끌어당김의 법칙 같은 신비주의 관념을 내세울 필요가 없어졌다. 느긋하게 물러서서 합리적, 세속적 담화의 표준 어구인 "연구 결과에 따르면…"이라는 말을 사용할 수 있게 된 깃이다.

긍정심리학자들은 대개 긍정적 사고의 대중적 버전과는 조심스럽게 거리를 유지한다. "그런 것은 우리가 하는 작업과 아주 다르다고 봅니다." 스탠포드 대학의 소냐 류보미르스키(Sonja Lyubomirsky)는 『엘르』와의 인터뷰에서 이렇게 말했다. "'저 사람들은 그저 자기 생각을 지껄여 대는 거고 우리는 과학을 하니까.' 라는 식이죠." 같은 기사에서 셀리그먼은 통속적인 긍정적 사고를 '사기'라고 비난하고 "10년 안에 실제로 효과가 있는 자기계발서들을 보게 될 것"이라고 약속했다.[2] 긍정심리학자들은 끌어당김의 법칙을 믿지 않으며 사람들을 부유하게 만들어 준다고 장담하지도 않는다. 사실 그들은 부에 경멸감을 품고 있으며(학계에서는 그리 드문 일도 아니다) 행복이라든지 건강 같은 더 고상한 목표에 초점을 맞춘다.

그러면서도 긍정심리학자들은 코칭과 동기 유발 업계의 사촌

들로부터 재빨리 전술을 차용했다. 그들은 제목에 '당신(you)'이나 '당신의(your)'라는 말이 들어가는 대중서를 잇달아 출판했다(제목에 그런 단어를 쓰면 자기계발서라고 광고하는 셈이다). 셀리그먼만 해도 『당신이 변화시킬 수 있는 것 그리고 변화시킬 수 없는 것(What You Can Change and What You Can't Change)』과 『진정한 행복: 영속적 성취를 위한 당신의 잠재력을 일깨우는 새로운 긍정심리학 기법(Authentic Happiness: Using the New Positive Psychology to Realize Your Potential for Lasting Fulfillment)』(우리나라에는 '긍정심리학'이라는 제목으로 출간되었다-옮긴이)을 썼다.

그들은 코칭업에도 뛰어들었다. 셀리그먼의 경우 2005년까지 전화 상담으로 수백 명의 사람들을 코칭하면서 건당 2000달러를 받았다. 또 수익을 목적으로 한 웹사이트(reflectivehappiness.com)를 만들어 '행복을 증대시키기 위한 월간 훈련'을 선전했다. 이 사이트는 "셀리그먼 박사의 강력한 프로그램을 한 달간 무료로 제공합니다. 이 프로그램이 여러분에게 도움이 될 것이라고 확신합니다. 이 무료 서비스는 체험 후 계약 의무가 없으며 기간 한정으로 제공됩니다."라고 행상인처럼 장담하고 있다(2011년 3월 현재 이 웹사이트는 운영되지 않고 있다-옮긴이).³

긍정심리학자들은 동기 유발 산업의 전례를 따라 기업 시장으로도 손을 뻗쳤다. 2007년에 나온 『긍정 심리학 코칭(Positive Psychology Coaching)』은 "대기업에 행복을 판다는 생각이 터무니없게 보일 수도 있다."면서도 열정적이고 생산적인 노동자 등 행복의 주요 이점들을 나열한 뒤 "행복은 일부러 팔 필요가 없다. …행복은 스스로를 판매한다."고 주장했다.⁴ 셀리그먼 자신도 체인 예식 업체 데이비즈에 경

긍정심리학: 행복의 과학   211

영 컨설팅을 제공해서 들리는 말로는 매출 증대를 가져왔다고 하며, 그 밖에도 몇몇 포천 500대 기업 직원들에게도 낙천성과 건강성을 높이는 '훈련'을 제공했다.[5]

　획기적인 과학적 성과든 아니면 기금과 관심을 모으기 위한 현란한 시도든 간에 긍정심리학은 심리학 전문가들 자신의 세속적인 문제에 해결책을 제시했다. 미국에서는 이미 1980년대 말부터 1차 진료 의사에게 10분 정도만 임상진단을 받으면 항우울제를 처방받을 수 있었다. 그러니 심리학자가 할 일이 뭐가 남아 있겠는가? 1990년대가 되자 관리의료(managed care, 집단 전체의 의료를 통째로 도급 주는 건강관리 방식-옮긴이) 사업자와 보험회사들이 전통적 심리요법에 등을 돌리면서 시간이 많이 걸리는 상담요법을 행하는 개업의들의 돈줄이 끊겼다. 미시간심리학회는 심리학을 '위험에 처한 전문직'이라고 선언했으며, 캘리포니아의 한 심리학자는 『샌프란시스코 크로니클』과의 인터뷰에서 "관리의료 탓에 많은 임상심리학자들이 옳다고 믿는 방식대로 환자를 치료하지 못한다. 계속 현장에서 사람들에게 도움을 주고 싶어 하는 학자들은 치료에서 코칭 쪽으로 이동하고 있다."고 말했다.[6] 환자를 치료하는 작업에는 아무 지원이 없는 반면 아픈 데 없는 평범한 사람들이 더 큰 행복과 낙천주의, 개인적 성공으로 향하도록 코칭하는 일에는 무한한 가능성이 놓여 있다. 셀리그먼은 『진정한 행복』의 머리말에 이렇게 썼다. "잠들지 않는 밤이면 내가 그렇듯 여러분도 곰곰 생각할 것이다. 우리가 살아가면서 그저 -5에서 -3으로 가는 게 아니라, +2에서 +7로 가는 방법은 무엇일까 하고 말이다.[7]

물론 셀리그먼이 심리학자들을 위한 새로운 직업 전략으로 병리 중심의 심리학, '부정적' 심리학의 전환을 제시한 것은 아니었다. 그는 2000년의 인터뷰에서 긍정심리학으로의 전환은 역사적 환경에 대한 반응이었다고 밝혔다(닷컴 거품 파열, 9·11 테러, 이라크 전쟁 이전에 이루어진 인터뷰였으므로 여기에 나온 그의 의견을 관대하게 봐 줘야 한다).

우리가 심각한 수준의 우울증과 비관주의에 시달리고 있다는 것은 놀라운 일이다. 지금 핵 시계의 바늘은 그 어느 때보다 자정에서 멀고, 우리가 사는 나라에서는 모든 경제지표와 객관적 복지지표가 상승하고 있다. 세계적으로도 2차 대전 이후 전쟁터에서 죽어 가는 군인들의 수가 가장 적고, 인류 역사상 기아에 허덕이는 어린이의 비율도 가장 낮지 않은가?[8]

이런 편안한 시대에 왜 이처럼 부정성이 극성을 부리는가? 셀리그먼은 우리가 위험한 진화 과정을 통과한 탓이라고 설명했다. "빙하와 홍수, 기아의 시기를 거치며 진화했기 때문에 우리는 재앙에 민감한 뇌를 갖게 되었다. 뇌는 잘못된 것을 찾는다. 문제는 그런 방식이 홍적세에 효과가 있었다는 점이다. 그때는 그것이 혜택이었지만 현대 세계에서는 통하지 않는다."[9] 2004년, 그는 책을 공동 저술한 에드 디너(Ed Diener)에게 보낸 편지에서도 "현대 사회에서는 상품과 서비스가 풍족하고 기본적인 욕구가 널리 충족되기 때문에 요즘 사람들은 '좋은 삶'에 관심의 초점을 맞추는 사치를 누리게 되었다."고 썼다.[10] 『뉴요커』 2006년 2월호는 행복에 관한 책 두 권을 논평하면서 셀리그먼의 견해를 그대로 되풀이했다. 홍적세에 살았던 우리의 선조들은 덤불마다 날카로운 송곳니를 가진 고양잇과 동물이 도사리고 있을 것이란 의심 덕에 보았지만, 오늘날의 우리는 꿈이 실현되는 모습을 눈앞에 그려 보는 게 낫다는 얘기였다.[11]

마틴 셀리그먼을 만나다

2007년 5월 나는 불안한 심정으로 마틴 셀리그먼을 인터뷰하러 갔다. 바로 석 달 전 『하퍼스』 잡지에다 긍정심리학과 대중적인 긍정적 사고, 양쪽 모두를 비판하는 글을 썼던 선과가 있었기 때문이다. 아니나 다를까, 나를 처음 본 순간 셀리그먼은 얼굴을 잔뜩 찌푸렸다. "저기 계시네요!" 펜실베이니아 대학의 상자 같은 건물에서 일하는 접수처 경비원이 2층 발코니에서 아래를 내려다보고 있는 땅딸막하고 머리가 둥근 사람을 가리켰다. 나는 웃음을 지으며 손을 흔들었지만 셀리그먼은 "엘리베이터를 타고 오세요."라고 무뚝뚝하게 답할 뿐이었다.

그는 2층에서 나를 기다려 주지 않고 자기 사무실로 모습을 감추었다. 비서는 셀리그먼이 잠시 바쁜 일을 처리해야 한다면서, 기다리는 동안 오스트레일리아 군대에서 온 두 여성과 인사를 나누라고 했다. 나는 '불평 단계로 문제가 악화되기 전에 미연에 방지하려고' 도움을 청하러 왔다는 그 사람들과 악수를 나누었다. 그런 다음 셀리그먼의 사무실로 안내되었는데 거기서도 또 기다려야 했다. 그는 전화 통화를 하고 있었는데 BBC에서 온 전화라면서 내용을 들어도 괜찮다고 했다. 하지만 의자를 권하지는 않았다.

영국 공립학교들에 '낙천성 훈련'을 시키려는 계획과 관련해 인터뷰 일정을 잡는 그 전화 덕분에 그의 기분이 좋아진 듯했다. 나와 잠시 잡담을 나누던 셀리그먼은 이렇게 좋은 날씨에 사무실 안에 있는 건 부끄러운 일이라고 말했다. "내게 계획이 있어요. 미술관에 갑시다. 지금 밖에는 꽃이 피어나고 있고, 거기 가면 모네 그림을 볼 수 있어요." 나는 그런 식으로 소풍을 나가면 인터뷰 내용을 기록하는 게 힘들다고 미약하게 항의했을 뿐, 미술관에 가는 것도 실내로 들어가는 일이라는 점은 굳이 지적하지 않았다. 그는 『진정한 행복』에 쓴 것처럼, 장소를 스스로 정하고 당장 해야 할 과제에 맞도록 기분을 설계하라는 자신의 가르침을 그대로 따르려는 게 분명했다.[12] 미술관으로 가는 택시에 오르자마자 그는 모네 그림이 아내의 아이디어였다고 털어놓았다. 그의 아내는 모네 그림을 보면 내 기분이 좋아질 거라고 조언했다고 한다. 오스트레일리아에서 온 사람들이나 BBC의 전화도 얼마간은 나를 겨냥해 시간을 맞춘 것인지도 모른다는 생각이 들었다.

유명한 로키 발보아가 세운 미술관에 도착하자 인터뷰를 가로막는 장애물이 늘어나기만 했다. 우선 그는 건물 주위를 한 바퀴 돌자고 했다. 그런 다음 안으로 들어가 접수처로 가더니 진행 중인 듯 보이는 강의에 관해 질문해서 내 가슴을 덜컥 내려앉게 만들었다. 강의를 듣는 게 불가능하다고 판명되자 이번에는 초기 산타모니카 사진전에 관해 물었다. 오후 내내 그를 따라 어디가 어딘지도 모르는 미술관 곳곳을 헤매는 내 모습이 눈앞에 떠올랐다. 셀리그먼의 초기 연구, 그러니까 긍정심리학을 시작하기 이전의 작업이 '학습된 무기력'이었다는 사실을 떠올리지 않을 수 없었다. 여러 가지 방식으로 괴롭힘을 당한 개는 수동적이 되고 풀이 죽어서 자신을 방어할 수 없게 된다는 것이 학습된 무기력의 내용이다.

  인터뷰를 기록하는 게 거의 불가능한 상태였지만 그래도 일단은 『진정한 행복』에 관해 대화를 시도해 보았다. 저자 자신이 진의를 파악하기 어려운 인물이라는 게 판명된 참이었는데 책 또한 마찬가지였다. 긍정적 사고에 관한 비전문 서적이 대개 그렇듯 그 책도 일화(셀리그먼의 경우엔 주로 자전적 일화), 철학자 및 종교 문헌에 대한 언급, 행복하고 건강한 사고방식의 정도를 평가할 수 있는 테스트 등이 뒤죽박죽 나와 있었다. 두 번째 읽을 때에야 나는 그 책에 나온 생각의 진전 과정을 겨우 파악할 수 있었다. 그것도 논리적인 배열이 아니라 원호처럼 펼쳐져 있는 형태였다. 그 책은 긍정심리학의 '기원이 된 이야기'로 시작된다. 셀리그먼이 다섯 살배기 딸한테서 '투덜이' 짓을 그만두라는 말을 듣고 자기 마음의 뜰에서 잡초를 뽑아내게 되었다는 이야기다. 투덜거림, 그것이 학계의 풍토병이라는 사실을 깨달은 것이다. "나는 창문도 없는 우중충한 회색 방에 완고한 투덜이들이 가득 차 있는 심리학과 교수 모임에서 영하권의 분위기가 감도는 것을 30년이 넘도록 보았다." 딸에게 자극을 받은 그는 좀 더 긍정적인 감정을 삶에 더하기 위해 힘껏 노력해 볼 가치가 있다고 결심했다. 그러자 '구름 한 점 없는 맑은 봄날, 비틀즈의 〈헤이 주드〉 끝 소절, 아기와 새끼 양들의 사진, 눈 오는 저녁에 불이 활활 타는 난

로 앞에 앉아 있는 것'으로 축약되는 참된 기쁨의 땅이 열리기 시작했다.[13]

그런데 저급한 형태라 할지라도 향락주의를 막 껴안으려는 것처럼 느껴지는 순간 셀리그먼은 칼뱅주의적 혐오감의 분출 속으로 급격히 빠져들어 쾌락 추구를 좀 누그러뜨리고 만족감을 위해 노력할 것을 독자들에게 요구한다. 여기서 '만족감'은 노력을 요하는 까닭에 더 '고상한' 쾌락의 형태이며, 이런 만족감에는 테니스를 3세트 치는 것, 재치 있는 대화에 참여하는 것, 리처드 루소를 읽는 것 등이 포함된다. 이와는 달리 시트콤 시청, 자위 행위, 향기 맡기는 힘든 일과는 무관하기 때문에 단순한 '쾌락'이다. 지나치게 주관적 기준이 아닌가? 왜 마르셀 프루스트가 아니라 리처드 루소를 거론했는지는 젖혀 두고라도, 만족감과 쾌락을 둘 다 포함한 긍정적 감정이라는 범주 자체가 의혹을 불러일으키는 탓에 독자인 나는 셀리그먼의 책을 읽어 나감에 따라 점점 혼란에 빠지게 되었다. 그는 "인생 전체를 긍정적 감정을 추구하는 데 바친다면 진정성과 의미는 어디서도 찾을 수 없게 된다."고 썼다.[14] 그러나 긍정적 감정이 없다면 분명 '진정한 행복' 또한 있을 수 없는 것 아닌가?

긍정적 감정을 내던져 버린 셀리그먼은 도덕적 특성의 탐색에 나선다. 이 부분에서 '19세기 프로테스탄트 식의, 활기 없고 고풍스러운'이라는 설명이 칼뱅주의를 연상시킨다는 사실을 그 자신도 인정하고 있다. 이런 특성의 뿌리를 찾기 위해 셀리그먼과 동료들은 아리스토텔레스, 플라톤, 아우구스티누스, 아퀴나스, 구약성서, 공자, 부처, 벤저민 프랭클린 등 200개에 달하는 덕목 목록을 찬찬히 검토해 여섯 가지 미덕을 걸러낸다. 지혜와 지식, 용기, 사랑과 인정, 정의, 절제, 영성과 초월이 그것이다.[15] 모네 전시회가 열린 미술관의 계단을 올라가며 나는 책을 읽다가 바로 그 지점에서 갈피를 잡을 수 없었다고 털어놓았다. 이를테면 용기의 경우 '긍정적 감정'은 물론이고 거기서 기대되는 건강과 행복이라는 긍정적 결과와도 한참 거리가 있는 것이 아닐까? 영성 추구가 세상사와의 단절, 단식과 금욕으로 이어질 수도 있는 것 아닐까? 나는 거기서 멈추지 않고 통상적으로 '도덕적 특성'이라는 관념에는 자기부정 능력, 고통, 더 높은 목표 추구가 함축되어 있지 않겠냐는 말까지 꺼냈다. 놀랍게도 그는 그런 암묵적인 비판의 화살을 예전 공저자인 에드 디너에게 돌렸다. 디너는 '웃는 얼굴을 최고로 치고, 사람들의 기분을 좋게 만들려고만 한' 반면 셀리그먼 자신은 '의미와 목적'에 관심을 두었다고 했다. 그러고 보니 신의는 미덕 목록에 들어 있지 않았다는 생각이 떠올랐다.

마침내 모네 전시장에 도착했다. 일단 그가 서론격으로 열변을 쏟아낸 다음 우리는 벤치에 나란히 앉았다. 그런데 내가 속기 노트를 무릎 위에 펴고 진지하게 인터뷰를 시작하려는 순간 경비원 한 명이 돌진해 오더니 모네 그림이 걸려 있는 곳에서는 펜을 사용할 수 없다고 했다. 내가 모네를 좋아하지 않는 건 사실이다. 모네의 그림은 아늑함이라는 중산층의 관념 속으로(라벤더와 스콘, 그리고 '아기와 새끼 양들을 그린 그림'과 함께) 철저히 녹아 들어가기 때문이다. 그렇다고 해서 펠트펜으로 그림을 찔러 댈 만큼 모네를 싫어하는 것은 아니라고 항변하고 싶었지만, 나는 경비원의 지시에 따라 묵묵히 펜을 집어넣고 가까운 책상 위에 놓인 몽땅한 2호 연필로 바꿔 쥐었다. 그 시점부터 인터뷰는 내 손을 완전히 벗어나 버렸다. 셀리그먼은 심리학자였고, 나는 날카로운 물건을 소지하는 게 금지된 정신과 환자가 된 셈이었다.

어쨌거나 나는 '진정한 행복 일람표'에 초점을 맞춰 계속 인터뷰를 진행해 나갔다. 그 일람표는 셀리그먼의 웹사이트(www.authentichappiness.sas.upenn.edu)에 나와 있는 테스트인데 나는 5점 만점에 3.67점이라는 어중간한 점수밖에 받지 못했다. 내 점수를 깎아 먹은 질문 중에 'A. 나는 자신이 수치스럽다'와 'E. 나는 자신이 엄청나게 자랑스럽다'는 항목 사이에서 하나를 고르라는 게 있었는데 나는 그중 어디에도 해당되지 않았다. 마침 우리가 미덕에 관해 이야기하던 중이었으므로 그에게 물어보는 게 공정할 것 같았다. 그래서 나는 "자만심은 죄악이 아닌가요?"라는 질문을 던졌다. 셀리그먼은 "나쁠 수도 있겠지만 거기엔 고도의 예측력이라는 가치가 담겨 있습니다."라고 대답했다. 자만심에서 무엇을 예측한다는 것일까? 건강? 하지만 그는 "자만심이 건강을 예측한다고 말할 만큼 그 연구가 정교하지는 않습니다."라고 했고, 그 말에 좌절감을 느끼고 당황한 나는 다른 질문으로 넘어갔다. 역시 내 점수를 떨어뜨린 물음이었는데 나는 거기에 '미래에 관해 비관적이다'라고 답했다. 문항에서 말하는 미래가 나 자신의 미래가 아니라 인류라는 종족의 미래를 뜻한다고 짐작했던 것이다. 나는 셀리그먼에게 멸종이나 야만성 같은 범인류적 재난의 가능성을 언급했다. 그는 나를 물끄러미 바라보더니 더 낙천적인 방향으로 마음을 재프로그래밍하는 방법을 제시한 자신의 책 『학습된 낙관주의(Learned Optimism)』에 나온 것처럼 내가 낙천성을 '학습'했더라면 글쓰기 생산성이 치솟았을 것이라고 말했다.

기분을 밝게 만들어 주는 모네를 뒤로하고 셀리그먼의 사무실로 되돌아간 다음부터 분위기는 자꾸만 불쾌하게 돌아갔다. 내가 '진정한 행복 일람표' 얘기를 다시 꺼내며 많은 질문이 다소 자의적이라고 생각된다고 했더니 대번에 그의 말투가 딱딱해졌다. "그런 얘기는 부당하군요. 당신이 테스트의 전개에 무지하다는 걸 보여 주는 것이기도 하고요. 질문이 예측 가치를 갖고 있는 한 그 질문이 어떤 것이냐는 문제가 안 됩니다. 버터스카치 사탕 맛이 나는 아이스크림을 좋아하느냐 싫어하느냐고 물어볼 수도 있어요. 문제는 그것이 얼마나 예측력이 있냐 하는 겁니다." 흠, 과연 그럴까? 그 테스트는 처음에는 일반적 의미의 행복도를 측정하려는 것처럼 생각된다. 하지만 조금 진행하다 보면 비터스카치 맛 아이스크림처럼 행복을 상징하는 것으로 보이는 대상이 등장한다. 그렇다고 해서 행복 그 자체의 정의에 아이스크림을 섞어 넣을 수는 없는 일이다.

나는 그런 생각을 입 밖에 내지 않은 채 그의 책에서 가장 거슬리는 사이비 과학적 주장인 '행복 방정식'으로 옮겨 갔다. 마치 긍정 심리학이란 것이 복잡한 방정식에 전적으로 의존하고 있는데 그중 일부를 독자들에게 너그럽게 보여 준다는 듯이 셀리그먼은 책에서 "이것이 내가 여러분에게 숙고해 달라고 부탁하는 유일한 방정식"이라고 내숭을 떨었다.[16] 그 방정식은 이렇다.

$$H = S + C + V$$

여기서 H는 행복의 지속도, S는 개인의 세트 레인지(set range),

C는 생활환경, 그리고 V는 자의적 통제하에 있는 요소들을 나타낸다. 이를테면 부정적 혹은 비관적 생각을 극복하기 위해 '낙천성 훈련'에 참가할지 말지를 결심하는 것이 V에 해당한다. 나는 셀리그먼이 말하려는 것이 무엇인지 이해했다. 한 사람의 행복은 타고난 성향(S), 얼마 전에 실직했다거나 사별했다는 것과 같은 최근의 상황(C), 자신의 전망을 밝게 만들기 위해 기울이는 노력(V)에 의해 결정된다는 얘기다. 이를 정확하게 표현하면 다음과 같다.

$$H=f(S, C, V)$$

다시 말해 H는 S, C, V의 함수라는 뜻이다. 그 함수의 정확한 성격이 파악되지 않았지만 말이다. 그런데 이를 방정식으로 표현하는 것은 비웃음을 자초할 뿐이다. 나는 물리학을 처음 공부하는 학생이라도 떠올릴 만한 질문을 셀리그먼에게 던져 보았다. "그렇다면 측정의 단위는 무엇입니까?" 합산을 하려면 V, S, C처럼 H도 단위가 있어야 하기 때문이다. H의 단위는 과연 무엇일까? 하루에 몇 번 행복한 생각을 떠올리는가 하는 것? "음, 각각의 앞에는 상수(常數)가 있어야겠지요."라는 그의 말에 나는 좀 더 압박해 들어갔다. 그랬더니 셀리그먼은 "C는 각각 다른 스무 가지 요소로 분해됩니다. 종교나 결혼 같은 것들 말입니다."라면서 긍정심리학이 발견한 바로는 기혼 신앙인이 결혼하지 않는 회의론자들보다 더 행복한 경향이 있다고 말했다. 그래서 나는 C를 어떻게 하나의 숫자로 나타낼 수 있는지 다시 물었다. 표정이 일그러진 그는 그런 질문이 나오는 것은 내가 '베타 웨이트(beta weight)'를 이해하지 못하는 탓이니까 집에 가서 인터넷을 찾아보라고 했다.

그래서 나는 정말로 검색해 보았다. 베타 웨이트란 것은 여러 변수 간의 통계적 상관관계를 찾아내기 위한 회귀방정식에서 '예측 변수'의 계수(係數)였다(독립변수들의 단위가 다를 경우 영향력을 비교하기 어렵기 때문에 단위를 표준화한 베타 웨이트가 필요하다-옮긴이). 그런데 셀리그먼은 극히 단순한 회귀분석이 아니라 $E=mc^2$처럼 일반 방정식 형태로 공식을 제시했기 때문에, 이를테면 어째서 H는 C×V처럼 '이차' 효과와 관련된 더 복잡한 관계가 아니라 변수들의 단순 총합인 것인가? 하는 기본적인 질문마저 미해결 상태로 버려두고 말았다. 하지만 셀리그먼은 방정식을 선호했다. 방정식을 제시하면 과학처럼 치장할 수 있기 때문이다. 그는 빨리 과학이라는 외양을 갖추기를 원했고 그래서 단순 합산이라는 방식을 취했다. 책에 방정식이 나와 있으면 무게가 더해질 뿐 아니라 수학적 엄정성을 갖춘 것 같은 느낌을 준다. 하지만 셀리그먼의 경우에는 그를 오즈의 마법사처럼 보이게 할 따름이었다.

심리학 분야에서는 긍정심리학에 대한 비판자들도 배출되었는데 그중 가장 거리낌 없는 비판을 쏟아내는 사람이 보든 대학의 바버라 헬드(Barbara Held) 교수다. 긴 흑발과 재빠른 유머로 눈길을 끄는 헬드도 자기계발서를 썼는데 『미소는 그만, 불평을 늘어놓자(Stop Smiling, Start Kvetching)』라는 반항적인 제목의 책이다. 2003년 국제 긍정심리학 서밋에 토론자로 초청받았을 때 헬드는 미소 짓는 얼굴 위에 큼지막하게 가위표를 한 티셔츠를 입고 나타나 셀리그먼과 디너에게 그 셔츠를 선물했다. 헬드의 비판은 긍정심리학이 행복의 수단으로 '긍정적 환상'을 용인한다는 점에 집중되어 있다. 헬드가 인용한 셀리그먼의 글을 보자. "낙천적이 되라, 영적이 되라, 친절해지라, 명랑해지라고 하는 것은 긍정심리학의 영역이 아니다. 긍정심리학은 (얼마간의 현실성을 희생해서라도 신체의 건강과 더 높은 성취를 이루기 위한) 이 같은 특성들의 결과를 설명하는 것이다."[17] 헬드는 "온갖 종류의 긍정심리학자가 엄정한 과학 쪽으로 방향을 잡고 있다고 광고하면서 어떻게 현실성과 객관성을 내던져 버릴 수 있는 것일까?"라고 물었다. 일부 긍정심리학자들이 한편으로는 객관적이고 공평한 과학을 지지하면서도 일상생활에서는 '긍정적 편견'을 용인하는 이중적 인식 기준을 갖고 있다는 주장이다.[18]

행복과 건강

긍정심리학 및 긍정적 사고 전반의 핵심 주장은 행복이(낙천성, 긍정적 감정, 긍정적 효과, 아니면 긍정적인 그 무엇이라고 바꿔도 괜찮다) 그 자체로 바람직할 뿐 아니라 건강과 더 큰 성공을 가져다주기 때문에 실제로도 유용하다는 것이다. 어느 긍정심리학 책에는 "행복은… 즐거움 이상의 것이다. 행복은 이로운 것이다."라고 나와 있고, 셀리그먼은 『진정한 행복』의 첫머리에서 행복한 (혹은 긍정적인) 사람이 불행한 사람보다 오래 산다는 연구 결과를 소개했다.[19] 불행의 결과에 악화된 건강과 낮은 성취가 포함될 수 있다는 것 하나만 봐도 행복해지기 위해 노력할 가치가 있다는 뜻이다. 그렇다면 행복이 질병 및 실패와 관련된 것으로 판명된다면 더 이상 매력적인 목표가 될 수 없는 것일까? '똥구덩이 속에서 행복해하는 돼지'처럼 건강하지 못한 습관에 탐닉하면서 대단히 만족한 상태로 있는 것은 상상도 할 수 없는 일일까? 행복을 수행해야 할 과제로 본 것이야말로 긍정심리학에 남아 있는 칼뱅주의의 끈질긴 영향력을 보여 주는 징표다. 긍정심리학에서 말하는 행복은 건강과 성취를 이루기 위한 수단, 긍정적 사고 주창자들의 표현으로는 성공을 이루기 위한 수단이다.

행복도를 어떻게 측정할 수 있는지는 모르겠지만, 행복한 혹은 긍정적인 사람들이 분명 직업적인 면에서 더 큰 성공을 거두는 게 사실인 듯히다. 직장을 구할 때는 대개 2차 면접까지 올라가고, 직장에서는 상사에게 더 긍정적인 평가를 얻고, 심신이 소모되지 않으며, 잘 버티고, 출세의 사다리에서 먼저 위로 올라간다. 하지만 이런 현상은 긍정적 태도를 높게 평가하고 '부정적인' 사람들을 싫어하는 기업의 편견이 반영된 결과일 수도 있다. 이 문제와 관련해 에드 디너가 공동 필자로 참여한 「빈번한 긍정적 정서의 이점: 행복이 성공을 이끄는가?(The Benefit of Frequent Positive Affect: Does Happiness Lead to Success?)」라는 논문이 널리 인용되고 있는데, 기업의 편견에 대한 부분은 쏙 빼놓아 결과적으로 그 문제를 용인한 셈이 되었다.[20]

긍정적 전망을 갖는 것이 건강에 이롭다는 주장은 성공의 경우보다 긍정심리학자들의 기반이 더 탄탄한 것 같다. 앞에서 살펴본 것처럼 긍정적 전망이 암을 치료하지는 못한다. 하지만 우리는 울적한 사람, 불평이 많은 사람, 별 것 아닌 증상에 강박적으로 집착하는 사람들은 스스로를 병자로 만든다고 의심한다. 19세기에 피니어스 큄비 일파가 만성적 병약자들을 기적처럼 치료했던 일을 떠올려 보자. 그들이 환자에게 한 일이라곤 병석에서 떨치고 일어나 건강하다고 생각하라는 격려뿐이었다. 요즘에는 그때 같은 신경쇠약이 없지만 심인성 요인과 결부된 질병은 아주 많이 있으며 그중 일부는 '정신력 문제'라는 식의 접근법으로 해결되기도 한다. 재활의학 교수인 존 사노(John E. Sarno)가 등 아래쪽 통증은 신체적 이상이 아니라 억압된 분노 탓에 생기는 경우가 많으며 정신 수련을 통해 치료가 가능하다는 내용의 책을 출판한 뒤 수천 명이 그 책의 도움을 받았다고 증언했다. 거기에는 저명한 대체 의학 권위자 앤드루 웨일(Andrew Weil)도 끼어 있었다.[21]

마음가짐과 암 생존율을 연결시킨 연구들은 근거가 취약하지만, 행복하고 낙천적인 사람이 뚱하고 비관적인 사람에 비해 더 건강하다는 연구 결과는 아주 많이 나와 있다. 그런데 이런 연구들은 대부분 상관관계만 제시할 뿐 인과관계에 관해서는 입을 다문다. 행복한 사람들이 건강한 것일까, 아니면 건강하기 때문에 행복한 것일까? 무엇이 원인이고 무엇이 결과인지 가려내기 위해서는 오랜 시간에 걸친 연구가 필요하다. 긍정심리학자들은 그런 연구 가운데 세 가지를 즐겨 인용하는데, 셋 모두 완벽한 이론과는 거리가 있다.

그 가운데 하나는 셀리그먼이 "지금까지 행해진 행복과 수명에 관한 연구 중 가장 주목할 만한 연구"라고 했던 '수녀 연구'다. 2001년에 발표된 이 연구는 행복한 수녀들은 수명이 90대인 반면 행복하지 않은 수녀들의 수명은 70대, 80대였다면서 행복한 수녀가 그렇지 않은 수녀보다 오래 산다고 주장했다.[22] 여기서 의문이 드는 것은 행복의 측정 방법이다. 연구 대상이 된 수녀들은 1930년대 초반, 그들의 평균 연령이 22세였을 때 생활 및 종교에 대한 헌신을 주제로 짧은 글을 썼다. 연구자들은 그 자료를 검토한 뒤에 일부 수녀가 쓴 내용에 높은 수준의 긍정적인 정서 만족감이 포함되어 있다고 판정했다. 예를 들면 '성모 마리아의 성스러운 선례를 받아들이는 것, 하느님의 크신 사랑과 결합된 삶을 열렬한 기쁨으로 기대하고 있다'와 같은 내용이 거기에 해당한다. 연구 결과 긍정적 정서 만족감에서 높은 점수를 받은 수녀들은 '하느님의 은총으로, 나는 우리 교단과 신앙의 확산, 나 자신의 정화를 위해 최선을 다하려 한다'는 식으로 사무적인 내용을 쓴 수녀들보다 오래 산 것으로 나타났다. 하지만 모든 사람이 감정을 글로 생생하게 표현할 수 있는 것도 아니고, 긍정적 정서 만족감과 주관적으로 느끼는 행복이 같은 것도 아니다. 그런 식이라면 장수의 핵심 열쇠는 글을 잘 쓰는 것이라는 결론을 내릴 수도 있다. 실제로 연구자 가운데 한 사람은 초기 연구에서 그런 결론을 넌지시 비쳤다. 젊은 시절에 밀도 있는 생각을 복잡한 문장으로 표현한 수녀는 노년에 알츠하이머병에 걸릴 확률이 낮다는 것이다.[23]

두 번째 장기 연구 또한 셀리그먼이 『진정한 행복』 첫머리에서 인용한 바 있는데, 이 연구는 행복이 건강을 이끈다는 명제와 직접적인 관련조차 없다. 여기서 행복을 측정한 방법은 미소의 진정성이었다. 사립 여성 예술 학교인 밀스 대학의 20세기 중반 졸업 앨범의 사진을 검토한 연구자들은 사진에 나타난 젊은 여성들 중 절반 정도가 눈가에 주름이 잡히고 입술 양쪽 끝이 올라가는 '진짜' 미소를 지었다고 판정했다. 수십 년 뒤에 이들을 추적해 보니 행복한 웃음을 지었던 사람들이 결혼생활도 더 행복하고 전반적으로 자기 삶에 만족한 것으로 나타났다. 이런 발견이 얼마나 타당한지는 알 수 없으나, 위스콘신 주의 한 고등학교 졸업 앨범을 갖고 수행한 비슷한 연구에서는 같은 결과가 나오지 않았다.[24] 고교 앨범에는 아무래도 엘리트의 수가 적기 때문에 행복한 미소가 행복한 삶을 예언하는 것은 아닌 모양이다.

끝으로 긍정심리학자들이 즐겨 인용하는 멕시코계 미국 노년층(65세 이상)에 관한 연구가 있다. 이 장기 연구에서는 행복하다고 밝힌 사람들이 그렇지 않은 사람에 비해 더 오래 살고 병에도 덜 걸리는 것으로 나타났다.[25] 셀리그먼은 이 연구 결과 및 수녀와 밀스 대학에 관한 연구를 통틀어 생각해 보면 "행복이 수명을 연장하고 건강을 증진시킨다는 뚜렷한 그림이 떠오른다."고 『진정한 행복』에 썼다.[26] 하지만 이 연구에도 의문이 제기되는 건 어쩔 수 없다. 수입, 교육, 체중, 흡연 및 음주 변수는 통제했으나 노년기의 건강과 활력을 예측하는 변수로 공인된 신체 활동은 빠뜨렸던 것이다. 그러므로 행복한 멕시코계 미국 노인들은 단순히 더 많이 걷고, 춤추고, 운동하고, 육체노동을 했기 때문에 더 건강했을 가능성도 있다. 내가 이런 가능성을 캐묻자 공동 연구자 중 한 사람은 지금 그 문제를 조사하고 있는 중이라고 답했다.

'행복이 수명을 연장하고 건강을 증진시킨다는 그림'에 불확실성을 더하는 것은 행복감이나 다른 긍정적 감정 상태가 그 사람의 건강에 아무 영향을 미치지 않는다는 연구 결과도 꽤 있다는 사실이다.

1장에서 살펴보았다시피 지원 그룹이나 심리요법으로 정신적 관점이 개선되었다고 해서 유방암 환자들의 수명이 늘어나지는 않았다. 후두암이나 경부암 환자들의 경우에도 마찬가지라는 사실이 입증되었다. 또 폐암 환자들에서도 낙천성이 수명을 늘리는 요소가 되지 않았다.[27] 한편으로 긍정적 감정이 관상동맥성 심장질환을 막는 데 도움이 된다는 증거는 다소 근거가 있는 것 같다. 내가 그런 판정을 내릴 위치에 있는 것은 아니지만, 셀리그먼이 내게 알려 준 문헌들에는 낙천성 및 다른 긍정적 심리 상태가 심장병을 예방하고 회복을 촉진한다는 연구 결과가 다수 포함되어 있었다.[28] 하지만 그의 목록에 있는 다른 자료들은 좀 모호했으며, 바버라 헬드가 인용한 한 연구는 성격상 부정적 감정이 강한 사람들이 협심증을 더 많이 호소하긴 하지만 쾌활한 사람들에 비해 실제로 협심증에 걸릴 위험이 높은 것은 아니라고 밝혔다.[29]

게다가 일부 연구는 비관주의와 같은 부정적 특성이 장기적으로는 낙천성과 행복보다 오히려 건강에 더 도움이 된다는 결론까지 내렸다.[30] 한 예로 2002년 발표된 자료를 보면 약간 우울한 여성들이 전혀 우울하지 않거나 심한 우울증을 겪는 여성에 비해 더 오래 사는 것으로 나타났다. 1000명 이상의 캘리포니아 학생들을 대상으로 한 장기 연구는 낙천성이 중년 혹은 노년기의 조기 사망과 연결된다는 놀랄 만한 결론을 내놓기도 했다. 이 연구는 낙천적인 사람들이 위험을 더 많이 감수하기 때문일 것이라고 추정했다. 10대 이전에 또래 집단 속에서 자기 위치를 현실적으로 인식한 어린이가, 인기가 많다는 긍정적인 환상에 빠져 있던 어린이들에 비해 우울증을 덜 겪는다는 연구 결과도 있다.[31] 이 가운데서도 가장 놀랄 만한 결과는 2001년 셀리그먼 자신이 공동연구자로 참여한 연구에서 나왔는데, 노년층에서 비관주의자들이 가족의 죽음과 같은 부정적인 사건을 겪은 뒤 우울증에 빠지는 경향이 덜하다는 내용이었다.[32] 셀리그먼은 『진정한 행복』에서 이 연구를 언급하지 않고 넘어갔지만, 결과가 발표되었을 당시 『뉴욕 타임스』에 "낙관주의에 구속과 검증이 없는 게 아니라는 사실이 중요하다."고 논평했다.[33] 그러고 보면 현실주의도 나름대로 소용이 있는 모양이다.

하지만 언론을 통해 대중에 전해진 연구 결과들은 긍정적인 감정이 건강에 긍정적인 효과를 미친다는 쪽으로만 기울어지는 경향이 있다. 이는 부분적으로 '무위 결과(과학 실험에서 실험자가 통제하는 독립변인이 종속변인에 영향을 주지 않는 경우, 즉 가설을 지지하지 못하는 결과를 말한다-옮긴이)'를 기피하는 언론의 오랜 편견에서 기인한 현상이다. 예를 들어 어느 연구가 단거리 달리기나 2차 방정식 풀기에서 남성과 여성 간에 능력 차이가 없다는 사실을 발견했다고 하자. 언론은 한 성이 다른 성보다 우월함을 보여 주는 연구에 비해 이런 연구는 뉴스 가치가 떨어진다고 판단한다. 긍정심리학의 경우 2002년 『뉴욕 타임스』의 한 기사는 낙천성과 장수를 연결시킨 연구 두 건을 인용했고 양심, 평온, 비관주의 같은 다른 특질과 수명의 관계를 추적한 연구는 네 건 인용했다. 다른 특질 가운데는 심지어 심술궂음도 들어 있었다. 그랬지만 기사의 제목은 '긍정적 사고의 힘이 노화를 늦추는 듯'이었다.[34] 긍정심리학자 중 일부는 긍정적으로 들리는 결과를 언론에 제공해야 한다는 압력이 있음을 시인했고, 『긍정심리학 핸드북

(Handbook of Positive Psychology)』 편집자들은 이렇게 경고했다.

이 새롭고 고무적인 접근법[긍정심리학]과 연관된 흥분에 휩싸인 나머지 이 분야에서 이루어진 진전을 전하기 위해 과도한 추론으로 빠질 가능성이 있다. 뉴스 매체가 우리로 하여금 가상의 발견과 진전이 이미 일어났다는 식으로 말하도록 만들어 버릴 경우 이런 가능성은 더욱 커진다.[35]

그렇다고 긍정심리학에 대한 긍정적인 의견 제시를 두고 의욕이 지나친 기자들 탓만 할 수는 없다. 2005년 발표된 「긍정적 감정이 건강에 영향을 미치는가?(Does Positive Affect Influence Health?)」라는 검토 논문의 요약문을 보면 전모가 드러난다.

이 검토문은 긍정적 감정(PA)과 신체적 건강을 관련시킨 문헌에 나타나는 일관된 패턴에 초점을 맞추고 있다. 그러나 이는 또한 개념적, 방법론적으로 중대한 단서 조항을 전제로 한 작업이기도 하다. 증거가 보여 주는 것은 PA 특성과 낮은 유병률의 상관관계, PA 상태 및 특성이 증상 및 고통 완화와 갖는 연관성이다. PA 특성은 또 공동체에 거주하는 노년층의 수명 연장과도 관련된 것으로 나타났다. PA와 심각한 질병을 이겨 내는 것 사이의 관계는 일관되게 나타나지 않았다. 실험을 목적으로 활성화된 PA 상태를 강하게 유도하면 단기적으로 신체적 각성이 높아지는 한편 면역계와 심혈관계, 폐 기능에는 (잠재적으로 유해한) 효과를 보인다. 하지만 PA 상태의 각성 효과는 자연스러운 일상생활에서는 발견되지 않는데, 이때는 PA 자극 강도가 약하며 몸의 보호 반응과 연관되어 나타나기 때문이다. 이 검토문에는 이후의 연구에 방향을 제시하는 이론적 틀이 제시되어 있다.[36]

그런데 비전문가도 알아들을 수 있는 용어로 연구 자료가 갖는 중요성을 요약해 달라고 요청하자 연구자들은 단서 조항과 일관성이 없는 문건, 잠재적으로 유해한 효과들은 모두 밀쳐놓고 "그 연구는 행복감, 열정, 평온과 같은 긍정적 감정을 자주 경험하는 사람들이 병에 덜 걸리고, 더 오래 살고, 병적인 증상과 고통을 덜 느낀다는 예비 증거를 제공한다."고 쾌활하게 답했다.[37]

이런 긍정적 자가발전의 사례를 켄터키 대학교의 연구자 수잰 세거스트롬(Suzanne Segerstrom)에게서도 볼 수 있다. 세거스트롬은 긍정심리학의 성배라고 할 수 있는 영역인 긍정적 감정과 면역 체계의 연관 가능성을 연구해 2002년 템플턴 재단상 긍정심리학 부문 수상자로 선정되었다. 면역 체계는 암에는 분명한 역할을 하지 않지만 감기를 비롯한 감염성 질병과 싸우는 데는 아주 중요하다. 하지만 긍정적 감정과 면역 체계 사이에 상관관계가 있는지는 다른 문제다. 마틴 셀리그먼은 "행복한 사람들은 덜 행복한 사람에 비해 면역 체계가 더 빨리 반응을 나타낸다."면서 연관성이 있다고 주장한다. 세거스트롬은 1998년에 발표한 논문에서 주요 면역 세포의 수준을 측정한 결과 강한 면역력이 낙천성과 연관되어 있다고 밝혔다. 하지만 3년 뒤 발표한 두 번째 연구에서는 '일부 모순적인 결과'가 나왔다면서

"경우에 따라서는 낙천적인 사람들이 비관적인 사람들에 비해 면역력이 떨어진다."고 밝혔다.[38]

하지만 세거스트롬의 논문을 직접 보지 않고 신문 기사만 읽은 사람들은 실은 연구 결과가 부정적이며, 기껏해야 좋고 나쁜 것이 '뒤섞여 있음'을 알지 못할 가능성이 높다. 세거스트롬은 2002년 『뉴욕 데일리 뉴스』와의 인터뷰에서 낙천성이 건강에 주는 이익이 '의미심장' 하다고 밝히고 "낙천적인 사람들은 대개 감정 조절을 잘 하며 이에 더해 대부분의 낙천주의자들은 질병에 더 강한 면역반응을 나타낸다."고 말했다.[39] 2007년에 내가 전화로 인터뷰하면서 물어보자 세거스트롬은 언론이나 그 밖의 다른 누구한테서도 부정적인 내용은 언급하지 말라는 압력을 받은 적이 없다고 했다. 하지만 이야기가 수상에 대한 부분에 이르자 이렇게 말했다. "템플턴상을 받으려면 말이죠. …무위 결과로는 안 됩니다."

템플턴 커넥션

종교에 과학과 동등한 지적 발판을 제공하려 노력하는 것으로 널리 알려진 템플턴 재단은 21세기 들어 10년 동안 셀리그먼의 긍정심리학센터에 220만 달러를 기부했고, 그 밖에도 감사, 겸손, 유대감 등을 주제로 한 이런저런 긍정심리학 연구에도 약 130만 달러를 지원한 곳이다. 억만장자 투자자인 존 템플턴(John Templeton)이 1972년 설립한 이 재단은 종교 부문의 향상에 기여한 인물에게 매년 템플턴상을 수여하고 있다. 노벨상에 종교 부문이 없는 것을 메우기 위해 만든 템플턴상의 상금은 노벨상 상금보다 더 많다(종교 쪽에서 이렇다 할 진전이 없는 점을 반영한 듯 2002년에 상의 이름을 '영적 현실의 연구 및 발견상'으로 바꾸었다). 종교에 과학적 정통성을 부여하려는 템플턴 재단의 활동은 때로 수상쩍은 사업으로 이어지기도 해서, 1999년에는 지적 설계 이론을 진화론의 대안으로 내세운 컨퍼런스에 자금을 대기도 했다. 최근 들어서는 지적 설계 이론을 기피하는 신중한 자세를 취하면서 품성이나 겸손 같은 다양한 추상적 내용에 대한 연구, (역시 무위 결과가 나타난) 기도의 효험 연구에 자금을 지원하면서 '영적인' 지향성을 드러내고 있다. 2008년 사망한 재단 창립자 존 템플턴은 과학과 종교의 공통 기반을 찾아보려는 목적으로 과학자와 신학자들을 호화스런 열대 리조트로 초청해 한 자리에 모아 놓기를 즐겼다.

존 템플턴이 긍정적 감정은 신체 건강에 영향을 미친다는 긍정 심리학의 주장에 이끌렸을 가능성은 다분하다. 이른바 '정신력 문제'라는 명제는 19세기 이후 미국 유심론의 핵심이었다. 하지만 여기에는 더 복잡한 커넥션이 존재하고 있다. 템플턴은 노먼 빈센트 필의 조수 격인 사람이었으며, 그 방면으로 이름이 널리 알려지지는 않았으나 실은 긍정적 사고 진영의 '교사'였다. 템플턴 재단의 2004년 「역량 보고서」에 따르면 템플턴은 70년 전에 읽은 노먼 빈센트 필의 『적극적 사고방식』에서 깨달음을 얻었다고 한다. 그 책을 읽고 템플턴은 "짧은 인생에서 내가 무엇이 되느냐 하는 것은 나의 정신적 태도에 달려 있다. 선한 것을 찾는 정신적 태도는 선한 일을 가져다줄 것이며, 사랑을 찾는 정신적 태도는 사랑을 가져다줄 것이다."라는 것을 깨달았다.[40] 그는 『템플턴 플랜(The Templeton Plan)』, 『범세계적 인생 법칙(Worldwide Laws of Life)』, 『열정(Discovering the Law of Life)』 등 자기계발서도 여러 권 썼는데, 일부는 편리하게도 자신의 재단에서 출판되었다. 『열정』은 로버트 슐러가 추천사를, 노먼 빈센트 필이 서문을 썼는데 그 글에서 필은 템플턴을 '우리 시대 기독교 교회의 가장 위대한 평신도'라고 했다. 이런 사실로 미루어 긍정심리학이 긍정적 사고에 과학적 발판을 제공해 줄 가능성에 템플턴이 주목하지 않았을 리 없다.

그러나 템플턴은 단순히 긍정적 사고 사업가가 아니었다. 그는 일종의 정치 이념가였고, 이런 점은 1995년 재단을 물려받은 아들에 이르면 더욱 심화된다. 존 템플턴 2세는 공화당의 주요 기부자이자 활동가로, 2004년 선거에서 조지 부시에게 표를 몰아주기 위해 활동한 렛 프리덤 링(Let Freedom Ring)이라는 단체의 기금 조성을 도왔다. 2007년에는 이라크 전쟁을 지지하며 이라크와 알카에다를 한 몸으로 취급하는 TV 광고에 자금을 대는 프리덤스 워치(Freedom's Watch)에 기부했다. 최근의 행보를 보면 대선에서 처음엔 롬니를 다음엔 매케인을 지원했고, 동성 결혼을 금지하는 캘리포니아의 주민발의안 8 캠페인에서는 개인 기부자 2위였다.[41]

재단이라는 특성상 정치적으로 특정 정당을 지지하지 않지만, 템플턴 재단은 자유기업을 강력히 선호한다. 그동안 템플턴 재단은 밀턴 프리드먼, 게르트루드 힘멜파브 같은 보수 학자들에게 상금을 수여했고 헤리티지 재단, 맨해튼 연구소, 제시 헬름스 센터 재단, 연방주의자회(Federalist Society), 그리고 '정치적 올바름' 및 학계 진보주의와의 전투로 유명한 전국학자협회 등 여러 보수 단체에 자금을 지원했다.[42] 템플턴 재단의 기부를 받는 민간기업교육협회는 웹사이트에 이런 입장을 밝혀 두고 있다. "'부자들'을 비방하는 선동가들이 사회의 종자용 곡식인 사적인 부를 약탈할 위험은 아주 현실적인 것이다. 선동가를 막아내려면 민간기업의 원리를 이해하고 지켜야 한다. 그런데 이 원리들은 추상적이어서 쉽게 이해되는 것은 아니다." 한편 템플턴 재단의 2006년 보고서에는 이 재단이 '경쟁의 이점', 특히 자유기업을 비롯한 자본주의 원리들이 가난한 사람들에게 어떻게 혜택을 줄 수 있으며 또 주고 있는지를 연구하는 광범위한 프로그램 및 조사 계획을 지원한다고 나와 있다.[43] 여기서 '또 (혜택을) 주고 있는지' 라는 표현은 결론이 미리 정해져 있다는 점을 암시한다. 그러면서도 보고서는 다음과 같은 서글픈 질문을 제기한다. "시장 및 자유기업 원리가 지속 가능한 경제 발전을 이끈다는 사실이 증명되었는데도 세계 인구의 절반이 상대적으로 비참한 환경 속에서 살고 있는 이유는 무엇인가?"

긍정심리학, 혹은 긍정이 붙은 무엇은 우익의 음모라고 주장하려는 것은 아니다. 대중적인 명성을 얻은 긍정적 사고론자들의 정치 성향은 다양하다. 노먼 빈센트 필은 노골적인 보수주의자였다(가톨릭 후보인 존 F. 케네디를 공격하기 전까지는 분명 그랬는데 그 일로 필은 편견이 심하다는 비판을 받았다). 한편 요즘 가장 유명한 긍정적 사고 주창자라 할 수 있는 오프라 윈프리는 진보주의자로 간주된다. 긍정심리학계를 살펴보면 셀리그먼은 확실히 오른쪽으로 기울어져 있다. 그는 '희생자' 또는 '피해자학'이라는 용어에 경기를 일으키는 것으로 유명하다.

2000년의 인터뷰에서는 "뭔가 안 좋은 일이 일어났을 때 어떤 거대한 힘 때문에 그런 일을 당했다는 신념을 지지하는 문화가 퍼져 있다. 사실은 그 반대다. 당신의 성격 혹은 당신의 결정으로 스스로 그런 일을 초래한 것이다."라고 말했다.[44] 셀리그먼은 또 미군의 SERE(생존, 도피, 저항, 탈출) 학교에서 개를 대상으로 한 '학습된 무기력' 실험에 관해 강연했다고 알려져 있다. SERE는 본래 체포 시의 생존 기법을 가르치는 곳이었는데 9·11 이후 테러 혐의자들을 고문하는 방법을 개발하는 곳으로 바뀌었다.[45] (셀리그먼은 2008년에 쓴 이메일에서 "나는 고문에 강하게 반대하며, 그런 일에 조력한 적은 한 번도 없고 절대 그럴 의사도 없다."고 밝히면서 고문에 힘을 보탰다는 비난을 강력히 부인했다.) 아직 그다지 알려지지 않은 긍정심리학자들 가운데 떠오르는 별로 꼽히는 버지니아 대학교의 조너선 하이트(Jonathan Haidt)는 대부분의 긍정심리학자가 개인적으로는 진보 관점을 갖고 있다고 내게 말했다. 그럴 수도 있겠다. 그들 중 많은 사람이 스스로를 우울증, 노이로제, 고통 등 부정적인 주제에 여전히 집착하는 편협한 기성 심리학계의 이단자라고 생각할 것이다.

하지만 '부정심리학'과 싸우는 와중에 전의를 상실했는지 요즘 긍정심리학은 정치적 보수주의자들이 주장하듯 기혼에 신앙심이 깊은, 종교적 원리주의자라 할 수 있는 사람들이 그렇지 않은 사람들에 비해 더 행복하다는 증거를 제시해 보수주의자들을 흐뭇하게 만들고 있다.[46] 결국에 행복이란 것은 자신의 삶에서 느끼는 만족감으로 측정되는 만큼 아무래도 유복한 사람들, 사회 규범에 순응하는 사람들, 신앙을 위해 판단을 삼간 사람들, 사회의 불의에 크게 개의치 않는 사람들이 그런 심리상태에 근접하기 더 쉽다. 이상한 것은 아이가 태어나면(원리주의자의 결혼에서 기대되는 결과인데도) 부모의 행복이 오히려 감소한다는 사실인데, 하버드의 심리학자 대니얼 길버트(Daniel Gilbert)에 따르면 '빈 둥지 증후군'의 유일하게 확실한 증상은 웃음이 증가한다는 것이다.[47]

긍정심리학의 진정한 보수성은 현실의 불평등과 권력 남용에도 불구하고 현상 유지에 애착을 갖는다는 점에서 찾을 수 있다. 행복에 관한 긍정심리학자들의 실험은 현존하는 여러 가지 것에 대한 개인의 만족감을 재는 데 크게 의존한다. 디너 등이 개발해 널리 쓰이는 '삶에 관한 만족도' 조사에서는 응답자들에게 다음의 내용에 대해 예, 아니오로 답하게 한다.

> 내 삶의 대부분은 내가 그리는 이상에 근접해 있다.
> 내 삶의 조건들은 아주 훌륭하다.
> 나는 내 인생에 만족한다.
> 나는 지금까지 내가 원하던 것들을 가졌다.
> 인생을 다시 살 수 있다 해도 바꾸고 싶은 부분이 거의 없다.[48]

긍정심리학, 혹은 긍정심리학의 진보주의 분파가 행복을 증진시키는 방향으로 사회를 개혁하는 운동을 낳을 것이라는 생각도 해볼 수 있다. 예를 들어 직장의 조직을 민주적으로 개편하는 식으로 말이다. 그런데 셀리그먼의 공저자 크리스 피터슨(Chris Peterson)이 2008년 『플레인 딜러(The Plain Dealer)』에 "기업 임원들이 특히 이 새로운 행복과학에 열광하고 있다."고 말한 것으로 보아 긍정심리학은 아무래도 고용주의 편에 서 있는 듯하다. 피터슨은 "완고한 기업 문화가 이제는 더 적은 노동자들로부터 더 많은 실적을 끌어내는 쪽으로 관심을 돌리고 있다. 노동자들이 행복하면 더 열심히 일해 생산성이 높아진다는 것을 깨닫고 그쪽으로 몰려들고 있다."고 설명했다.[49]

한편 1998년 미국심리학회의 『모니터(Monitor)』지에 따르면 불의에 대항하는 사회적 행동에 대해 셀리그먼은 이렇게 주장했다. "다른 사람들을 비난하면서 약자의 편에 서는 사람들은 단기적으로는 마음이 편해질지 모른다. …하지만 그런 좋은 기분은 일시적이다."[50] 왜 사회적 행동은 미덕이 깃든 다른 행동, 곧 모네 그림을 보는 것이나 리처드 루소를 읽는 것과 달리 일시적인 만족감만을 주는지에 관한 설명은 나오지 않는다.

대중의 인기를 끄는 긍정적 사고론과 마찬가지로, 긍정심리학 또한 개인이 자신의 관점을 조정해 내부적으로 일으킬 수 있는 변화에만 관심을 갖는다. 셀리그먼은 인간의 행복을 결정하는 데 환경이 어떤 역할을 하는지에 관한 글에서 드러내 놓고 사회 변혁에 반대했다. "좋은 소식은 때로는 환경이 행복을 더 좋은 방향으로 변화시킬 수 있다는 것이다. 나쁜 소식은 이런 환경을 변화시키는 것이 대개 실행 불가능하며 비용이 많이 든다는 것이다."[51]

바로 이 부분 '실행 불가능하며 비용이 많이 든다'는 주장은 노예제 폐지에서 성차별 금지에 이르기까지 거의 모든 진보적 개혁에 반대하는 논리로 사용되어 온 말이다.

긍정심리학자들은 환경이 개인의 행복을 결정하는 데 미약한 역할만 할 뿐이라는 점을 주장 또는 '발견'해 현상 유지에 크게 기여하고 있다. 긍정심리학의 미비한 방정식 H=S+C+V에서 환경을 뜻하는 C가 차지하는 비중은 겨우 8~15퍼센트로 합계에 큰 영향을 미치지 못하는 것으로 간주된다.[52] C의 보잘것없는 역할을 보여 주기 위해 다양한 연구가 인용되는데, 예를 들면 일자리를 잃거나 심각한 척수 손상으로 하체가 마비된 사람들이 재빨리 본래 수준의 행복감을 회복한다는 것이다. 내가 셀리그먼을 만났을 때 마침 이 이야기가 나왔는데, 그는 새로운 증거들을 보면 하체 마비 환자와 실업자들은 예전의 행복 수준으로 돌아가지 못한다며 C의 비중이 최고 25퍼센트 정도 될 것으로 추정했다. 그러면서 "C의 크기를 두고 많은 논란이 있는데, 왜냐하면 그건 정책이 얼마나 영향을 미치느냐 하는 질문으로 이어지기 때문입니다."라고 덧붙였다.

사실이 그렇다. 인간의 행복에서 환경 변수가 차지하는 비중이 미미하다면 (높게 잡아 25퍼센트로 쳐도) 정책은 주변적인 요소가 된다. 더 좋은 직장과 학교, 안전한 주거 환경, 보편적인 의료보장 등이 사람들을 행복하게 만들지 못한다면 굳이 나서서 그런 요구를 할 필요가 있겠는가? 사회 개혁가, 정치 활동가, 개혁 성향의 선출 관료들은 그동안 절실했던 휴식을 취할 수 있게 되었다. 그뿐 아니다. 행복 결정 요인인 S, 곧 개인적 행복의 '세트 포인트'를 올리기 위해 유전자 요법을 들먹이는 사람은 아무도 없으므로 결국 손댈 여지가 있는 것은 개인의 자발적인 노력을 뜻하는 V뿐이다. 세상을 더 낫게 만들기 위해 오랫동안 노력이 이어진 끝에 바통은 '낙천성 훈련' 트레이너와 긍정심리학자, 대중적인 긍정적 사고 주창자에게로 넘어갔다.

자기계발로의 변신

마틴 셀리그먼을 두 번째 만났을 때, 뜻밖에도 그는 우호적인 태도로 따뜻하게 나를 맞아주었다. 장소는 6차 국제 긍정심리학 서밋이 열리는 워싱턴 시내의 위풍당당한 갤럽 빌딩이었다. 그는 내게 옆자리에 앉으라고 하더니 오전에 있었던 '에너지 충전 휴식'을 즐겼는지 물었다. 대학원 여학생 몇 명이 나와서 대학원 수준에서 긍정심리학을 가르치는 문제에 관해 발표하는 중간에 끼어 있던 휴식 시간을 말하는 것이었다. 당시 진행자는 청중을 일으켜 어깨를 돌리고 목을 풀고 몸을 흔들게 한 다음 "아" 하고 큰 소리를 지르라고 했다. 몸이 좀 풀리자 리키 마틴의 〈컵 오브 라이프(Cup of Life)〉가 흘러나왔다. 무대 위의 여학생들이 안무에 맞춰 괴상한 춤을 추었고, 일부 청중은 맘대로 몸을 흔들었으며, 나이 든 축에 끼는 이들은 모닥불을 밟아 끄는 것처럼 발을 구르기도 했다. 나는 셀리그먼에게 에너지 충전 휴식 시간이 참 좋았다고 답했다. 전국강연자협회 대회에 갔을 때 동기 유발 강연자들이 청중에게 시켰던 것과 아주 흡사했다는 얘기는 굳이 꺼낼 필요가 없었다.

그 '서밋'이 열린 2007년 10월 무렵 긍정심리학계에는 축하할 일이 아주 많았다. 200개 이상의 대학 및 대학원이 긍정심리학 강좌를 개설하면서 학계의 모든 단계에 빠짐없이 근거를 마련한 셈이었다. 긍정심리학 강의는 '해피 101'이라는 별명으로 불리기도 하는데, 강의에 참여한 학생들은 살면서 행복했던 순간을 떠올려 보거나 고마운 사람들에게 감사 편지를 쓰게 된다. 2006년 하버드 대학에서는 긍정심리학 개론 강의에 855명의 수강생이 몰려 경제학을 제치고 최고 인기 강좌로 떠올랐고, 조지메이슨 대학교의 유사한 학부 강의는 2007년 초 『뉴욕 타임스 매거진』의 취재 대상이 되었다.[53] 펜실베이니아 대학교에 응용 긍정심리학 석사 학위가 생기는 등 대학원 수준에서도 긍정심리학 강의가 전 세계에서 우후죽순처럼 생겨났다. 서밋 발표자인 이스트런던 대학교의 일로나 보니웰(Ilona Boniwell)은 아르헨티나, 인도, 이스라엘, 멕시코, 스페인, 싱가포르에서도 대학원 프로그램이 급격히 증가할 것이라고 예상했다.

경사는 그뿐만이 아니었다. 긍정심리학의 고급 학위 소유자에게는 매력적인 직업 전망이 기다리고 있는 듯했다. 펜실베이니아 대학은 졸업생 가운데 한 사람이 자기계발서 『당신의 물통은 얼마나 채워져 있습니까?』의 공저자가 되었고, 두 명은 공립학교에 긍정심리학을 전파할 계획을 가진 컨설팅 업체에 들어가 '성격의 장점과 미덕을 측정·함양하기' '낙천성 및 유연성 배양 도구 학습' 같은 주제로 워크숍을 진행한다고 밝혔다.[54] 또 이 대학의 졸업생인 데이비드 폴리(David J. Polly)는 경제 컨설턴트 및 '해피뉴스' 웹사이트의 칼럼니스트로 활약하고 있다. 대개 긍정심리학 전공자들은 컨설팅과 코칭을 통해 긍정심리학을 단체나 기업에 적용하는 분야에서 기회를 얻는 것 같았다. 서밋에서 내가 참가한 한 세션에는 사람들이 너무 많아 일부는 바닥에 앉아야 했다. 강사인 영국인 컨설턴트는 웰스파고와 마이크로소프트 같은 고객사들이 강점에 기반을 둔 조직을 만들도록 돕고 있다고 밝힌 뒤 '자연스럽고 믿을 만한' '활력을 돋우는' '마음을 끄는' '학습과 발전' '실적이 높은' '행복과 성취' 등의 용어를 나열한 파워포인트로 프레젠테이션을 진행했다. 형용사와 명사가 뒤섞인 정신 사나운 목록을 '이론'이라고 버젓이 제시해 둔, 경제 자기계발서들에 나오는 것과 유사한 그 내용을 보자 학문적 훈련을 거친 긍정심리학 코치와 자칭 코치 및 동기 유발 강사 사이에 어떤 차이가 있는지 궁금해질 따름이었다.

그런데 이 자축 서밋에도 긍정심리학의 과학적 토대에 대한 불안감이 약간 감돌고 있었다. 일로나 보니웰은 런던 대학교의 긍정심리학 박사 과정 프로그램이 직면한 도전 가운데 하나로 '영국의 건전한 회의주의'를 꼽았다. 이상한 일이었다. 물리학이나 사회학 교수라면 회의적이고 의문이 많은 학생을 좋아하지 않을까? 궁금해진 나는 중간 휴식 시간에 본인에게 직접 물어보았다. 보니웰의 대답은 이랬다. "긍정심리학의 많은 연구 결과가 실제보다 더 강력하게 제시됩니다. 예컨대 상관관계는 있지만 인과관계가 있는 건 아니거든요. 긍정심리학의 과학이 반드시 긍정심리학의 약속을 충족시키는 것은 아닙니다." 하지만 그 '약속'이 비즈니스 코칭에서 돈벌이의 근본이므로 과학은 그것을 충족시켜야만 할 것이다.

서밋이 열리기 한 해 전에 긍정심리학이 받은 평판이 100퍼센트 긍정적인 것은 아니었다. 2007년 『뉴욕 타임스 매거진』은 행복 101 코스를 두고 긍정심리학이 '종파 같은 분위기'를 풍긴다고 비판하면서 "그 분야에 대한 관심도가 과학을 앞서는데 그건 바람직한 일이 아니다."라고 지적했다. 기사는 이어 긍정심리학의 과학이 아직 일류에 도달하지 못했다는 생각 탓에 셀리그먼도 괴로워하고 있다면서 "나도 바로 그 점을 우려하고 있습니다. 새벽 4시에 잠에서

깨어 걱정하는 것도 그 때문입니다."라는 그의 말을 전했다.[55]

이 같은 우려는 '긍정심리학의 미래'라는 주제로 오후 늦게 열린 총회 세션에서 표면화되었다. 연사는 그 분야의 족장 격인 마틴 셀리그먼과 에드 디너였다. 셀리그먼은 "나는 긍정심리학 이론이 완전히 틀렸다는 결론을 내렸습니다."라는 말로 강연을 시작해 청중의 주목을 끌었다. 도대체 무슨 뜻일까? 그는 긍정심리학이 행복에 관한 것이어서 '과학적으로' 다루기 힘들기 때문이라고 말했다. 하지만 이 문제는 '성공' '성취'와 같은 개념을 끌어들임으로써 어느 정도 교정될 수 있었다고 밝혔는데, 바로 그 지점에서 긍정심리학자가 노먼 빈센트 필을 비롯한 성공 전문가들과 같은 영역에 들어서게 된다는 점에 나는 주목하지 않을 수 없었다. 셀리그먼은 이처럼 성공이라는 것을 긍정심리학에 끌어들이게 되면 논의는 더 이상 긍정심리학이 아니라 인류학, 정치학, 경제학을 포괄하는 '다원 이론'이 된다고 했다. 그것이 바로 셀리그먼이 지향하는 방향, 곧 '긍정 사회과학'이었다.

셀리그먼의 말에 수백 명의 긍정심리학자, 대학원생, 코치 등이 소스라치게 놀란 것은 당연한 일이었다. 아버지로부터 지금의 가족은 너무 협소하고 제한적이니까 새로운 가족을 찾아 옮겨 가겠다는 말을 들은 듯한 심정이었을 것이다. 질의응답 시간이 되자, 긍정심리학의 과학적 기반이 너무 박약하다는 것을 셀리그먼이 시인했음을 알아차린 몇몇 청중이 질문을 했다. "긍정심리학의 실증적 측면과 (코칭 같은) 응용 사이의 간격을 어떻게 하면 좁힐 수 있겠습니까?" 디너는 그런 거리가 생기는 이유에 대해 "확실한 근거가 없는 일을

긍정심리학: 행복의 과학   243

사람들이 할 때는 그것이 필요를 충족시키기 때문"이라고 말했다. 셀리그먼도 "사람들이 행복을 원하는 탓에 긍정심리학이 실용적인 결과를 산출하라는 압력을 받고 있다."며 디너의 의견에 동의했다. 그러자 코칭 같은 응용 분야가 학문을 앞질러 나갈 수도 있냐는 질문이 이어졌다. 셀리그먼은 라이트 형제의 예를 들면서 "과학자들이 새가 어떻게 나는지 몰랐을 때 누가 날았습니까?"라면서 "학문은 실행의 뒤를 따르는 것"이라고 말했다.

'긍정 사회과학'으로 향한다는 언급은 과학적 근거의 문제보다 더 큰 불안감을 불러일으켰다. 디너는 긍정심리학이 널리 알려진 '브랜드'라면서 그 용어를 그대로 쓰자는 입장이었다. 게다가 긍정 사회과학이라는 개념을 '혐오'한다는 말도 했다. 사회과학에는 사회학이 포함되는데 사회학은 '무력하고' 자금 부족에 시달리기로 악명 높기 때문이라고 했다. 그러다 보니 주제는 학문에서 멀어져 적나라한 기회주의 쪽으로 흘러가는 듯했다. 어느 청중이 긍정심리학의 이름을 '응용 행동경제학'으로 바꾸자면서 "경영대학원에서 인기가 있고 높은 연봉이 따라온다."는 이유를 댔을 때 웃는 사람은 아무도 없었다.

7

긍정적 사고는
어떻게 경제를 무너뜨렸나

아무도 금융 위기를 예상하지 못했다. 미국 경제는 새로운 고점으로 상승하고 있었다. 경제 논평도 낙관적 전문가들이 주도했다. 그들의 권고대로 사람들이 자기 집을 '현금인출기처럼' 이용함에 따라 집값 상승이 전체 경제를 밀어 올렸고, 집값은 중력의 영향에서 영원히 벗어난 것으로 생각되었다.

    2008년 말, 보기 드문 경제 비관론자 가운데 한 사람인 폴 크루그먼은 어째서 아무도 "그 모든 것이 사실은 거대한 폰지 사기라는 사실을 보지 못했는가?"라는 수사적 물음을 던진 뒤 "누구도 잔치의 흥을 깨는 사람이 되고 싶지 않았기 때문"이라고 답을 제시했다.

Bright-
-Sided

21세기로 접어들자 긍정적 사고는 유례없는 규모로 우주로 퍼져 나갔다. 태양계를 넘어 성간 가스를 헤치고, 블랙홀을 피해 머나먼 행성들의 바다에까지 가닿았다. 누군가(신 또는 외계인이) 긍정적 사고의 발산물을 구체적인 형태로 바꾸는 수단을 갖고 있었다면 날씬한 몸, 커다란 집, 고속 승진, 일확천금이라는 이미지에 압도당했을 것이다.

그런데 그 우주는 '거대한 통신판매 백화점'이라는 할당된 역할을 거부했다. 긍정적 사고 전문가들이 오랫동안 얘기해 온 끌어당김의 법칙은 철저히 무시되고, 사람들의 삶은 더 나아지는 게 아니라 악화되었다. 조엘 오스틴과 크레플로 달러 같은 번영 설교사들에게 영적인 인도를 구했던 가난한 사람들은 여전히 빈곤에 시달리고, 더구나 가난한 이들의 수는 점점 늘어나고 있다. 2002년부터 2006년 사이, 미국 경제가 활황이던 시기에도 자녀가 있는 전체 가구 가운데 공식적인 저소득 가구가 차지하는 비율은 25퍼센트로 치솟았다.[1] 한때 중산층과 부분적으로 겹쳤던 전통적 노동 계급의 임금은 떨어졌고, 제조업종처럼 급료가 높은 일자리가 사라졌다. 재러드 번스타인

(Jared Bernstein)의 『위기: 왜 이렇게 쥐어짜이는 것 같을까?(Crunch: Why Do I Feel So Squeezed?)』와 스티븐 그린하우스(Steven Greenhouse)의 『커다란 압박(The Big Squeeze)』에 나온 '쥐어짜이다(squeezed)'는 표현이 많은 사람이 처한 상황을 단적으로 보여 주는 단어가 될 것이다.

자기계발서, 동기 유발 상품, 코칭 서비스의 주된 시장인 화이트칼라 중산층 역시 똑같은 압박에 시달리고 있다. 제이콥 해커(Jacob Hacker)가 『최악의 위험 전가(The Great Risk Shift)』에서 설명한 추세 그대로, 기업들은 연금과 의료보장 혜택을 줄이거나 없애고 있다. 실업률은 낮지만 고용주들이 기업 규모를 줄이고, 구조 조정을 하고, 아웃소싱을 하는 등 분기 단위로 이익을 짜내는 데 주력함에 따라 일자리의 수명이 짧아졌다. 피터 고슬린(Peter Gosselin)도 『줄타기(High Wire)』에서 예전에는 중산층에 안정감이 있었으나 지금은 불안정한 수입의 파도에 휘말렸다고 진단했다. 구조 조정 탓에 갑작스레 내리막길로 접어들어 주택 대출금을 계속 갚아 나갈 방법도 없고 의료보험도 없이 지내게 되었다는 것이다. 나 또한 2006년에 낸 『미끼 상술(Bait and Switch)』에서 이런 속이 뒤틀리는 상황에 대해 글을 쓴 적이 있는데, 교육받은 숙련 화이트칼라 노동자들이 실업과 단기 계약 물결에 휩쓸려 전통적으로 가난한 사람들의 일자리였던 저임금 서비스 직종으로 내몰리는 현상을 설명한 내용이었다.

그렇다고 모두가 전망이 흐려지고 생활에 쪼들리게 된 것은 아니다. 이 모든 가난과 안전성 상실의 이면에서 경제 스펙트럼의 최상위층은 상상도 할 수 없는 어마어마한 부를 축적했다. 부와 소득의 격차가 1920년대보다 더 벌어져 미국은 선진국 가운데 가장 양극화된 사회가 되었다. 1979년에서 2007년 사이에 미국 최상위 1퍼센트 가계의 세전 소득이 전체 가계소득에서 점하는 비율은 7퍼센트 포인트 증가해 16퍼센트로 늘어난 반면 하위 80퍼센트의 비중은 7퍼센트 포인트 감소했다. 데이비드 리어나드(David Leonhardt)가 『뉴욕 타임스』에서 지적한 대로, 하위 80퍼센트에 속하는 가구가 매년 7000달러짜리 수표를 써서 그걸 상위 1퍼센트에게 보내주는 셈이다.[2] 최상위 1퍼센트는 늘어난 재산을 어디에 사용했을까? 고수익 투자에도 일부 썼겠지만 옛날 강탈 영주들도 움찔 놀랄 만큼 엄청난 소비 행태를 보인 것도 사실이다. 그들은 자가용 제트기를 타고, 집을 여러 채 소유하고, 최고의 와인을 권해 주거나 투자 가치가 있는 예술품을 선별해 주는 온갖 종류의 고용인을 잔뜩 두고 있다. 경제 잡지 『포트폴리오』의 한 기고자는 2008년을 돌아보면서 벌린 입을 다물지 못했다.

> 하루 숙박비가 3만 4000달러인 호텔방, 월스트리트 버거숍에서 파는 금박을 입힌 175달러짜리 리처드 누보 햄버거, 알곤킨 호텔의 1만 달러짜리 온더록(술에 넣는 록은 대개 얼음이지만 여기선 다르다. 보석상이 선별한 다이아몬드다). 전 세계적으로 늘어나고 있는 게걸스러운 최고 자본가들의 도저히 믿기 힘든 생활방식과 일하는 습관을 얘기하자면 이런 것은 서론에 불과하다.[3]

1920년대 대공황을 앞둔 시기에는 양극화가 심해지자 부자들의 무절제와 빈자들의 비참함에 격분한 노동운동가와 급진적 활동가들이 많이 있었다. 하지만 21세기에는 아주 성격이 다른 다양한 종류의 이론가들이 정반대의 메시지를 퍼뜨리고 있다. 그들은 고도로 불평등한 이 사회에는 아무 문제가 없으며, 노력할 의사가 있는 사람의 삶은 조만간 훨씬, 훨씬 더 좋아질 것이라고 말한다. 동기 유발 강사를 비롯한 긍정적 사고의 전파자들은 고용 시장의 지속적인 뒤틀림 속에서 경제적 파멸에 직면한 이들에게 아무리 겁이 나더라도 그 '변화'를 껴안고 기회로 여기라는 메시지를 전한다. 하비 매케이(Harvey Mackay)가 2004년에 쓴 경제 자기계발서에는 『우리는 해고당했다! 지금까지 겪은 일 중 최고로 멋진 일이다(We Got Fired! And It's the Best Thing That Happened to Us)』라는 도발적인 제목이 달려 있다. 앞서 4장에서 살펴보았듯이 고용주들은 다운사이징의 희생자들을 다독이고 남은 사람들에게서 더 영웅적인 노력을 뽑아내기 위해 긍정적 사고에 의존한다.

경제적 불평등은 긍정적 사고론자들의 관심사가 아니다. 누구라도, 정말로 누구라도, 단지 자신의 생각에 초점을 맞추는 것만으로 언제든 부자의 대열에 합류할 수 있기 때문이다. 2008년 대통령 선거 운동 때 '배관공 조'로 불린 조 워즐바커(Joe Wurzelbacher)는 연 수입 25만 달러 이상인 사람들의 세금을 올리려는 버락 오바마(Barack Obama) 후보의 계획을 비판해 하룻밤 새 유명 인사가 되었다. 그는 자기가 근무하는 배관 사업체를 인수할 생각이므로 오바마가 세금을 인상하려는 대상에 자신도 포함된다고 주장했다(하지만 그는 2명이 일하는 가내수공업 업체의 무면허 배관공이기 때문에 세금 인상의 영향을 받지 않는다는 사실이 얼마 지나지 않아 밝혀졌다). 특권부유층(연평균 1100만 달러를 벌고, 섬과 요트를 소유한 CEO들)에 왜 분개하는가? 당신 또한 그들 축에 끼는 것이 목표가 아닌가? 문제는 현실이 생각과 다르다는 점이다. 미국인들은 독일인, 캐나다인, 핀란드인, 프랑스인, 스웨덴인, 노르웨이인, 덴마크인에 비해 계층의 상향 이동 가능성이 더 낮다.[4] 하지만 긍정적 사고라는, 기분을 풀어 주는 상쾌한 약을 복용하는 데 힘입어 신화는 강화되고 있다. 브루킹스 연구소는 지난 2006년에 비아냥을 약간 섞어 이렇게 진단했다. "기회와 상향 이동 가능성에 관한 강한 믿음은 미국인들이 불평등을 잘 감내하는 이유를 설명해 준다. 조사 대상 미국인의 대다수는 장래에 자신이 평균 소득 이상을 벌 것이라고 믿고 있다(이는 수학적으로 불가능한 일이다)."[5]

경제학자들도 그렇고, 아무도 금융 위기를 예상하지 못했다. 미국 경제는 닷컴 거품 파열과 9·11의 외상에서 어렵지 않게 벗어나 집값 및 주가 급등을 통해 새로운 고점으로 상승하고 있었다. 경제 논평도 낙관적 전문가들이 주도했다. 1999년 『다우지수 36,000(Dow 36,000)』을 쓴 제임스 글래스먼(James Glassman)은 『워싱턴 포스트』의 칼럼니스트로 선임되었고 뉴스쇼의 초대 손님으로도 자주 얼굴을 내밀었다. 논평가들의 권고대로 사람들이 자기 집을 '현금인출기처럼' 이용함에 따라 집값 상승이 전체 경제를 밀어 올렸고, 집값은 중력의 영향에서 영원히 벗어난 것으로 생각되었다. 전국부동산중개인협회의 수석 경제 분석가 데이비드 르레이(David Lereah)는 2006년 『왜 부동산 붐은 꺼지지 않을까 그리고 당신은 거기서 어떻게 이익을 얻을까(Why the Real Estate Boom Will Not Bust and How You Can Profit from It)』라는 책을 냈고, 주택 거품기 주요 언론에 가장 자주 인용된 주택 전문가로 부상했다.[6] 프래디맥(Freddie Mac)의 수석 경제 분석가 프랭크 노태프트(Frank Nothaft)도 전국적인 주택 가격이 결코 큰 폭으로 떨어지지 않을 것이라고 사람들을 안심시켰다. 2008년 말, 보기 드문 경제 비관론자 가운데 한 사람인 『뉴욕 타임스』의 칼럼니스트 폴 크루그먼은 "어째서 아무도 그 모든 것이 사실은 거대한 폰지 사기라는 사실을 보지 못했는가?"라는 수사적 물음을 던진 뒤 "누구도 잔치의 흥을 깨는 사람이 되고 싶지 않았기 때문"이라고 답을 제시했다.[7]

만장일치에 가까운 전문가들의 낙관주의가 악성 부채와 수상한 대출의 양산에 기여한 것이 사실이지만, 다수의 평범한 사람들 역시 지나치게 밝은 전망에 사로잡혀 있었다. 로버트 라이시(Robert Reich)는 애증이 엇갈리는 태도로 이렇게 설명했다. "경제에 파급된 낙관주의는 미국이 지금까지 발명가와 만물 수선공, 혁신가와 실험가의 나라였던 이유를 설명해 준다. …낙관주의는 또 우리가 왜 그렇게 돈을 펑펑 쓰면서 저축은 안 했는지도 설명해 준다. …우리가 빚 더미에 올라앉아서도 계속 돈을 써 댄 것은 우리의 낙천성과 관련이 있다."[8] 꼭 필요하지도 않은 곳에 돈을 쓰면서 거리낌 없이 카드 빚을 쌓아 가고, 집에 2차 모기지를 설정하거나 시간이 지나면 대출 이율이 상승하는 모기지 계약을 맺게 된 핵심에는 이 낙천주의 정신이 놓여 있었다. 긍정적 사고 이데올로기는 낙천성과 그에 수반되는 권리 의식을 열심히 부채질했다. 『LA 타임스』 기자가 〈시크릿〉이 여동생에게 미친 영향에 대해 쓴 글을 보자. "휴가를 보내러 뉴욕에서 온 여동생은 피아노 의자에 수제 가죽 가방을 털썩 내려놓으며 '이 예쁜 가방 좀 봐. 난 이런 사람이야.'라고 말했다." 〈시크릿〉 DVD를 본 여동생은 자기가 그 가방을 가질 자격이 있으며 원하기만 하면 자기 것이라는 생각으로 신용카드를 그었다.[9]

세속적인 긍정적 사고 관련 글들이 물질적 욕망을 발현하라고 사람들을 부추기는 한편 오스틴이나 달러 같은 목사들은 당신이 아름다운 집을 비롯해 모든 멋진 것을 누리기를 하느님이 '바라신다'고 주장했다. 조엘 오스틴은 『긍정의 힘』에서 아내가 더 크고 우아한 집으로 이사 가자고 했을 때 처음에는 반대했다고 털어놓았다. "이후 몇 달 동안 아내는 신념과 승리의 말을 통해 마침내 나를 설득해 냈다. …빅토리아가 내 비전을 넓히도록 설득하지 않았더라면 그런 일이 벌어지지 않았을 것이다. 하느님은 당신을 위해서도 더 많은 것을 준비해 두고 계신다."[10]

2008년 『타임』에 실린 '서브프라임 모기지 사태는 하느님 탓일까?'라는 도발적인 기사는 금융 위기를 조장한 번영 설교사들의 역할과 관련해 미국 종교계의 몇몇 저명인사의 말을 인용했다. 캘리포니아 대학교의 종교학 교수 조너선 월턴(Jonathan Walton)은 오스틴 같은 목사들이 "하느님은 은행이 내 신용점수를 무시하도록 해 주시고 내가 처음으로 소유한 집을 축복해 주신다."고 말하면서 저소득 계층이 서브프라임 모기지를 걱정하지 않도록 안심시켰다고 꼬집었다. 오순절교회파 전문가인 앤시어 버틀러(Anthea Butler)도 같은 이야기를 전했다. "목사가 '와코비아 은행에 가서 대출을 받으시오.' 하고 말하진 않는다. 하지만 나는 이렇게 말하는 걸 들었다. '당신의 신용점수가 낮다고 해도 하느님은 여전히 당신을 축복해 주십니다. 당신이 믿음을 보이면('교회에 큰돈을 기부하면'이라는 뜻이다) 그 집이든, 자동차든, 아파트든 얻게 될 겁니다.'"[11] 긍정적 사고와 서브프라임 위기가 분명히 관련되어 있다고 본 케빈 필립스(Kevin Phillips)는 『나쁜 돈(Bad Money)』에서 『시크릿』의 저자 론다 번과 함께 번영 설교사 오스틴, T. D. 제이크스, 크레플로 달러를 고발했다.[12]

인종이나 소득수준 탓에 오랫동안 대출을 거부당했던 많은 사람에게 손쉬운 모기지 대출은 분명 하느님이 주신 기적처럼 여겨졌을 것이다. 주택 거품 붕괴를 예견한 몇 안 되는 경제학자 가운데 한 사람인 딘 베이커(Dean Baker)는 2006년에 위험한 서브프라임 및 알트-에이(Alt-A) 모기지가 전체 모기지의 40퍼센트로 늘어났으며 그중 많은 계약이 소득 명세나 계약금을 요구하지 않았다고 경고했다.[13] 그로부터 1년도 지나지 않아 점점 더 많은 사람이 감당할 수 없는 버거운 상태에 놓였다. 가계 부채가 가계소득의 133퍼센트라는 기록적인 수준으로 늘어 총 14조 달러에 달했다.[14] 개인 파산 건수는 2007년 한 해에만 40퍼센트 급증했다.[15] 일정 기간 후 대출금리가 올라가는 계약을 맺고 대비하지 않았던 사람들은 한밤중에 이웃의 눈을 피해 이삿짐을 쌌다.

이런 금융 위기를 설명하는 데에는 평범한 사람들의 속기 쉬운 속성과 낙천성이 주된 이유로 거론되었다. 누군가 의심스런 수단을 써서 사람들에게 위험한 모기지를 권유했다. 누군가가 그 모기지 채권을 뭉쳐서 증권화한 다음 전 세계 투자자에게 팔았다. 누군가는 그렇게 해서 한 재산 만들었을 것이다 등등. 하지만 『워싱턴 포스트』의 칼럼니스트 스티븐 펄스타인(Steven Pearlstein)은 "모든 경제 혹은 금융 열광의 핵심에는 자기기만이라는 전염병이 있다. 다수의 순진한 투자자들만 그 병에 감염되는 게 아니라 영리하고, 경험이 풍부하며, 닳고 닳은 기업 임원 및 은행가들도 대부분 마찬가지다."라고 지적했다.[16] 실제로 무모하기로는 대출 기관이 돈을 빌린 사람들을 훨씬 앞섰다. 서브프라임을 취급한 한 금융 업체는 자산 대비 부채 비율이 1 대 30에 달했다.[17] 미국 기업 문화가 전문 경영의 따분한 합리성을 내던지고 신비주의, 카리스마, 번득이는 육감이라는 정서적 감동에 몰입한 지 오래되었다는 사실을 떠올려 보자. 동기 유발 강연자들과 성스러운 영감을 받은 CEO들의 활약으로 기업들은 기만적 기대의 정점을 향해 달려 나갔고, 최고 경영진도 예외가 아니었다.

비합리적 경영이라는 최신 유행을 따른 대표적 사례가 리먼브라더스의 사장이었던 조 그레고리(Joe Gregory)다. 2008년 『뉴욕』 잡지 보도에 따르면 그레고리는 따뜻하고 유연한 품성을 지닌 인물로 함께 골프를 치기에 딱 좋은 사람이다. 또 자신이 표현한 대로 '탐지자(feeler)', 그것도 아주 뛰어난 탐지자였다. 꼼꼼한 위험 분석 같은 지루한 일은 그에게 맞지 않았다. 리먼의 한 임원은 "그는 '미스터 직감'이었다."고 말했다. 그레고리는 합리적 분석과 직관이 배치될 때에도 직관을 따르라면서 "자신의 직관을 신뢰하고, 자신의 판단을 신뢰하고, 자기 자신을 믿고… 그런 신뢰를 배경으로 결정을 내리는 것이 아주 효과적이다."고 말했다. 리먼의 한 분석가에 따르면 이런 그레고리의 예감에 따라 때로 회사는 분석 결과와 정확히 상반되는 결정을 내리기도 했다.[18]

무시된 경고들

2008년 4월, 나는 널리 퍼져 있는 긍정적 사고라는 합의에 반대하는 보기 드문 인물과 인터뷰를 했다. 에릭 더즌홀(Eric Dezenhall)은 워싱턴의 위기관리 전문가로, 대외 홍보에서 잠재적 재난에 직면한 기업들이 찾는 사람이다. 작은 키에, 직설적이면서도 진지한 그는 완벽한 공화당 배경을 지닌 사람인데(레이건 행정부 때 인턴으로 일했다), 고객들과 자주 대립하게 된다고 털어놓았다. "많은 기업이 내가 말해야만 하는 내용을 듣기 싫어합니다. 상황이 아무리 긴박해도 기업들은 긍정적인 결과와 메시지가 있을 것이라고 필사적으로 믿으려고 합니다."라면서 나쁜 뉴스를 전하는 것은 '경력을 끝장내는 일'이 될 수도 있다고 말했다. 그는 기업을 방문하면 이렇게 말하는 것으로 이야기를 시작한다고 했다. "여러분들이 좋아하지 않을 말을 해야겠습니다. 위기는 기회가 아니라는 것입니다." 그에게 기업의 의사 결정권자들도 끌어당김의 법칙이나 생각으로 세상을 통제할 수 있다는 것을 받아들일 정도로 멀리 나갔는지 물어보았다. 더즌홀은 그런 식의 사고방식이 기업에도 '바이러스'처럼 퍼져 있다고 답했다. "그 사람들은 그런 걸 믿습니다. 기업이라는 건 돈 버는 일에는 냉정해질 수 있어요. 하지만 현실적이 되는 문제에는…."

예전에는 건전했던 금융 부문도 긍정적 사고 '바이러스'에는 면역이 없었다. 금융 업체들은 앤서니 로빈스 같은 동기 유발 강연자와 코치들을 앞다퉈 고용했다. 로빈스는 2008년 래리 킹에게 세계 10위권에 드는 금융 트레이더 중 한 사람을 16년간 코칭하는 명예를 누렸고, 최근에는 가장 영민한 트레이더 그룹에게 컨설팅을 제공하고 있다고 자랑했다.[19] 일부 금융 업체들은 동기 유발 강연자를 자체 생산하기도 한다. 노숙자에서 베어스턴스의 최고 연봉자가 되는 과정을 그린 베스트셀러 『행복을 찾아서(The Pursuit of Happiness)』의 저자인 크리스 가드너(Chris Gardner)는 인기 강연자가 되었다(책은 영화로도 제작되었다). 또 다른 유명 강연자인 척 밀스(Chuck Mills)는 몇 년 동안 베어스턴스에서 3억 달러 규모의 포트폴리오를 운영하는 트레이더로 근무하다가 금융 서비스 업체를 세우고 강연 업계에도 뛰어들었다. 금융 부문의 낙관주의는 너무도 뿌리가 깊어 2008년 위기가 닥치자 메릴린치는 기업 등급을 매기는 데 지나치게 낙천적인 분위기가 있다는 것을 갑자기 깨닫고 소속 애널리스트들에게 가끔씩은 '매도' 의견을 내라고 촉구할 정도였다.[20]

　　제정신이었다고는 보기 힘든 컨트리와이드 모기지의 경우를 보자. 무분별한 대출로 세계적 신용 경색의 전초가 된 서브프라임 위기를 사실상 유발한 업체가 바로 컨트리와이드였다. 밝게 태운 피부 위로 항상 미소를 띠었던 이 회사의 CEO 앤절로 모질로(Angelo Mozilo)는 '낮은 곳에서 출발해 노력과 결단, 그리고 긍정적인 생각이 아메리칸 드림을 성취하는 핵심이라는 점을 입증한 공로로' 2004년 허레이쇼 앨저상을 수상했다. 2008년 초, 회사 주가가 급락하고 있을 때에도 그는 언론에서 늘 낙천적이고 밝은 모습을 보였다. 컬럼비아 경영대학원의 금융학 교수인 브루스 그린왈드(Bruce C. N. Greenwald)는 모질로를 두고 이렇게 말했다. "문제를 초래하는 사람들은 자기 최면에 능하다. 그래서 그런 사람들이 유능한 세일즈맨이 되는 것이다.

그들은 스스로를 납득시킨다. …그는 도산이라는 게 없는 세상에서 너무 오래 살아왔기 때문에 그런 일이 일어날 수 있다는 것 자체를 믿지 않았다."[21]

호들갑스럽게 환영하며 대출을 해 주던 그 시기에 바로 그런 행복한 확신이 컨트리와이드를 지배했다. 컨트리와이드의 선임 부사장으로 일했던 경험을 책으로 쓴 애덤 마이클슨(Adam Michaelson)은 다소 '컬트적인' 일들이 그 회사에서 벌어졌다고 밝혔다. 하이파이브 관행, 동기유발 강연자들, 떠들썩한 환호성 등이 그것이다. 2004년에 그는 집값이 계속 오를 것이라는 가설에 의문을 제기했다가 "당신은 걱정이 너무 많아서 문제입니다."라는 소리만 들었다. 마침내 서브프라임 모기지 시장 내부에서 파열음이 나기 시작했을 때에도 그런 문화는 수그러들지 않았다. 마이클슨은 "그런 시기야말로 부정적인 반응을 보이거나 조심스런 평가를 내리는 사람이 가장 먼저 배척당하는 때이다. 거품투성이의 들뜬 분위기 속에서는 순응하지 않는 데 따르는 위험이 몹시 크다."고 썼다.[22]

경제서 저자 마이클 루이스(Michael Lewis)는 '월스트리트 호황의 종말(The End of Wall Street's Boom)'이라는 탁월한 글에서 긍정적 사고가 월스트리트에 독약이 된 이유를 해명하는 단서를 제시했다. 재앙을 예상했던 내부자들을 찾아내는 데서 작업을 시작한 루이스는 그런 사람들 중 일부가 태도를 고치라는 압력에 시달렸다는, 그다지 놀랍지 않은 발견에 이르렀다. 주택 거품 붕괴를 내다보았던 크레디트스위스의 분석가 아이비 젤먼(Ivy Zelman)은 "비관주의 탓에 고객과 멀어졌지만 그렇다고 모든 것이 좋을 것이라고 태도를 꾸밀 수는 없었다."고 말했다. 매도 의견을 냈다가 비판에 직면한 은행 전문가 스티브 아이스먼(Steve Eisman)은 "황당한 일이었다. 매도 의견을 낼 수 없다고 전제되어 있는지 나는 몰랐다. 세 가지 범주(매수, 중립, 매도)가 있고, 그중에서 자기가 생각하는 하나를 선택하는 것인 줄 알았다."고 말했다. 말하자면 아이스먼은 조직 중간층의 사람들이 최고 경영진에게 위안을 주거나 추켜세우는 것 이상의 일을 하던, 보다 합리적인 접근법을 취하던 시대의 유물이었다. 루이스는 "아이스먼은 좀 더 낙관적인 태도를 취하라는 압력을 받았지만, 낙천성은 그의 스타일이 아니었다. 낙천성과 아이스먼은 같은 행성에 살 수 없었다."고 썼다.[23] 루이스의 글이 나오고 몇 주 뒤에 나는 아이스먼과 통화를 했다. 그는 금융 산업이 집값은 결코 떨어지지 않는다고 가정하고, 그 가정에 의문을 제기할 이유를 전혀 찾을 수 없다는 가정을 더했다고 말했다. 아이스먼은 "부정적인 생각을 표현하는 사람은 누구나 내쳐집니다."면서 사방이 미쳐 날뛸 때는 침묵을 지켜야 할 이유가 있다고 했다.

 리먼브라더스의 고정자산 부문 글로벌 책임자였던 마이크 겔밴드(Mike Gelband)는 현실주의를 내세우다 순교한 사람이다. 2006년 말, 부동산 거품을 감지한 겔밴드는 점점 초조해졌다. 2006년 추가 보고에서 그는 CEO 리처드 풀드(Richard Fuld)에게 "세상이 변하고 있습니다. 우리의 비즈니스 모델을 다시 생각해 봐야 합니다."라고 말했다. 풀드는 그 부적응자를 바로 해고했고, 그로부터 2년 뒤 리먼은 파산했다. 『뉴욕』 잡지가 2008년 말 보도한 바에 따르면, 풀드는 그 시점에서도 겔밴드가 하려 했던 말이 무엇인지 이해하지 못했다.

풀드는 밤에 잠을 이루지 못한다. 그는 다섯 채의 집 가운데 대개 코네티컷 주 그리니치의 집에서 시간을 보낸다. 스무 개의 방과 여덟 개의 침실, 수영장, 테니스 코트, 스쿼시 코트를 서성거릴 수도 있지만 대개는 가만히 앉아 리먼의 파국을 돌이켜 보곤 한다. '내가 달리 어떻게 할 수 있었을까?' 그는 생각한다. …어째서 그 모든 것이 그토록 처참하게 잘못될 수가 있었을까?[24]

패니메이(Fannie Mae)와 프레디맥의 감독 책임을 맡았던 정부 관료 아만도 팔콘(Armando Falcon)의 사례도 있다. 2003년에 팔콘이 그 두 기관의 재정 상태가 위험하며 시장에서 연쇄적인 유동성 부족, 다시 말해 전반적인 금융 붕괴를 초래할 수도 있다는 보고서를 내자 백악관은 그를 해고하려 들었다.[25]

풀드와 같은 무너진 거인들의 뒤에 특정한 긍정적 사고론자가 있었는지, 예컨대 '부정적인 사람들'을 조직 내에서 일소하라고 조언한 동기 유발 전문가나 코치가 있었는지를 추적하는 것은 거의 불가능하다. 최고 경영진은 코치를 고용하는 일에 대해 함구하는 경향이 있다. 영국의 FTSE 100 기업의 CEO 중에서 3분의 1 정도가 개인 코칭을 받는 것으로 추정되지만, 『스펙테이터』의 기자가 썼듯 고위 경영자들은 코치에게 컨설팅 받는 것을 사적인 일로 간주하며 대외적으로 밝힐 일은 아니라고 생각한다.[26] 한편으로 풀드 같은 최정상의 인물에게는 충분히 정신을 집중하기만 하면 원하는 것을 무엇이든 이룰 수 있다는 말을 귓가에 속삭여 줄 사람이 필요하지 않았을 가능성도 높다. 굳이 정신을 집중하려는 노력 없이도 1년에 6000만 달러(그가 2000년부터 2008년까지 받았던 연평균 보수)가 이미 그의 손에 들어와 있었다.

　　비단 금융 업계뿐 아니라 다른 분야의 최고 경영자들 역시 보통 사람들의 염원과 바람을 훌쩍 넘어선 곳에 아련히 떠 있는 부의 구름 위로 올라앉았다. 평균적인 일반 직원과 CEO가 받는 보수의 비율은 1965년 1 대 24에서 2000년에는 1 대 300이 되었고, CEO와 2인자 및 3인자의 보수 격차도 더 확대되었다.[27] 로버트 프랭크(Robert Frank)는 『리치스탄(Richistan)』에서 최상류층의 엄청난 부에 관해 묘사했는데, 그들은 팜비치의 집에 있다가 샤토 라투르를 사우스햄턴의 집에 있는 와인 저장고에 두고 온 게 생각나면 전용 제트기를 보내 가져올 정도라고 했다.[28] 앞서 4장에 등장했던 잭 웰치의 경우를 보자. 중산층의 일자리를 대량으로 빼앗았던 그는 GE에서 은퇴할 때 매월 210만 달러를 받기로 한 데다 회사 소유의 보잉 737기 이용 권리, 월세 8만 달러의 맨해튼 아파트, 여러 곳의 집을 지키는 경비원들을 제공받았다.[29] 그가 은퇴한 뒤 런던으로 여행 갔을 때의 모습을 『인디펜던트』는 이렇게 보도했다. "웰치는 하이드파크가 내려다보이는 레인즈버러 호텔의 스위트룸에 묵었다. GE 배지를 옷깃에 꽂은 검은 옷을 입은 사람들이 험악한 표정으로 그를 둘러쌌다. 그중 한둘은 대통령을 보호하는 특수 요원처럼 꼬불꼬불한 줄이 목으로 늘어지는 이어폰을 귀에 걸고 있었다."[30]

　　이런 생활방식을 유지하기 위해 치러야 하는 명백한 대가 중 하나는 더즌홀이 '거품 병'이라고 부른 극단적인 고립이다. 이 병을 앓는 사람은 아랫사람들로부터 솔직한 보고가 아니라 좋은 뉴스를 듣고 싶다는 욕망이 점점 심해지고, 어느 억만장자 CEO가 더즌홀에게 말한 것처럼 '세상에서 가장 거짓말을 많이 듣는 사람' 이 되기에 이른다. 당연한 일이겠지만 더즌홀은 자신의 고객들 중에서 사례를 제공하지는 못했다. 대신 그는 〈마이클 클레이튼〉이라는 영화를 예로 들었는데, 그 영화에서 틸다 스윈턴이 분한 인물은 상황이 꼬이자 상사와 맞서는 게 아니라 오히려 내부 고발자가 살해당하게끔 일을 꾸민다. 여기서 다시 한 번, 먼지로 사라져 버린 리먼브라더스가 사례 연구의 재료를 제공해 준다. 『뉴욕』에 실린 내용으로 2008년 여름의 상황이다.

리먼은 외부 세계와 단절되어 있었고, 위험은 중차대했다. "점점 배타적인 환경으로 변해 갔다."고 어느 전직 임원은 말했다. 풀드가 결정들을 승인했지만 문제를 일괄 처리한 것은 조 그레고리였고, 따라서 선택은 명백했다. 회사의 집행위원회는 균형추 역할을 전혀 하지 않았다. …실제로 회사 안팎의 가치 없는 낙관주의는 득만큼 실이 되었을 것으로 보인다.[31]

경영진이 더없이 사치스러운 세계에 격리되어 살아가는 것도 영향을 미쳤다. 풀드는 집을 다섯 채 가지고 있었고, 그레고리는 롱아일랜드 여기저기에 흩어져 있는 집들 중 하나에서 헬기로 출근했다.[32] 더즌홀은 위기관리에 관한 책에서 "걸프스트림에서 리무진으로 갈아타고 4성급 호텔에서 열리는 모임에 가는 인물은 끊임없이, 그리고 무비판적으로 점점 강화되는 인공의 환상 속에서 살게 된다.

그것이 문제다. 그는 삶의 알력에서 유리되어 마음에 드는 말만 들으면서 신격화된 존재가 된다."라고 썼다.[33] 최고급 제트기인 걸프스트림을 타고 3만 피트 상공에 떠 있으면 수많은 모기지 계약자를 탈선으로 몰고 간 일상의 위기 같은 건 당연히 눈에 들어오지 않을 것이다. 아이가 아파 일을 못하는데 의료비 청구서가 쌓이고, 차가 고장나 비싼 수리비가 들고, 갑자기 직장에서 해고되는 일은 시시하게 보일 테니 말이다.

스티브 아이스먼은 시장 붕괴를 초래한 기업 경영자들의 사고방식에 훨씬 가혹한 입장을 보였다. 그는 나와 통화할 때 그들의 정신 상태를 '헤지펀드 병'이라고 부르면서 "그 병은 정신장애편람(DSM) 최신판에 들어가야 합니다. 본래는 왕과 독재자들만 앓는 병이었지요. 증상으로는 과대망상, 자기도취, 유아론(唯我論)이 있습니다."라고 꼬집었다. 그리고 이렇게 덧붙였다. "당신이 5억 달러의 가치가 있는 사람이라면 무엇에 관해서건 어찌 틀릴 수 있겠습니까? 뭔가에 대해 생각하는 것 자체가 그것을 실현하는 것과 동격입니다. 당신은 신이 됩니다." 바로 이런 정신 상태가 메리 베이커 에디에서 조엘 오스틴에 이르는, 또 노먼 빈센트 필에서 론다 번에 이르는 저 모든 긍정적 사고 주창자가 추구했던 것이다. 기업 경영자들은, 아마도 약간 냉소적으로, 오랫동안 아랫사람들에게 이런 사고방식을 권유해 왔다. 동기 유발 서적을 직원들에게 뿌렸고, 강연자를 초청해 성공을 시각화해 보라고 부추겼다. 더 열심히 일하고 불평은 덜 하는 직원들을 원했기 때문이다. 문제는 그러다 자신들도 어느 결에 긍정적 사고를 믿게 되었다는 것인데, 그 결과 3조 달러 상당의 연금펀드, 퇴직금 적립 계정, 평생에 걸친 저축이 긍정적 사고가 발산되던 공기 중으로 순식간에 증발해 버렸다.

"도대체 어른들은 어디에 있었는가?" 경제가 흔들리자 2008년 한 시사 해설가가 던진 질문이다. 규제 당국, 감시 기구, 무디스처럼 투자 위험을 신중하게 평가한다고 여겨졌던 기업 평가 기관들은 모두 어디에 있었나? 기업 평가 기관이 평가 대상인 기업들의 손아귀에 들어 있으며, 그들로부터 보수를 받는 탓에 왜곡될 수밖에 없다는 것을 이제는 우리도 알고 있지만 말이다.[34] 공공 부문과 준공공 부문 역시 시장 근본주의, 곧 시장에는 자체 교정 능력이 있으므로 규제의 짐을 지울 필요가 없다는 긍정적 믿음에 사로잡혀 있었다. 시장 근본주의의 진정한 신봉자로 2006년까지 연방준비제도이사회(FRB) 의장을 지낸 앨런 그린스펀(Alan Greenspan)은 2005년에 "지난 수십 년 동안 미국 경제가 보인 인상적인 성과는 시장의 유연성이 신장되었을 때의 혜택을 명백하게 보여 주는 증거"라고 환호성을 질렀다. 여기서 '유연성'이란 규제와 번거로운 노동조합으로부터의 자유를 뜻했다. 그로부터 2년 뒤 그린스펀은 의회에 출석해 "주주의 이익을 보호하려는 대출 기관의 이기심을 감시해 온 우리는 충격적인 불신 상태에 빠져 있다."고 시인했다.[35]

긍정은 위기를 먹고 다시 자란다

시장 근본주의란 무엇일까? 부시 행정부를 지배했으며 정도가 덜하긴 했으나 클린턴 행정부 때도 위세를 떨친 이 이데올로기는 시장이 모든 것을 알아서 하기 때문에 금융 기관을 염려하거나 감시할 필요가 없다는 논리다. 시장은 신과 같은 지위에 도달했고, 이는 메리 베이커 에디의 자비롭고, 항상 보살펴 주고, 모든 것을 제공해 주는 우주와 깊은 관계가 있다. 왜 걱정하겠는가? 애덤 스미스의 '보이지 않는 손'이 모든 것을 바로잡아 줄 터인데.

벼락부자의 꿈이 산산조각 나면서 담보권 실행으로 많은 사람이 집을 잃었지만, 긍정적 사고의 전파자들은 그들과 똑같이 어둠 속으로 굴러 떨어지지 않았다. 오히려 긍정적 사고를 전파하려는 노력에 힘을 더 쏟는 듯했다. 긍정적 사고란 본래 역경 속에서 더 번성하는 법이다. 대공황이 자기기만의 고전인 나폴레온 힐의 『생각하라! 그러면 부자가 되리라』를 낳았던 것이 좋은 예다. 2008년 말, 금융 붕괴가 경제 전반의 침체를 촉발하고 실업을 양산하면서 시사 해설가들이 자본주의의 지속 자체에 의문을 제기할 무렵 번영신학을 내세운 교회를 비롯해 복음주의 교회의 예배에 나가는 사람들의 수가 급증했다.[36] 전국 미디어에 출연해 승리와 믿음의 메시지를 전한 조엘과 빅토리아 오스틴은 일자리와 집, 의료보험을 잃은 사람들에게 자신을 '희생자'로 여기지 말라고 말했다. "하느님이 다른 계획을 갖고 계시다는 것을 당신은 알고 있을 것입니다. 당신이 직업을 잃었다 해도, 문 하나가 닫혔다 해도, 하느님은 다른 문을 열어 주십니다." '겟 모티베이티드!' 세미나는 루돌프 줄리아니(Rudolph Giuliani), 로버트 슐러, 그리고 노련한 동기 유발 전문가 지그 지글러를 내세운 새로운 행사 계획을 발표했다. 한 강연 대행 업체에 따르면, 모기지 산

업이 침체에 빠진 2007년에 모기지 업체들의 동기 유발 강사 요청은 20퍼센트 증가했다.[37]

　고용주들이 동기 유발 산업에 의존하는 데는 평범한 이유, 곧 사기가 저하된 종업원들의 기율을 유지하려는 의도가 있다. 한 예로 제약 업체인 노보 노르디스크는 동기 유발 강연자 에드 블런트(Ed Blunt)의 〈긍정의 힘〉 CD가 직원들의 생산성에 촉매 역할을 해 줄 것이라는 생각으로 700개를 사들였다.[38] 한편 2008년 11월 말에 열린 '행복과 그 원인' 컨퍼런스에 모인 수백 명의 청중 가운데는 한 대형 모기지 업체의 선임 부사장도 끼어 있었다. 『뉴욕 타임스』는 다음과 같이 보도했다. "그 부사장은 최근 6개월 사이에 500명 이상을 해고했는데, 주말과 휴일에도 일하면서 보너스는 반으로 깎인 남은 직원들의 사기를 진작시킬 방법을 배우러 왔다면서 자기 회사와 같은 기업들이 전적으로 잘못한 탓에 모기지 위기가 발생한 것은 아니라고 덧붙였다."[39] 풀 죽은 사람들에게 주는 메시지는 오스틴의 말처럼 간지러울 만큼 낙관적인 것일 수도 있고, 플로리다 주 세인트 피터스버그에서 열린 경제 컨퍼런스의 어느 강연자가 한 말처럼 노골적이고 거친 것일 수도 있다. 그 강연자는 "기분이 쓰라릴 때 직장에서 쾌활한 척하지 못하는 사람들이 문제"라고 지적하면서 그런 척하라고 촉구했다. 직장의 변화, 그러니까 구조 조정에 관해서는 "견뎌 내란 말입니다. 이 몸집만 커다란 애기 같은 양반들아!"라고 몰아붙였다.[40]

　현실에서 일자리가 사라지자 긍정적 사고 주창자들은 자신에 관한 과업을 더 열심히 수행하라고 충고했다. 자기 생각을 관찰하고, 감정을 조절하고, 욕구에 더 강하게 집중하라는 것이다. 그들은 늘 등장하던 만병통치약을 다시 들먹였다. 부정적인 사람들을 추방하고, 사무실 구석에 모여 불평을 늘어놓는 사람들을 가까이하지 마라.[41] 부정적인 뉴스에 노출되는 것을 최소화하라 등등. 진보적인 뉴스 사이트인 「허핑턴 포스트」에도 한 블로거가 "연구 결과에 따르면 밤늦은 시간에 뉴스를 덜 보면 잠을 더 푹 잘 수 있다고 한다. 즐겁고 긍정적인 일에 마음의 초점을 맞추라."는 글을 올렸다.[42] 관리자와 '의욕을 잃고 모든 것이 헛되다는 생각에 사로잡혀 있는 사람들'을 겨냥한 어느 세미나는 무엇보다 '부정성이 개인적으로 살금살금 몰래 다가올 때' 그것을 알아채는 법을 배우고 경계를 게을리하지 않는 것이 중요하다고 역설했다. 앤서니 로빈스는 〈투데이쇼〉 시청자들에게 시장이 추락했을 때 재산의 대부분을 모은 '역사상 가장 위대한 투자자'인 존 템플턴을 거론하면서 최악의 재난 속에서도 누군가 그것을 극복해 낸다고 말했다.[43] 경제 붕괴나 침체 시기에 단 한 사람이라도 부를 모은다면 나머지 누구도 징징거릴 이유를 댈 수 없는 법이다.

긍정적 사고가 개인의 고통뿐 아니라 전체 경제 침체의 해결책이 된다는 주장도 있다. 대체 무엇이 불경기인가? 대중의 전망이 비관적이라는 것 아닌가? 『시카고 트리뷴』의 논평은 "현실적으로 필요한 수준을 넘어 비방 그 자체에 몰두했기 때문에 지금 이렇게 되고 말았다. 절뚝거리던 경제는 더욱 더 형편없는 상태가 되었고, 일시적인 불경기가 불황으로 악화될 위기에 처했다."고 주장했다. 해결책은 무엇인가? "탓하는 것을 그만두자. 지나치게 낙천적이었다, 순진했다고 비난하는 것을 털어 버리자. …전망을 내다보며 즐거워하자.

우리 손에 쥘 수 있었던 수조 달러를 경제에 퍼붓는다 해도 우리가, 바로 우리 자신이 신뢰와 자신감을 갖고 앞날을 내다볼 수 없다면 아무 소용이 없다는 사실을 깨달아야 한다."[44] 점점 줄어 가는 나의 퇴직금 적립 계좌를 맡고 있는 브로커가 "사람들이 밖에 나가서 다시 물건을 사기만 하면 되는데…."라는 희망을 내비친 것도 같은 이유일 것이다. 하지만 이 글을 쓰고 있는 지금, 이기적인 개인들의 경제 행위가 종국적으로는 공공복지에 기여한다는 애덤 스미스의 생각은 더 이상 통하지 않는 듯하다. 각 개인의 입장에서 보자면 더 욕심을 부려 빚을 늘리는 것은 자살행위라는 점을 이제 우리는 알고 있다. 그렇게 함으로써 경제에 시동을 걸 수 있다고 해도 마찬가지다. 우리는 웅크리고 앉아 조금이라도 돈을 덜 쓰려고 한다. 손쉬운 신용거래는 사라졌고, 무분별한 지출은 이제 파괴적인 행위로 보인다. 그뿐 아니라 그런 것들을 우리는 이미 모두 시도해 보았다.

맺음말

긍정적이 되는 게 답이 아니라면 우리는 무엇을 할 수 있을까? 노련한 신문 편집자인 벤 브래들리(Ben Bradlee)는 최근에 "나는 긍정적인 생각의 힘을 믿는다. 그 밖에 살아가는 다른 방법이 있는지 모르겠다."고 썼다.[1] 우리는 지금까지 '긍정적'이라는 것이 정상을 넘어 규범인 것처럼 보이는 노란 벽돌길(『오즈의 마법사』에서 주인공 도로시가 오즈의 마법사를 찾아 에메랄드 시티로 갈 때 걸은 길-옮긴이)을 따라 걸어왔다. 긍정적인 태도는 반드시 그렇게 되어야 하는 삶의 규범이었다. 우리 집에서 그리 멀지 않은 곳에는 '긍정적인 피자와 파스타 집'이라는 식당마저 있다. 그런 이름을 붙여 불퉁하고 부정적인 다른 이탈리아 식당들과 차별성을 부각시키려 한 모양이다. 일터에서의 긍정적 사고에 관해 내가 질문하자 곤란해진 어느 인사 관리 이사는 약간 머뭇거리면서 "하지만 긍정적이란 건… '좋은' 것 아닙니까?"라고 말했다. 그의 말이 옳다. 우리는 '긍정적'이라는 단어와 '좋은'이라는 단어를 거의 같은 뜻으로 사용한다. 이런 도덕 체계에서는 항상 밝은 면을 보고, 늘 태도를 고쳐 나가고, 인식을 교정하지 않으면 어두운 사람으로 규정되어 버린다.

그렇지만 긍정적 사고의 대안이 절망은 아니다. 실제로 부정적 사고는 긍정적인 사고만큼이나 망상이 될 수 있다. 우울한 사람들은 자신의 고뇌를 외부로 투사하며, 모든 일에서 최악의 결과를 예상하고, 그런 왜곡된 기대를 통해 고뇌를 부풀린다. 긍정적 사고와 부정적 사고 모두 감정과 지각을 구분하지 못하고 현실 대신 환상을 받아들인다. 그러면 기분이 좋아지기 때문이거나, 침체로 빠져드는 익숙한 신경 경로가 강화되기 때문이다. 이런 두 가지 경향에 대한 대안은 우리 자신에게서 벗어나 자기감정과 환상으로 채색하지 않고 사물을 '있는 그대로' 보는 것이다. 이 세상에는 위험과 기회가, 죽음의 확실성뿐 아니라 커다란 행복도 뒤섞여 있다는 사실을 깨닫는 것이다.

그것은 말처럼 쉽지 않다. 자신과 주위 사람들의 기분이 인식에 영향을 미칠뿐더러 증거의 신빙성이 항상 문제가 된다. 이럴 때 대개 다른 사람의 의견에 귀를 기울여 보면 도움이 된다. 우리의 인식에 오류가 있을 수도 있고, 사냥감을 찾아 돌아다니는 표범이나 금융 하강 가능성에 관한 문제를 다룰 때에는 정보를 더 많이 모으는 편이 훨씬 유리하다. 이것이 과학의 방식이다. 많은 사람들이 면밀히 관찰한 결과를 수집해 이 세계에 대한 잠정적인 설명을 만들어 내고, 새로운 관찰 결과가 제시되면 설명의 내용이 바뀌어야 한다.

하지만 선사시대 사람들이든, 대통령 직속 국가안보회의든, 미국심리학회든, 여러 사람이 모인 그룹은 전적으로 신뢰하기 어렵다. 구성원 개개인이 아무리 뛰어나고 정보가 많다 해도 그룹은 집단적 환상과 열광, 곧 집단 사고라고 알려진 지적 유행에 빠질 수 있다. 바로 이 지점에서 진화론의 역설이 등장한다. 복합적인 위협에 직면한 인간의 생존은 집단을 이루는 능력에 달려 있다. 그런데 때로는 집단의 응집력을 유지해야 한다는 절박한 필요가 현실주의와 상식을 앞서는 탓에 우리는 여론에 도전하거나 나쁜 소식을 전하는 것을 주저하게 된다. 그러므로 다른 사람들의 의견을 살펴본 후에 공인된 지혜를 가능한 철저히 검토해서 그 가운데 어느 것을 받아들일지 결정하는 것은 각 개인의 책임이다. 그러려면 갈릴레오의 용기, 다윈이나 프로이트의 우상 파괴, 살인자를 추적하는 탐정의 근면함이 필요하다.

    이는 단순히 세계에 관한 지식의 문제가 아니라 우리가 개인 및 인류라는 종으로 살아남기 위한 생존의 문제이다. 지금까지 인류가 스스로를 보호하기 위해 발명한 근본 기술들은 모두 냉철한 경험주의에 철저하게 의존한 것이었다. 조짐이 상서롭거나 모든 일이 잘 될 것이라는 초자연적인 계시를 받았다고 해서, 화살촉이 숨어 있는 들소를 꿰뚫고 뗏목이 물 위에 뜰 것이라고 지레짐작하면 안 된다. 선사시대 인류는 자연 세계와 그것이 주는 물질들(바위, 진흙, 식물의 섬유, 동물의 힘줄 등)을 면밀히 연구해야 했다. 그런 다음엔 그것이 어떤 작용을 하는지 확실히 알 때까지 시행착오를 거치며 실험을 거듭했다. 지구상에서 수십만 년을 살아오는 동안 우리가 다양한 종류의 미신과 신비로운 비전, 집단적 기만을 따랐던 것도 사실이다. 하지만 거대한 아프리카 대륙에 흩어져 있다가 지구 곳곳으로 뻗어나가서 지금의 모습으로 존재하는 것은 우리가 매듭을 단단히 묶고, 은신처와 배를 견고하게 만들고, 창끝을 날카롭게 갈았기 때문이다.

    지금까지 이루어진 인류의 지적 진보는 우리가 사물을 자기 감정의 투사물이 아니라 '있는 그대로' 가장 보편적으로 이해될 수 있는 방식으로 파악하려 했던 오랜 투쟁의 결과다. 천둥은 하늘의 분노가 아니고, 질병은 신이 내리는 벌이 아니며, 마법이 사고나 죽음을 초래하는 게 아니다. 우리가 문명이라고 부르는 것, 우리가 필사적으로 매달려 있는 그것은 이 세계가 인간의 감정과는 무관하게 인과관계, 개연성, 우연이라는 자체의 알고리즘에 의해 전개된다는 사실을 천천히 깨닫는 과정이었다.

긍정적 사고가 영향력을 발휘한 지 수십 년이 지난 지금에는 사물을 있는 그대로 보려는 현실주의라는 관념이 오히려 색다르게 느껴진다. 하지만 긍정적 사고의 심장부인 미국에서도 현실주의를 고수하는 완강한 흐름은 기만의 세월 속에서 이어져 왔다. 몹시 중대한 이해관계가 걸려 있고 위험이 명백할 때, 우리는 그런 위험을 인식하고 최악의 시나리오에 대비하리라고 신뢰할 수 있는 이들에게 의지한다. 한 국가의 수장은 전장에 있는 장군이 내일 전투에서는 이길 것을 희망한다거나 승리를 눈앞에 그려 보고 있다는 말을 듣고 싶지 않을 것이다. 전황이 아주 나빠질 수도 있다는 점을 염두에 두고 대비책을 세우는 장군이 필요하다. 매우 낙천적이었던 로널드 레이건 대통령도 소련 문제에는 현실주의를 내세웠고 '신뢰하되 검증하라'는 슬로건을 거듭 강조했다. 잡지 편집자는 교열자가 작가의 기억력을 신뢰할 수 없다는 전제하에 일하기를 기대한다. 비행기 승객은 조종사가 안전한 상황뿐 아니라 엔진 이상도 염두에 두고 있기를 바란다.

일상생활에서도 마찬가지다. 쾌활하게 생활하기로 굳게 마음

먹었다고 해도 하루하루 살아나가는 데는 심리학자 줄리 노럼(Julie Norem)이 말한 '방어적 비관주의'가 필요하다.[2] 조종사만 최악의 사태를 그려 보아야 하는 것이 아니다. 자동차 운전자도 그렇다. 아무도 차 앞으로 불쑥 튀어나오지 않을 것이라고 긍정적으로 가정하는 것이 좋을까, 아니면 보다 부정적인 마음가짐으로 브레이크를 밟을 준비를 하는 것이 좋을까? 대부분의 사람들은 의사가 단번에 낙관적 진단을 내놓기보다는 부정적인 가능성까지 염두에 두고 검사하기를 원한다. 마음의 문제도 마찬가지여서 일반적으로 어느 정도는 부정성과 의심을 권장한다. 마음에 드는 남자 친구를 끌어당기기 위해 철저히 긍정적인 관점을 갖는 것도 좋지만 동시에 그가 어떤 사람인지 알아보는 게 바람직하다. 조언을 해 주는 칼럼니스트에게 배우자의 부정이 의심된다는 글을 보내면 그런 경고 신호를 무시하지 말고 긍정적으로 생각하되 문제에 솔직하게 맞서라는 답을 받게 될 것이다.

자녀를 키울 때에도 높은 수준의 경계심이 요구된다. 10대들이 조심스럽게 운전하고 위험한 성관계를 삼가리라고 가정하는 것은 현명하지 못함을 넘어 무관심한 것이다. 아이를 걱정하는 부모에게 이 세상은 지뢰밭이다. 아기가 삼킬 수도 있는 조그만 플라스틱 장난감 부품, 오염되었거나 건강에 해로운 음식, 쌩쌩 달리는 자동차, 소아성애자, 사나운 개 등 곳곳에 재앙이 잠복해 있다. 부모는 아이를 소아과에 데리고 갈 때 아픈 주사를 맞아야 한다는 사실이 아니라 대기실에서 재미있는 장난감을 갖고 놀 수 있다는 긍정적인 부분을 부각시키겠지만, 그렇다고 아기방이 갑자기 조용해졌을 때 아이가 베이비 아인슈타인을 가지고 공부하는 중일 것이라 생각하지는 않는다.

아이들이 장난치다 서로 목을 조르는 장면, 전기 콘센트에 포크를 꽂는 장면을 시각화하자. 그래야 우리의 유전자를 재생산할 수 있다.

아이가 자라 대학에 들어갔다고 생각해 보자. 요즘에는 대학에서도 행복과 긍정적 사고에 관한 강좌가 유행이지만, 대학에서 배워야 하는 것은 긍정적 사고가 아니라 '비판적' 사고이다. 비판적 사고란 본질적으로 회의를 품는 것이다. 가장 훌륭한, 또 가장 성공할 학생은 잠깐 교수를 불편하게 하더라도 날카로운 질문을 제기하는 학생이다. 대학원생이라면 전공이 문학이든 공학이든 권위 있는 인물에 도전할 능력이 있어야 하고, 동료들의 생각과 배치되더라도 밀고 나가 자신의 새로운 관점을 방어할 수 있어야 한다. 이는 학계가 반대 의견을 그 자체로 가치 있다고 인정하기 때문이 아니다. 긍정적 사고의 권위자들이 하지 말라고 경고하는 바로 그 '지나친 합리성'을 추구하고 진지하게 문제를 제기하는 사람이야말로 사회에 필요한 인물로 간주하기 때문이다. 높은 수준의 교육을 받은 전문가 가운데 긍정적 사고가 주는 위안에 기대는 위험을 가장 꺼리는 이들이 의사인데, 외과 의사 아툴 가완디(Atul Gawande)는 이렇게 썼다. "암과 싸우는 사람에게도, 내란에도, 아니면 그저 직장 내의 문제에도 요즘에는 긍정적 사고를 성공의 열쇠로, 심지어는 비밀로 제시한다. 하지만 내가 보기에 진짜 열쇠는 부정적 사고다. 실패를 의식하고 때로는 예상하기까지 하는 부정적 사고 말이다."[3]

방어적 비관주의 수준의 현실주의는 인간뿐 아니라 동물의 생존에도 전제조건이다. 잠깐이라도 야생 생태계를 살펴본다면 야생의 경계심에 깊은 인상을 받게 된다. 가마우지는 갑작스런 철벅거림의 원인을 찾아 쉼 없이 물을 살핀다. 사슴은 묘한 소리를 놓치지 않으려 머리를 발딱 세우고 발을 들어 올려 도망갈 태세를 취한다. 원숭이에서 새에 이르기까지 많은 동물이 더 많은 눈으로 침입자를 가려내고 더 많은 소리로 경계 신호를 보낼 수 있도록 군집 생활을 통해 개별 경계망을 확장시킨다. 긍정적 사고의 주장은 우리가 가진 가장 근본적인 본능, 영장류나 포유동물뿐 아니라 파충류, 곤충, 어류와도 공유하는 본능과 어긋난다.

우리가 상상하는 것처럼 이 세계가 위험한 곳이 아니라는 것, 적어도 더 이상은 그렇지 않다는 것이 긍정적 사고의 근거다. 메리 베이커 에디가 세상을 보는 방식이 바로 그렇다. 에디가 생각하는 우주는 자비로운 신이 모든 사람에게 베풀어 주는 '공급계'이자 '풍부함'이다. 죄악과 범죄, 질병, 가난, 이 모든 것은 자비와 사랑이라는 우주의 진동과 공명하지 못함으로써 마음이 초래한 오류다. 그로부터 100년이 지난 뒤 긍정심리학의 창시자 마틴 셀리그먼은 불안과 비관주의는 우리 선조들이 포식자와 홍수 그리고 기아를 피하기 위해 분투했던 저 구석기시대의 쓸모없는 유물이라고 했다. 하지만 요즘에는 상품과 서비스가 풍족해 모든 사람에게 골고루 돌아가므로 우리는 마침내 긴장을 풀 수 있게 되었으며, 남아 있는 문제는 에디가 말한 대로 일종의 오류이므로 올바른 자기계발 기법과 낙천성 훈련을 통해 교정할 수 있다는 것이다.

그런데 인류의 전망이 정말로 개선되어 왔는가? 평화로운 환경 속에서 유복하게 살아가는 사람들에게는 그렇겠지만, 우리가 처한 전반적인 상황은 그 어느 때보다 위험하다. 가장 긍정적으로 생각하는 복음주의 목사들 가운데서도 최근엔 지구 온난화의 위협을 인정하는 이들이 늘고 있다. 석유 공급이 정점에 달했다는 생각도 이제는 일부 괴짜 환경주의자들만 우려하는 문제가 아니다. '재앙 예언자'들이 점차 사회적인 신뢰를 얻고 있다. 우리의 시선이 닿는 곳 어디서나 숲은 죽어 가고, 사막의 경계는 확장되고, 동물 종은 감소하고 있다. 해수면은 점점 높아지고, 우리가 먹을 바다 속 물고기는 점점 줄어들고 있다.

빙하가 가라앉고 빚이 쌓여 온 지난 수십 년 동안 긍정적 사고라는 유력한 사회적 합의에 동의하지 않는 사람들은 고립되고, 비웃음을 사고, 부정적 생각에 완고하게 집착하는 것을 극복하라는 말을 들었다. 미국의 경우 빈곤과 같은 고질적인 문제를 거론하는 것은 미국의 위대함을 부정하는 것으로 간주되었다. 경제적 폭력에 대한 불평은 희생자의 위치를 스스로 선택한 사람들의 징징거림으로 조롱당했다.

순진함이 미국 특유의 형태로 나타난 것이 긍정적 사고라고 생각하기 쉽지만, 그것은 미국에 특유한 것도 아니고 사랑스러운 순진함도 결코 아니다. 환경은 각각 다르지만 긍정적 사고는 전 세계에서 정치적 억압의 도구로 사용되어 왔다. 독재자는 비밀경찰, 고문, 구금, 강제 노동 수용소 등 공포를 통해 지배한다고 생각하겠지만 가장 냉혹한 일부 권위주의 체제는 거기에 더해 국민의 지속적인 낙관주의와 쾌활함을 요구했다. 리스자드 카푸친스키(Ryszard Kapuscinski)는 1979년 혁명 전까지 이란을 통치했던 국왕 샤 치하의 삶을 주제로 한 책 『샤 중의 샤(Shah of Shahs)』에서 어느 번역자의 이야기를 들려

준다. 옮긴 시 중에 '지금은 슬픔의 시간, 가장 어두운 밤의 시간'이라는 선동적인 구절이 들어 있는데도 어찌어찌 그 시를 출판하는 데 성공한 번역자는 시가 검열을 통과했다는 사실에 마냥 행복해한다. "모든 것이 낙관주의와 꽃피움, 미소를 촉발하도록 되어 있는 이 나라에서 느닷없이 '슬픔의 시간'이라니! 상상이나 할 수 있을까?"[4]

소련 방식의 공산주의를 두고 쾌활함을 연상하긴 어렵지만, 실은 긍정적 사고가 사회통제 수단으로 사용된 좋은 예를 거기서 볼 수 있다. 두브라브카 우그레시치(Dubravka Ugresic)는 21세기 초반의 유고슬라비아 상황에 관한 글에서 예전의 공산주의자, 근대 자본가, 민족주의자, 종교적 광신자들 모두가 서구에서 불어온 긍정성의 신선한 바람을 감지했다고 썼다. 그래서 그들은 모두 낙관주의자가 되었다. 하지만 낙관주의는 그들에게 전혀 새로운 것이 아니었다. "공산주의 이데올로기에도 낙관주의의 흔적은 있었기 때문이다. …스탈린주의 그 자체보다 더 오래 존속된 것이 있다면 그것은 낙천적이 되라는 스탈린주의의 요구였다."[5] 소련과 동유럽 국가들, 북한의 검열관이 요구하는 것은 낙관적인 예술, 책, 영화였다. 쾌활한 영웅, 할당된 생산량을 달성하는 줄거리, 영광스러운 혁명의 미래를 약속하는 마무리가 기본 틀이었다. 체코슬로바키아의 문학 작품은 '맹목적 낙관주의'로 뒤덮여 있었고, 북한의 단편소설에서는 여전히 '가차 없는 낙천성'이 뿜어져 나온다. 소련에서는 낙관주의적 역사성의 결여를 지적받는다는 것은 진실의 왜곡, 거짓된 진실의 전달을 지적받는다는 의미였다. 비관주의와 이념적 망설임도 마찬가지였다. 다양한 논의 속에서, 소외되고 외로운 사회주의 영웅은 낙관주의적 역사성과

긍정적 영웅이라는 명분으로 금지되었다.[6]

부정적인 사고는 현실적으로 처벌을 받았다. 긍정적이고 낙천적이지 않으면 패배주의자로 몰렸고, 우그레시치가 소련에 관한 글에 썼듯 패배주의자는 그 대가를 치렀다. 패배주의를 전파했다고 고발되면 강제 수용소에서 몇 년을 보내야 했다.[7] 체코 작가 밀란 쿤데라(Milan Kundera)가 쓴 『농담(Joke)』의 등장인물은 '낙관주의는 인민의 아편'이라고 쓴 엽서를 보냈다가 인민의 적으로 고발되어 광산에서 중노동을 하게 된다. 쿤데라 자신도 『농담』을 썼다는 이유로 처벌을 받았다. 공산당에서 축출되었고, 서구 여행을 금지당했으며, 그의 책은 도서관과 서점에서 사라졌다.

미국의 긍정적 사고 주창자들은 스탈린주의 검열관이나 선전자와 같이 취급하면 분명히 질겁할 것이다. 미국인들이 중시하는 개인의 성공은 공산주의 이상과는 거리가 멀고, 긍정적 사고의 가르침을 무시한다고 해서 강제 수용소에 던지지도 않는다. 하지만 미국의 긍정적 사고 주창자 중에서도 마음 훈련, 확언을 포함한 일종의 자기최면, 시각화, 그리고 강하게 집중된 생각의 역할에 희미하게 불편함을 드러내는 사람들도 있다. 존 템플턴이 "'생각 통제'를 조지 오웰의 『1984』에 나오는 억압적 도구로 간주하지 마라."고 말한 것도 그 때문이다. 그는 "오히려 당신의 마음을 더 맑게, 더 분명한 방향으로, 더 효율적으로 만들어 주는 긍정적인 도구로 보라."고 했다.[8]

긍정적 사고에 대한 미국식 접근이 가진 커다란 이점은 개인의 선택권이 보장된다는 점이다. 스탈린주의 체제는 학교, 비밀경찰 등 국가 기구를 낙관주의 강화에 이용했다. 하지만 자본주의적 민주주의 체체는 이를 시장에 맡긴다. 알다시피 서구에서는 긍정적 사고의 선두 주자들 자신이 바로 사업가다. 구매 의사가 엿보이면 상대가 누구든 자기 강연과 책과 DVD를 선전한다. 대기업은 직원들이 그런 강연을 듣는 자리를 마련하고 책도 읽으라고 권한다. 만약 직원 가운데 '부정적 태도'를 고집하는 사람이 있다면 해고할지도 모른다. 하지만 긍정적 사고를 받아들여 태도를 고칠지 말지 선택하는 것은 궁극적으로 개인의 몫이다. 동기 유발 상품의 판매액, 오프라 윈프리나 조엘 오스틴 같은 사람들의 인기를 생각해 보면 아주 많은 미국인이 자진해서 긍정적 사고를 열심히 받아들이는 것으로 보인다.

그런데 심리학 전문 잡지 『사이콜로지 투데이(Psychology Today)』가 2009년 1월호 머리기사에서 인정했다시피 긍정적 사고에 심취한 것이 우리를 더 행복하게 만들어 주지는 못했다. 많은 긍정심리학자와 계속 늘어만 가는 '자칭 전문가'들이 합작해 '행복 운동'을 전개하고 있다. 그러나 기사는 이렇게 밝혔다. "일부 자료에 의하면, 행복 운동이 활발하게 전개되는 동안 미국인들은 더 슬프고 불안해진 것으로 나타났다. 그래서 우리는 거기서 나오는 것들을 열심히 사들이는지도 모른다."[9] 사실 이것은 그다지 놀라운 발견도 아니다. 긍정적 사고는 끊임없는 경계의 필요성을 폐기한 것이 아니라 경계의 방향을 내부로 돌린 것에 불과하기 때문이다. 긍정적 사고는 지붕이 무너지거나 일자리를 잃을까 봐 걱정하지 말고 그런 부정적인 예상 자체를 경계해 쉼 없이 교정해야 한다고 촉구한다. 결국 긍정적 사고는 자신이 밀어낸 칼뱅주의와 정확히 똑같은 정신 수련을 사람들에게 부과한다. 칼뱅주의에서는 끊임없는 자기 검증과 자기통제를 요구했고, 긍정적 사고의 경우엔 자기최면을 요구한다. 역사학자 도널드 마이어가 지적했듯, 긍정적 사고는 기분을 고양시켜 주는 것들을 끊임없이 반복하고, 불가능에 대한 전망을 끊임없이 경계하고, 통제에 반발하는 몸과 마음을 끊임없이 감시할 것을 요구한다.[10]

이는 우리가 내려놓아야 할 짐에 불과하다. 구명구라도 되는 듯 여기지만, 긍정적인 '생각 통제' 노력은 잠재적으로 판단을 가로막고, 지극히 중요한 정보로부터 우리를 분리시키는 치명적인 부담이 되었다. 공포심과 부정적인 생각을 조심해야 할 때도 있지만, 우리는 자신을 둘러싼 외부 세계에 한순간도 긴장을 늦추면 안 된다. 그 외부 세계라는 것이 '부정적인' 사람들을 만족시키는 나쁜 뉴스를 포함하고 있다고 해도 마찬가지다. 지금 우리가 반드시 알아야 할 것은 긴장을 늦추는 것이 더 위험하다는 점이다.

주의 깊은 현실주의는 행복을 배제하는 것이 아니라 오히려 가능하게 한다. 우리 자신이 처한 실제 환경을 도외시하면서 상황이 개선되기를 바랄 수 있을까? 긍정적 사고는 그런 외부 요인이 우리 내부의 상태, 태도, 기분에 비하면 부차적인 것이라고 주장한다. 코치들과 권위자들은 실제 세계의 문제를 실패에 대한 변명 거리로 치부해 버렸고, 긍정심리학자들은 자신들의 행복 방정식에서 환경 변수인 C가 갖는 비중을 가장 낮게 잡았다. 결단력 같은 주관적 요인이 생존에 반드시 필요하고, 때로는 악몽 같은 역경을 넘어서는 힘이 된다는 것은 사실이다. 하지만 정신이 자동적으로 물질을 지배하는 것은 아니며, 어려운 상황들을 무시하고 더구나 그것을 우리의 생각 탓으로 돌리는 것은 론다 번이 2004년 쓰나미에 대해 표현한 것과 같은 저열한 우쭐함으로 미끄러져 내려가는 길이다. 당시 번은 끌어당김의 법칙을 들먹이며 "쓰나미와 같은 재난은 그에 맞는 진동수를 가진 사람들에게만 일어난다."고 말했다.[11]

전 세계적으로 볼 때 인간의 행복을 가로막는 가장 일상적인 장애물은 빈곤이다. 행복에 관한 그간의 조사 결과들을 신뢰한다 치면, 행복도가 높은 곳은 예외 없이 부유한 나라들이다. 행복도 순위에서 미국과 영국은 각각 23위, 41위를 차지한 반면 인도는 178개 나라 가운데 125위라는 암울한 위치에 놓여 있다.[12] 한편 최근의 조사에서는 한 국가 안에서도 부유한 사람일수록 행복도가 높은 것으로 나타났다. 가계소득이 연 25만 달러 이상인 미국인은 90퍼센트가 '아주 행복하다'고 답해서 3만 달러 이하인 사람들의 응답 비율 42퍼센트보다 훨씬 높았다.[13] 또 『뉴욕 타임스』가 2009년 뉴욕 지역을 조사한 결과에서도 가장 부유한 지역 사람들이 행복도가 가장 높았으며, 동시에 카페나 시민 모임, 극장 등 사회적 상호관계도 가장 활발했다. 가장 행복도가 낮은 지역으로 나온 브롱크스는 버려진 건물과 쓰레기 더미로 가득 찼으며, 뉴욕 시에서 가장 실업률이 높았다.[14]

수백 년 동안, 적어도 종교개혁 이후에 서구 엘리트들은 빈곤이 자발적 조건이라며 우쭐거렸다. 칼뱅주의는 가난이 태만을 비롯한 나쁜 습관의 결과라고 했다. 긍정적 사고는 부를 받아들이려 하지 않는 의식 탓이라고 했다. 희생자를 비난하는 이런 시각은 최근 20년 동안 우세했던 경제의 보수주의와 딱 맞아떨어졌다. 복지 혜택을 받던 사람들은 자부심을 높인다는 명목하에 저임금 일자리로 내몰렸고, 해고되었거나 해고를 눈앞에 둔 노동자들은 동기 유발 강연장으로 떠밀렸다. 하지만 이번 경제 위기를 계기로 삼아, 빈곤을 개인의 결점이나 마음의 기능장애로 보는 생각은 버리자. 실업급여나 무료 급식을 받으려고 줄을 선 사람들 중에는 게으름뱅이만 있는 것이 아니라 힘껏 노력한 사람들도 있고, 고질적 우울증을 앓고 있는 사람뿐 아니라 타고난 낙천주의자도 있다. 앞으로 경제가 회복된다 해도 우리가 전반적으로 얼마나 취약한지, 빈곤을 향해 굴러 떨어지는 게 얼마나 쉬운지 결코 잊지 말아야 할 것이다.

부유하고, 성공을 거두고, 충분히 사랑받은 사람이라고 행복이 당연히 보장되는 것은 아니다. 그러나 행복한 환경이 필연적으로 행복이라는 결과를 낳지 않는다고 해서 생각과 감정을 교정하는 내면으로의 여정을 통해 행복을 찾을 수 있는 것은 아니다. 우리가 직면한 위협은 현실적이며, 자기몰입에서 벗어나 세상 속에서 행동을 취해야만 없앨 수 있다. 제방을 쌓고, 가난한 사람들에게 음식을 주고, 치료제를 찾아내고, 긴급 구조 요원들을 강화하자! 이 모든 것을 다 잘 해낼 수는 없으며 어쩌면 한 가지도 제대로 해내기 어려울지 모른다. 하지만 나는 행복해지는 내 나름의 '비법'을 공개하며 이 책을 맺으려 한다. 우리는 그것들을 시도해 볼 수 있다는 것이다.

| 주 |

머리말

1 "Happiness Is 'Infectious' in Network of Friends: Collective — Not Just Individual — Phenomenon", *ScienceDaily*, Dec. 5, 2008, http://www.sciencedaily.com/release/2008/12/081205094506.htm.

2 Daniel Kahneman and Alan B. Krueger, "Developments in the Measurement of Subjective Well-Being", *Journal of Economic Perspectives* 20(2006): 3-24.

3 "Psychologist Produces the First-Ever 'World Map of Happiness'", *ScienceDaily*, Nov. 14, 2006, http://www.sciencedaily.com/releases/2006/11/061113093726.htm.

4 http://rankingamerica.wordpress.com/2009/01/11/the-us-ranks-150th-in-planet-happiness, Jan. 11, 2009.

5 Godfrey Hodgson, *The Myth of American Exceptionalism* (New Haven: Yale University Press, 2009), 113; Paul Krugman, "America the Boastful", *Foreign Affairs*, May-June 1998.

6 2000 State of the Union Address, Jan. 27, 2000, http://www.washingtonpost.com/wp-srv/politics/special/states/docs/sou00.htm; Geoff Elliott, "Dubya's 60th Takes the Cake", *Weekend Australian*, July 8, 2006; Woodward, *Meet the Press transcript*, Dec. 21, 2008에서 Rice 인용, http://today.msnbc.msn.com/id/28337897/.

7 Karen A. Cerulo, *Never Saw It Coming: Cultural Challenges to Envisioning the Worst* (Chicago: University of Chicago Press, 2006), 18에서 인용.

8 Cerulo, *Never Saw It Coming*, 239.

9 Hope Yen, "Death in Streets Took a Back Seat to Dinner", *Seattle Times*, Oct. 25, 2005.

1장 암의 왕국에 오신 것을 환영합니다

1 Susan M. Love, with Karen Lindsey, *Dr. Susan Love's Breast Book* (Cambridge: Perseus, 2000), 380-381.

2 Gina Kolata, "In Long Drive to Cure Cancer, Advances Have Been Elusive", *New York Times*, April 24, 2009.

3 Stephen C. Fehr, "Cheerfully Fighting a Killer; Upbeat race for Cure Nets $3 Million for Cancer Research", *Washington Post*, June 4, 2000.

4 Charla Hudson Honea, *The First Year of the Rest of Your Life: Reflections for Survivors of Breast Cancer* (Cleveland: Pilgrim Press, 1997), 6.

5 Jane E. Brody, "Thriving after Life's Bum Rap", *New York Times*, Aug. 14, 2007.

6 Ann McNerney, *The Gift of Cancer: A Call to Awakening* (Baltimore: Resonant Publishing, n.d.), 183, vii.

7 Honea, *The First Year of the Rest of Your Life*, 25, 36, 81.

8 http://www.abcnews.go.com/Health/Story?id=117583&page=1.

9 http://ezinearticles.com/?Breast-Cancer-Prevention-Tips&id=199110.

10 O. Carl Simonton, Stephanie Matthews-Simonton, and James L. Creighton, *Getting Well Again* (New York: Bantam, 1992), 43.

11 Bernie S Siegel, *Love, Medicine, and Miracles: Lessons Learned about Self-Healing from a Surgeon's Experience with Exceptional Patients* (New York: Harper and Row, 1986), 77.

12 Simonton et al., *Getting Well Again*, 144-145.

13 J. C. Coyne, M. Stefanek, and S. C. Palmer, "Psychotherapy and Survival in Cancer: The Conflict between Hope and Evidence", *Psychological Bulletin* 133(2007): 367-394.

14 http://www.bio-medicine.org/medicine-news-1/Cancer-survival-is-not-influenced-by-a-patients-emotional-status-4214-2/.

15 John L. Marshall, "Time to Shift the Focus of the War: It Is Not All about the Enemy", *Journal of Clinical Oncology* 27(2009): 168-169.

16 E. Y. Lin et al., "Macrophages Regulate the Angiogenic Switch in a Mouse Model of Breast Cancer", *Cancer Research* 66(2006): 11238-46.

17 Gary Stix, "A Malignant Flame", *Scientific American*, July 2007, 46-49.

18 "Instead of Fighting Breast Cancer, Immune Cell Promotes Its Spread", *ScienceDaily*, April 26, 2009, http://www.sciencedaily.com/releases/2009/04/090422103554.htm.

19 Howard Tennet and Glenn Affleck, "Benefit Finding and Benefit Reminding", *Handbook of Positive Psychology*, ed. C. R. Snyder and Shane J. Lopez (New York: Oxford University Press, 2002).

20 Karen A. Cerulo, *Never Saw It Coming: Cultural Challenges to Envisioning the Worst* (Chicago: University of Chicago Press, 2006), 118에서 인용.

21 Tennet and Affleck, 앞의 책.
22 M. Dittman, "Benefit-Finding Doesn't Always Mean Improved Lives for Breast Cancer Parients", *APAOnline*, Feb. 2004.
23 Deepak Chopra, "Positive Attitude Helps Overcome Cancer Recurrence", http://nz.lifestyle.yahoo.com/experts/b/deepak/92/positive-attitude-helps-overcome-cancer-recurrence/, April 17, 2007.
24 "A Positive Attitude Does Not Help Cancer Outcome", http://www.medicalnewstoday.com/medicalnews.php?newsid=5780, Feb. 9, 2004.
25 Cynthia Rittenberg, "Positive Thinking: An Unfair Burden for Cancer Patients", *Supportive Care in Cancer* 3(1995): 37-39.
26 Jimmie Holland, "The Tyranny of Positive Thinking", http://www.leukemia.org/all_page?item_id=7038.

2장 주술적 사고의 시대: 끌어당김의 법칙

1 Joseph Anzack, *CNN American Morning*, May 16, 2007.
2 Barry Corbet, "Embedded: A No-Holds-Barred Report from Inside a Nursing Home", *AARP: The Magazine*, Jan.-Feb. 2007.
3 Scott McLemee, "Motivation and Its Discontents", www.insidehighered.com, Feb. 28, 2007.
4 Dale Carnegie, *How to Win Friends and Influence People* (New York: Pocket Books, 1982), 70, 61, 64.
5 Arlie Russell Hochschild, *The Managed Heart: Commercialization of Human Feeling* (Berkeley: University of California Press, 1983).
6 William H. Whyte, *The Organization Man* (Philadelphia: University of Pennsylvania Press, 2002), 46-47, 14.
7 Tom Rath and Donald O. Clifton, *How Full Is Your Bucket? Positive Strategies for Work and Life* (New York: Gallup Press, 2004), 47.
8 American Management Association의 웹사이트, http://www.amanet.org/books/book.cfm?isbn=9780814405826에서 인용.
9 T. Harv Eker, *Secrets of the Millionaire Mind: Mastering the Inner Game of Wealth* (New York: HarperBusiness, 2005), 101.
10 Jeffrey Gitomer, *Little Gold Book of YES!* (Upper Saddle River: FT Press, 2007), 138.
11 http://guruknowledge.org/articles/255/1/The-Power-of-Negative-Thinking/The-Power-of-Negative-Thinking.html.
12 Gitomer, *Little Gold Book of YES!*, 45.

13 Judy Braley, "Creating a Positive Attitude", http://ezinearticles.com/ ?Creating-a-Positive-Attitude&id=759618.
14 http://www.nationmaster.com/encyclopedia/The-Secret-(2006-film)에서 인용.
15 Rhonda Byrne, *The Secret* (New York: Atria Books/Beyond Words, 2006), 116.
16 Jerry Adler, "Decoding 'The Secret'", *Newsweek*, March 5, 2007.
17 Eker, *Secrets of the Millionaire Mind*, 67; Byrne, *The Secret*, 48에서 Vitale 인용.
18 Catherine L. Albanese, *A Republic of Mind and Spirit: A Cultural History of American Metaphysical Religion* (New Haven: Yale University Press, 2007), 7.
19 *Larry King Live*, CNN, Nov. 2, 2006.
20 http://www.globalpsychics.com/empowering-you/practical-magic/prosperity.shtml.
21 Michael J. Losier, *Law of Attraction: The Science of Attracting More of What you Want and Less of What You Don't* (Victoria: Michael J. Losier Enterprises, 2006), 13.
22 Napoleon Hill, *Think and Grow Rich!* (San Diego: Aventine Press, 2004), 21.
23 Michael Shermer, "The (Other) Secret", *Scientific American*, July 2007, 39.
24 Byrne, *The Secret*, 21.
25 http://ezinearticles.com/?The-Law-of-Attraction-and-Quantum-Physics&id=223148.
26 Michael Shermer, "Quantum Quackery", *Scientific American*, Dec. 20, 2004.
27 Byrne, *The Secret*, 88.

3장 낙관주의의 어두운 뿌리

1 Ann Douglas, *The Feminization of American Culture* (New York: Avon, 1977), 145.
2 Perry Miller, ed., *The American Puritans: Their Prose and Poetry* (New York: Columbia University Press, 1982), 154에서 Thomas Hooker 인용.
3 Miller, *The American Puritans*, 241.
4 Noel L. Brann, "The Problem of Distinguishing Religious Guilt from Religious Melancholy in the English Renaissance", *Journal of the Rocky Mountain Medieval and Renaissance Association* (1980): 70에서 인용.
5 Julius H. Rubin, *Religious Melancholy and Protestant Experience in America* (New York: Oxford University Press, 1994), 161.
6 Max Weber, *The Protestant Ethic and the Spirit of Capitalism* (New York: Dover, 2003), 168.
7 William Bradford, Stephen Fender and Arnold Goldman, eds., *American*

Literature in Context (New York: Routledge, 1983), 45에서 인용.
8 Personal communication, Jan. 10, 2009.
9 Catherine L. Albanese, *A Republic of Mind and Spirit: A Cultural History of American Metaphysical Religion* (New Haven: Yale University Press, 2007), 165에서 인용.
10 Albanese, *A Republic of Mind and Spirit*, 167에서 인용.
11 Gillian Gill, *Mary Baker Eddy* (Cambridge: Perseus, 1998), 43에서 인용.
12 Caroline Fraser, *God's Perfect Child: Living and Dying in the Christian Science Church* (New York: Metropolitan, 1999), 34에서 인용.
13 Barbara Ehrenreich and Deirdre English, *For Her Own Good: 150 Years of the Experts' Advice to Women* (New York: Anchor, 1989), 103에서 인용.
14 Douglas, *The Feminization of American Culture*, 170.
15 Anne Harrington, *The Cure Within: A History of Mind-Body Medicine* (New York: Norton, 2008), 112에서 인용.
16 Douglas, *The Feminization of American Culture*, 170.
17 Barbara Sicherman, "The Paradox of Prudence: Mental Health in the Gilded Age", *Journal of American History* 62(1976): 880-912.
18 Douglas, *The Feminization of American Culture*, 104에서 인용.
19 Gill, *Mary Baker Eddy*, 33.
20 Rober D. Richardson, *William James: In the Maelstrom of American Modernism* (Boston: Houghton Mifflin, 2006), 86에서 인용.
21 Roy M. Anker, *Self-Help and Popular Religion in Early American Culture: An Interpretive Guide* (Westport: Greenwood Press, 1999), 190.
22 Gill, *Mary Baker Eddy*, 128.
23 Richardson, *William James*, 275.
24 William James, *The Varieties of Religious Experience: A Study in Human Nature* (New York: Modern Library, 2002), 109.
25 같은 책, 104.
26 같은 책, 109.
27 같은 책, 109, 111n.
28 Fraser, *God's Perfect Child*, 195에서 인용.
29 Micki McGee, *Self-Help, Inc.: Make over Culture in American Life* (New York: Oxford University Press, 2005), 142.
30 http://www.bripblap.com/2007/stopping-negative-thoughts/.
31 Napoleon Hill, *Think and Grow Rich!* (San Diego: Aventine Press, 2004), 52, 29, 71, 28, 30, 74.

32 Norman Vincent Peale, Fenwicke Holmes가 쓴 *Ernest Holmes: His Life and Times* (New York Dodd, Mead, 1970) 뒤표지에서 인용, http://self-improvement-ebooks.com/books/ehhlat.php.
33 Norman Vincent Peale, *The Positive Principle Today* (New York: Random House, 1994), 289.
34 Donald Meyer, *The Positive Thinkers: Popular Religious Psychology from Mary Baker Eddy to Norman Vincent Peale and Ronald Reagan* (Middletown: Wesleyan University Press, 1998), 268.
35 Norman Vincent Peale, *The Power of Positive Thinking* (New York: Random House, 1994), 28.
36 T. Harv Eker, *Secrets of the Millionaire Mind* (New York: HarperBusiness, 2005), 94.
37 McGee, *Self-Help, Inc.*, 143에서 인용.
38 같은 책, 142.
39 Gitomer, *Little Gold Book of YES!*, 164.
40 같은 책, 165.
41 같은 책, 169.
42 Meyer, *The Positive Thinkers*, 80에서 인용.

4장 기업에 파고든 동기 유발 산업

1 Steven Winn, "Overcome that Gnawing Fear of Success! Seize Your Share of the American Dream! You — Yes, You, Ma'am — Can Do It, at a One-Day Gathering That's Equal Parts Boot Camp, Tent Revival, Pep Rally and Group Theraphy", *San Francisco Chronicle*, May 24, 2004.
2 Rick Romell, "Selling Motivation Amounts to Big Business: Self-Help Guru Finds Success Again with His New Firm", *Milwaukee Journal Sentinel* online, May 21, 2007.
3 Jonathan Black, *Yes You Can! Behind the Hype and Hustle of the Motivation Biz* (NY: Bloomsbury Publishing, 2006).
4 William Lee Miller, "Some Negative Thinking about Norman Vincent Peale", originally published in *Reporter*, Jan. 13, 1955.
5 Rob Spiegel, "The Hidden Rule of Positive Thinking", www.businessknowhow.com/startup/hidden.htm.
6 Carol V. R. George, *God's Salesman: Norman Vincent Peale and the Power of Positive Thinking* (New York: Oxford University Press, 1994), 233.
7 George, *God's Salesman*, 124.

8 Stephanie Saul, "Gimme and Rx! Cheerleaders Pep Up Drug Sales", *New York Times*, Nov. 28, 2005.
9 Jerry Pounds, "The Great Motivational Myth", http://www.management-issues.com/2006/5/25/opinion/the-great-motivational-myth.asp.
10 Karl Vick, "Team-Building or Torture? Court Will Decide", *Washington Post*, April 13, 2008.
11 Robin Leidner, *Fast Food, Fast Talk: Service Work and the Routinization of Everyday Life* (Berkeley: University of California Press, 1993), 65, 100-101, 104.
12 Stephen Butterfield, *Amway: The Cult of Free Enterprise* (Boston: South End Press, 1985), 100.
13 같은 책, 28-29, 36-37.
14 Jonathan Black, *Yes You Can!*, 180.
15 Rakesh Khurana, *From Higher Aims to Hired Hands: The Social Transformation of American Business Schools and the Unfulfilled Promise of Management as a Profession* (Princeton: Princeton University Press, 2007), 303에서 인용.
16 Khurana, *From Higher Aims to Hired Hands*, 320-321, 325.
17 Clive Thompson, "Apocalypse Now: As the Year 2000 Approaches, Politicians and Business Leaders Are Getting Ready for the End of the World. Things Have Never Looked Better", *Canadian Business and Current Affairs*, Jan. 1996, 29-33.
18 Jennifer Reingold and Ryan Underwood, "Was **Built to Last** Built to Last?", *Fast Company*, Nov. 2004, 103.
19 Michelle Conlin, "Religion in the Workplace", *BusinessWeek*, Nov. 1, 1999, 150.
20 Craig Lambert, "The Cult of the Charismatic CEO", *Harvard Magazine*, Sept.-Oct. 2002.
21 Dennis Toruish and Ashly Pinnington, "Transformational Leadership, Corporate Cultism, and the Spirituality Paradigm: An Unholy Trinity in the Workplace?", *Human Relations* 55(2002): 147.
22 Conlin, "Religion in the Workplace".
23 Gay Hendricks and Kate Ludeman, *The Corporate Mystic: A Guidebook for Visionaries with Their Feet on the Ground* (New York: Bantam, 1996), xvii.
24 Frank Rose and Wilton Woods, "A New Age for Business?", *Fortune*, Oct. 8, 1990, 157.

25 Thompson, "Apocalypse Now".
26 Mark Gimein, "Now That We Live in a Tom Peters World… Has Tom Peters Gone Crazy?", *Fortune*, Nov. 13, 2000.
27 Jack Welch, with John A. Byrne, *Jack: Straight from the Gut* (New York: Business Plus, 2003), 436.
28 Jeffrey E. Lewin and Wesley J. Johnston, "Competitiveness", *Competitiveness Review*, Jan. 1, 2000.
29 Louis Uchitelle, *The Disposable American: Layoffs and Their Consequences* (New York: Knopf, 2006), x.
30 Henry S. Farber, "What Do We Know about Job Loss in the United States? Evidence from the Displaced Workers' Survey, 1984-2005", Working Paper 498, Princeton University Industrial Relations Section, Jan. 5, 2005.
31 Carrie M. Lane, "A Company of One: White-Collar Unemployment in a Global Economy", unpublished ms., 131에서 인용.
32 Gaenor Vaida, "The Guru's Guru", *Sunday Times* (South Africa), July 6, 2003에서 인용.
33 Lloyd Grove, "The Power of Positive Buying; Feeling Unmotivated? This Mug's for You", *Washington Post*, Dec. 31, 1994.
34 http://www.workplacecoaching.com/pdf/HistoryofCoaching.pdf.
35 Richard Reeves, "Let's Get Motivated", *Time*, May 2, 1994.
36 Lloyd Grove, "The Power of Positive Buying".
37 William A. Davis, "Stores Cash in on Selling Success", *Boston Globe*, Aug. 1, 1994.
38 Rayna Katz, "Planners Face a Different-Looking Future, Reports Say", *Meeting News*, Sept. 18, 2000, http://www.allbusiness.com/tran sportation-communications-electric-gas/4227180-1.html.
39 http://www.cprcoaching.com/employee_retention_team_building.html.
40 Spencer Johnson, *Who Moved My Cheese?* (New York: Putnam, 1998), 35, 71.
41 같은 책, 57.
42 Jill Andresky Fraser, *White-Collar Sweatshop: The Deterioration of Work and Its Rewards in Corporate America* (New York: Norton, 2001), 195.
43 John Balzar, "Losing a Job: From Great Depression to Reinvention", *Los Angeles Times*, Oct. 20, 1993.
44 Lane, "A Company of One".
45 Fraser, *White-Collar Sweatshop*, 191, 193.
46 Jennifer M. Howard, "Can Teams Survive Downsizing?", http://www.

qualitydigest.com/may/downsize.html.

47 Paul Solman, "The Right Choice?", *PBS Online NewsHour*, March 22, 1996, http://www.pbs.org/newshour/bb/economy/att_layoffs_3-22.html.

48 http://www.thesykesgrp.com/Teamtrg01.htm.

49 Fraser, *White-Collar Sweatshop*, 191-192.

5장 하느님은 당신이 부자가 되길 원하신다

1 Abe Levy, "Megachurches Growing in Number and Size", AP, via SFGate.com, Feb. 3, 2006, http://www.religionnewsblog.com/ 13512/megachurches-growing-in-number-and-size.

2 David Van Biema and Jeff Chu, "Does God Want You to Be Rich?", *Time*, Sept. 18, 2006, 48.

3 Gabriel N. Lischak, "The Rise of the 'Megachurch'", Jan. 10, 2006, http://www.realtruth.org/articles/418-trotm.html.

4 http://www.thechurchreport.com/mag_article.php?mid=875&mname=January.

5 William Lee Miller, "Some Negative Thinking about Norman Vincent Peale", originally published in *Reporter*, Jan. 13, 1955.

6 Joel Osteen, *Your Best Life Now: 7 Steps to Living at Your Full Potential* (New York: Faith Words, 2004), 183.

7 Ted Olsen, "Weblog: Kenneth Hagin, 'Word of Faith' Preacher, Dies at 86", Sept. 1, 2003, http://www.christianitytoday.com/ct/2003/septemberweb-only/9-22-11.0.html?start=1.

8 Osteen, *Your Best Life Now*, 5, 101, 41.

9 같은 책, 112.

10 Dennis Voskuil, *Mountains into Goldmines: Robert Schuller and the Gospel of Success* (Grand Rapids: Eerdmans, 1983), 80.

11 Chris Lehmann, "Pentecostalism for the Exurbs: Joel Osteen's God Really Wants You to Dress Well, Stand Up Straight, and Get a Convenient Parking Space", Jan. 2, 2008, http://www.slate.com/id /2180590/.

12 Edwene Gaines, *The Four Spiritual Laws of Prosperity: A Simple Guide to Unlimited Abundance* (New York: Rodale, 2005), 88.

13 D. R. McConnell, *A Different Gospel* (Peabody: Hendrickson, 1988).

14 Shayne Lee, "Prosperity Theology: T. D. Jakes and the Gospel of the Almighty Dollar", *Cross Currents*, June 22, 2007, 227.

15 Milmon F. Harrison, "Prosperity Here and Now: Synthesizing New Thought with Charismatic Christianity, the Word of Faith Movement Promises Its

Members the Good Life", http://www.beliefnet.com/Faiths/Christianity/2000/05/Prosperity-Here-And-Now.aspx.

16 같은 책.

17 Van Biema and Chu, "Does God Want You to Be Rich?", 48.

18 See John Jackson, *PastorPreneur: Pastors and Entrepreneurs Answer the Call* (Friendswood: Baxter, 2003).

19 Scott Thumma, "Exploring the Megachurch Phenomenon: Their Characteristics and Cultural Context", http://hirr.hartsem.edu/book shelf/thumma_article2.html에서 인용.

20 Bill Hybels, "Commentary: Building a Church on Marketing Surveys", excerpted from *Christian News*, July 1991, http://www.rapidnet.com/~jbeard/bdm/exposes/hybels/news.htm.

21 Witold Rybczynski, "An Anatomy of Megachurches: The New Look for Places of Worship", Oct. 10, 2005, http://www.slate.com/id/ 2127615/.

22 Frances Fitzgerald, "Come One, Come All: Building a Megachurch in New England", *New Yorker*, Dec. 3, 2007, 46; Denis Haack, "Bruce Bezaire: Meticulous Renderings of Glory", http://ransom fellowship.org/articledetail.asp?AID=21&B=Denis%20Haack&TID=6.

23 Lischak, "Rise of the 'Megachurch'"에서 인용.

24 Van Biema and Chu, "Does God Want You to Be Rich?"에서 인용.

25 "Jesus, CEO", *Economist*, Dec. 20, 2005, http://www.economist.com/world/unitedstates/PrinterFriendly.cfm?story_id=5323597.

26 Felix Salmon, "Market Movers", Jan. 24, 2008, http://www.portfolio.com/views/blogs/market-movers/2008/01/24/davos-surprise-rick-warren; Malcolm Gladwell, "The Cellular Chursch: How Rick Warren's Congregation Grew", *New Yorker*, Sept. 12, 2005, 60.

27 Gustav Niebuhr, "Megachurches", *New York Times*, April 18, 1995.

28 Osteen, *Your Best Life Now*, 11.

29 Dennis Toruish and Ashly Pinnington, "Transformational Leadership, Corporate Cultism, and the Spirituality Paradigm: An Unholy Trinity in the Workplace?", *Human Relations* 55(2002): 147.

30 "Jesus, CEO", *Economist*.

31 Voskuil, *Mountains into Goldmines*, 78에서 인용.

32 Osteen, *Your Best Life Now*, 298.

6장 긍정심리학: 행복의 과학

1 Martin E. P. Seligman, *Authentic Happiness: Using the New Positive Psychology to Realize Your Potential for Lasting Fulfillment* (New York: The Free Press, 2002), 24; Dorothy Wade, "Happy Yet?", *Australian Magazine*, Oct. 22, 2005, 39.

2 Strawberry Saroyan, "Happy Days Are Here Again", *Elle*, Dec. 1998.

3 Jennifer Senior, "Some Dark Thoughts on Happiness", *New York*, July 17, 2006 에서 인용.

4 Robert Biswas-Diener and Ben Dean, *Positive Psychology Coaching: Putting the Science of Happiness to Work for Your Clients* (New York: Wiley, 2007), 12, 31.

5 John Templeton Foundation, Capabilities Report, 2002, 82.

6 Patrick B. Kavanaugh, Lyle D. Danuloff, Robert E. Erard, Marvin Hyman, and Janet L. Pallas, "Psychology: A Profession and Practice at Risk", July 1994, www.academyprojects.org/lempa1.htm; Ilana DeBare, "Career Coaches Help You Climb to the Top: 'Personal Trainers' for Workers New Fiscal Fitness Craze", *San Francisco Chronicle*, May 4, 1998.

7 Seligman, *Authentic Happiness*, ix.

8 Joshua Freedman, "An Interview with Martin E. P. Seligman, Ph.D.", *EQ Today*, Fall 2000, http://www.6seconds.org/blog/1999/11/choosing-optimism-an-interview-with-martin-ep-seligman-ph-d/.

9 Wade, "Happy Yet?", 39.

10 Ed Diener and Martin E. P. Seligman, "Beyond Money: Toward an Economy of Wellbeing", *Psychological Science in the Public Interest* 5, no. 1(2004).

11 John Lanchester, "Pursuing Happiness: Two Scholars Explore the Fragility of Contentment", *New Yorker*, Feb. 27, 2006.

12 Seligman, *Authentic Happiness*, 39.

13 같은 책, 28, 38, 43, 103.

14 같은 책, 119, 120-121.

15 같은 책, 129, 133.

16 같은 책, 45.

17 같은 책, 129.

18 Barbara Held, "The Negative Side of Positive Psychology", *Journal of Humanistic Psychology* 44(Winter 2004): 9-46.

19 Biswas-Diener and Dean, *Positive Psychology Coaching*, 31.

20 Sonja Lyubomirsky, Laura King, and Ed Diener, "The Benefits of Frequent Positive Affect: Does Happiness Lead to Success?", *Psychological Bulletin* 131(2005): 803-855.
21 Mike McGrath, "When Back Pain Starts in Your Head: Is Repressed Anger Causing Your Back Pain?", http://www.prevention.com/ cda/article/when-back-pain-starts-in-your-head/ 727b7e643f803110VgnVCM10000013281eac ____/health/con ditions.treatments/back.pain.
22 Seligman, *Authentic Happiness*, 3. Deborah D. Danner, David A. Snowdon, and Wallace V. Friesen, "Findings from the Nun Study, University of Kentucky", *Journal of Personality and Social Psychology* 80(2001): 804-813.
23 Gina Kolata, "Research Links Writing Style to the Risk of Alzheimer's", *New York Times*, Feb. 21, 1996, http://www.nytimes.com/1996/02/21/us/research-links-writing-style-to-the-risk-of-alzheimer-s.html?sec=health.
24 LeeAnne Harker and Dacher Keltner, "Expressions of Positive Emotion in Women's College Yearbook Pictures and Their Relationship to Personality and Life Outcomes across Adulthood", University of California, Berkeley, http://ist-socrates.berkeley.edu/~keltner/publications/harker.jpsp.2001.pdf; Jeremy Freese, Sheri Meland, and William Irwin, "Expressions of Positive Emotion in Photographs, Personality, and Later-Life Marital and Health Outcomes", *Journal of Research in Personality*, 2006, http://www.jeremyfreese.com/docs/FreeseMelandIrwin%20-%20JRP%20-%20ExpressionsPositiveEmotionInPhotographs.pdf.
25 Glenn V. Ostir, Kenneth J. Ottenbacher, and Kyriakos S. Markides, "Onset of Frailty in Older Adults and the Protective Role of Positive Affect", *Psychology and Aging* 19(2004): 402-408.
26 Seligman, *Authentic Happiness*, 40.
27 James Coyne et al., "Emotional Well-Being Does Not Predict Survival in Head and Neck Cancer Patients", *Cancer*, Dec. 1, 2007; Merritt McKinney, "Optimism Doesn't Improve Lung Cancer Survival", *Reuters Health*, Feb. 9, 2004.
28 L. B. Kubansky and I. Kawachi, "Going to the Heart of the Matter: Do Negative Emotions Cause Coronary Heart Disease?", *Journal of Psychosomatic Research* 48(2000): 323-337을 예로 보라.
29 Held, "Negative Side of Positive Psychology".
30 같은 책.

31 Melissa Healy, "Truth Is, It's Best If They Know", Oct. 30, 2006, http://www.latimes.com/features/health/la-he-realists30oct30,0,141646.story?coll=la-home-health.
32 Derek M. Isaacowitz, with M. E. P. Selighman, "Is Pessimistic Explanatory Style a Risk Factor for Depressive Mood among Community-Dwelling Older Adults?", *Behaviour Research and Therapy* 39(2001): 255-272.
33 Mary Duenwald, "Power of Positive Thinking Extends, It Seems, to Aging", *New York Times*, Nov. 19, 2002.
34 같은 책.
35 B. Held, "The 'Virtues' of Positive Psychology", *Journal of Theoretical and Philosophical Psychology* 25(2005): 1-34에서 인용.
36 Sarah D. Pressman and Sheldon Cohen, "Does Positive Affect Influence Health?", *Psychological Bulletin* 131(2005): 925-971.
37 http://esi-topics.com/fbp/2007/june07-Pressman_Cohen.html.
38 Seligman, *Authentic Happiness*, 40; Suzanne C. Segerstrom, "Optimism, Goal conflict, and Stressor-Related Immune Change", *Journal of Behavioral Medicine* 24, no. 5(2001).
39 Susan Ferraro, "Never a Cloudy Day: The Link between Optimism and Good Health", *New York Daily News*, June 17, 2002.
40 http://www.templeton.org/capabilities_2004/pdf/the_joy_of_giving.pdf.
41 http://latimesblogs.latimes.com/washington/2008/10/a-big-donor-goe.html.
42 John Templeton Foundation, Form 990, 2005.
43 John Templeton Foundation, Capabilities Report, 2006, 77.
44 Freedman, interview with Martin. E. P. Seligman.
45 Jane Mayer, "The Experiment: The Military Trains People to Withstand Interrogation. Are Those Methods Being Misused at Guantanamo?", *New Yorker*, July 11, 2005, 60.
46 David Montgomery, "A Happiness Gap: Doomacrats and Republigrins", *Washington Post*, Oct. 24, 2008.
47 Daniel Gilbert, *Stumbling on Happiness* (New York: Vintage, 2007), 243.
48 Biswas-Diener and Dean, *Positive Psychology Coaching*, 229.
49 Sam Fulwood Ⅲ, "Poised for Joy: Life Coaches Teach How to Be Happy", *The Plain Dealer*, Feb. 9, 2008.
50 Sara Martin, "Seligman Laments People's Tendency to Blame Others", *APA Monitor*, Oct. 1998.
51 Seligman, *Authentic Happiness*, 50.

52 Brad Lemley, "Shiny Happy People: Can You Reach Nirvana with the Aid of Science?", *Discover*, Aug. 2006, http://discovermagazine.com/2006/aug/shinyhappy.
53 D. T. Max, "Happiness 101", *New York Times Magazine*, Jan. 7, 2007.
54 http://www.flourishingschools.org/programs.htm.
55 Max, "Happiness 101".

7장 긍정적 사고는 어떻게 경제를 무너뜨렸나

1 Michael A. Fletcher, "1 in 4 Working Families Now Low-Wage, Report Finds", *Washington Post*, Oct. 15, 2008.
2 David Leonhardt, "Larry Summers's Evolution", *New York Times*, June 10, 2007.
3 Leslie Bennetts, "The End of Hubris," *Portfolio*, Dec. 2008, http://www.portfolio.com/news-markets/national-news/portfolio/2008/11/19/Greed-and-Doom-on-Wall-Street.
4 John Schmitt and Ben Zipperer, "Is the U.S. a Good Model for Reducing Social Exclusion in Europe?", *Center for Economic Policy Review*, Aug. 2006.
5 Carol Graham and Soumya Chattopadhyay, "Gross National Happiness and the Economy", http://www.brooking.edu/opinions/2008/1024_happiness_graham.aspx.
6 Dean Baker, *Plunder and Blunder: The Rise and Fall of the Bubble Economy* (Sausalito: Polipoint Press, 2009), 3.
7 Paul Krugman, "Lest We Forget", *New York Times*, Nov. 11, 2008.
8 Karen A. Cerulo, *Never Saw It Coming: Cultural Challenges to Envisioning the Worst* (Chicago: University of Chicago Press, 2006), 61-62에서 인용.
9 Karin Klein, "Wish for a Cake — and Eat It Too", *Los Angeles Times*, Feb. 13, 2007.
10 Joel Osteen, *Your Best Life Now: 7 Steps to Living at Your Full Potential* (New York: Faith Words, 2004), 7-8.
11 David Van Biema, "Maybe We Should Blame God for the Subprime Mortgage Mess", *Time*, Oct. 3, 2008.
12 Kevin Phillips, *Bad Money: Reckless Finance, Failed Politics, and the Global Crisis of American Capitalism* (New York: Viking, 2008) 92-95.
13 Baker, *Plunder and Blunder*, 97.
14 Stephen S. Roach, "Dying of Consumption", *New York Times*, Nov. 28, 2008; Phillips, *Bad Money*, 43.

15 Alan Zibel, "Personal Bankruptcy Filings Rise 40%", Washingtonpost.com, Jan. 4, 2008.
16 Steven Pearlstein, "A Perfect Storm? No, a Failure of Leadership", *Washington Post*, Dec. 12, 2008.
17 Robert J. Samuelson, "The Engine of Mayhem", *Newsweek*, Oct. 13, 2008, http://www.newsweek.com/id/163743.
18 Steve Fishman, "Burning Down His House", *New York*, Dec. 8, 2008.
19 *Larry King Live*, CNN, Nov. 21, 2008.
20 Jenny Anderson and Vikas Bajaj, "Merrill Tries to Temper the Pollyannas in Its Ranks", *New York Times*, May 15, 2008.
21 Gretchen Morgenson and Geraldine Fabrikant, "Countrywide's Chief Salesman and Defender", *New York Times*, Nov. 11, 2007.
22 Adam Michaelson, *The Foreclosure of American: The Inside Story of the Rise and Fall of Countrywide Home Loans, the Mortgage Crisis, and the Default of the American Dream* (New York: Berkley, 2009), 260, 205, 261.
23 Michael Lewis, "The End of Wall Street's Boom", Portfolio.com, Dec. 2008.
24 Fishman, "Burning Down His House".
25 Jo Becker, Sheryl Gay Stolberg, and Stephen Labaton, "White House Philosophy Stoked Mortgage Bonfire", *New York Times*, Dec. 21, 2008.
26 Julia Hobsbawm, "The Joy of Coaching", May 24, 2007, http://www.spectator.co.uk/the-magazine/business/31040/the-joy-of-coaching.thtml.
27 Baker, *Plunder and Blunder*, 16; Eduardo Porter, "More Than Ever, It Pays to Be the Top Executive", *New York Times*, May 25, 2007.
28 Robert Frank, *Richistan: A Journey through the American Wealth Boom and the Lives of the New Rich* (New York: Crown, 2007), 16.
29 David Lazarus, "Wretched Excess Rides High in Many Executive Suites", *San Francisco Chronicle*, Dec. 29, 2002.
30 http://www.independent.co.uk/news/business/comment/jack-welch-neutron-jack-flattens-the-bleeding-hearts-748440.html.
31 Fishman, "Burning Down His House".
32 같은 책.
33 Eric Dezenhall and John Weber, *Damage Control: How to Get the Upper Hand When Your Business Is under Attack* (New York: Portfolio, 2007), 188.
34 Roger Lowenstein, "Triple-A Failure", *New York Times Magazine*, April 27, 2008.
35 http://marketplace.publicradio.org/display/web/2008/10/23/greenspan/#.

36 Paul Vitello, "An Evangelical Article of Faith: Bad Times Draw Bigger Crowds", *New York Times*, Dec. 14, 2008.

37 *Larry King Live*, CNN, Dec. 8, 2008; "When the Economy Give You Lemons", *Marketplace*, American Public Media, Nov. 26, 2007.

38 Uri Friedman, "Sales Down, So Firms Boost Morale", *Christian Science Monitor*, Aug. 22, 2008, http://www.csmonitor.com/2008/0822/p03s01-usec.html.

39 Patricia Leigh Brown, "Even if You Can't Buy It, Happiness Is Big Business", *New York Times*, Nov. 27, 2008.

40 Jodie Tillman, "If You're Unhappy and Know It, Shut Up", *St. Petersburg Times*, Jan. 29, 2008.

41 Cindy Krischer Goodman, "How to Survive the Economic Crisis: Be Positive, Proactive", *Miami Herald*, Oct. 28, 2008.

42 Eli Davidson, "How to Get through the Recession with Less Depression", Sept. 25, 2008, http://www.huffingtonpost.com/eli-davidson/how-to-get-through-the-re_b_128971.html.

43 "Tony robbins, Life Coach, Gives Suggestions for Dealing with Our Shaky Economy", *Today*, MSNBC, Oct. 13, 2008.

44 Dennis Byrne, "Facts You Just Can't Believe In", Dec. 30, 2008,http://articles.chicagotribune.com/2008-12-30/news/0812290306_1_global-warming-alarms-zone-hole.

맺음말

1 Sally Quinn and Ben Bradlee, "On Faith: Are You Satisfied with Where You Are Now in Your Life?", *Washington Post*, May 22, 2007, http://www.washingtonpost.com/wp-dyn/content/discussion/2007/05/18/DI2007051801202.html?tid=informbox.

2 Julie K. Norem, *The Positive Power of Negative Thinking: Using Defensive Pessimism to Harness Anxiety and Perform at Your Peak* (New York: Basic, 2001).

3 Atul Gawande, "The Power of Negative Thinking", *New York Times*, May 1, 2007.

4 Ryszard Kapuscinski, *Shah of Shahs* (New York: Vintage, 1992), 89.

5 Dubravka Ugresic, *Thank you for Not Reading* (Chicago: Dalkey Archive, 2003), 86.

6 Pekka Pesonen, "Utopias to Norms: From Classicism to Socialist Realism",

http://www.helsinki.fi/venaja/e-materiaali/mosaiikki/en2/pp2_en.pdf.

7 Ugresic, *Thank you for Not Reading*, 86.

8 John Marks Templeton, *The Templeton Plan: 21 Steps to Personal Success and Real Happiness* (West Conshohocken: Templeton Foundation, 1997), 118.

9 Carlin Flora, "The Pursuit of Happiness", http://www.psychologytoday.com/articles/index.php?term=pto-4738.html&fromMod=emailed.

10 Donald Meyer, *The Positive Thinkers: Popular Religious Psychology from Mary Baker Eddy to Norman Vincent Peale and Ronald Reagan* (Middletown: Wesleyan University Press, 1998), 393.

11 Victoria Moore, "Promising You Can Have Anything Just by Thinking about It, It's No Surprise *The Secret* Has Become the Fastest-Selling Self-Help Book Ever", *Daily Mail* (London), April 26, 2007.

12 "Psychologist Produces the First-Ever 'World Map of Happiness'", *ScienceDaily*, Nov. 14, 2006, http://www.sciencedaily.com/releases/2006/11/061113093726.htm.

13 David Leonhardt, "Money Doesn't Buy Happiness. Well, on Second Thought…", *New York Times*, April 16, 2008.

14 Fernanda Santos, "Are New Yorkers Happy? Some More Than Others", *New York Times*, March 8, 2009.

| 찾아보기 |

인명

가드너, 크리스(Gardner, Chris) 257
가완디, 아툴(Gawande, Atul) 274
게인즈, 에드윈(Gaines, Edwene) 191
겔만, 머리(Gell-Mann, Murray) 104
겔밴드, 마이크(Gelband, Mike) 259
고슬린, 피터(Gosselin, Peter) 248
굿하트, 수(Goodhart, Sue) 144-145, 147
그래슬리, 척(Grassley, Chuck) 179
그레고리, 조(Gregory, Joe) 255, 262
그린스펀, 앨런(Greenspan, Alan) 264
그린왈드, 브루스(Greenwald, Bruce C. N.) 256-257
그린하우스, 스티븐(Greenhouse, Steven) 248
글래스먼, 제임스(Glassman, James) 251
길먼, 샬럿 퍼킨스(Gilman, Charlotte Perkins) 121-122
나이트(JZ Knight) 97
너지, 레베카(Nagy, Rebecca) 106
노럼, 줄리(Norem, Julie) 273
노태프트, 프랭크(Nothaft, Frank) 252

달러, 크레플로(Dollar, Creflo) 179, 192, 247, 253, 254
대라, 찰스(Darrah, Charles N.) 163-164
더글러스, 앤(Douglas, Ann) 113, 124
더즌홀, 에릭(Dezenhall, Eric) 256, 261-263
데이비스, 버지니아(Davis, Virginia) 46-47
드러커, 피터(Drucker, Peter) 200, 203
드레서, 아네타(Dresser, Annetta) 128
디너, 에드(Diener, Ed) 213, 218, 222, 224, 237, 243-244
라이시, 로버트(Reich, Robert) 252
레이드너, 로빈(Leidner, Robin) 151
레인, 캐리(Lane, Carry) 169-170
로드히아, 프리말데(Lodhia, Primalde) 169
로빈스, 앤서니(Robbins, Anthony) 137, 144, 161, 256-257, 267
로지에, 마이클(Losier, Michael J.) 97, 101
루이스, 마이클(Lewis, Michael) 258-259
류보미르스키, 소냐(Lyubomirsky, Sonja) 210
르레이, 데이비드(Lereah, David) 251-252
리브스, 리처드(Reeves, Richard) 164
리브친스키, 비톨드(Rybczynski, Witold) 196
리어나드, 데이비드(Leonhardt, David) 249
리텐버그, 신시아(Rittenberg, Cynthia) 70
마이어, 도널드(Meyer, Donald) 135, 280
마이어, 조이스(Meyer, Joyce) 179, 190, 198
마이클슨, 애덤(Michaelson, Adam) 258
매케이, 하비(Mackay, Harvey) 250

300 긍정의 배신

매코널(McConnell, D. R.) 191
매튜스-사이먼튼, 스테파니(Matthews-Simonton, Stephanie) 62
맥기, 미키(McGee, Micki) 132-133
머로니, J. P.(Maroney, J. P.) 88
모질로, 앤절로(Mozilo, Angelo) 257-258
모터, 수(Moter, Sue) 80, 103, 105, 128
밀스, 척(Mills, Chuck) 257
바이텔, 조(Vitale, Joe) 80-81, 96, 97
발머, 랜들(Balmer, Randall) 196
버닛, 맥팔레인(Burnet, McFarlane) 65
버자르, 브루스(Bezaire, Bruce) 196-197
버턴, 로버트(Burton, Robert) 116-117, 122
버틀러, 앤시어(Butler, Anthea) 253-254
번, 론다(Byrne, Rhonda) 94-97, 103, 254, 263, 280-281
번스타인, 재러드(Bernstein, Jared) 247-248
베버, 막스(Weber, Max) 27, 117
베이커, 딘(Baker, Dean) 254
보니웰, 일로나(Boniwell, Ilona) 241, 242
보웬, 윌(Bowen, Will) 89-90, 191
부시, 조지 W.(Bush, George W.) 29-31, 234, 264
브라운, 마이클(Brown, Michael) 31-32
브래들리, 벤(Bradlee, Ben) 269
브랠리, 주디(Braley, Judy) 91, 92-93
브로드스키, 조지프(Brodsky, Joseph) 20
브로디, 제인(Brody, Jane) 53
브링커, 낸시(Brinker, Nancy) 45, 52
블랙, 조너선(Black, Jonathan) 153
비어드, 찰스(Beard, Charles M.) 121-123, 124

비처, 조지(Beecher, George) 117, 121
비처, 캐서린(Beecher, Catharine) 121
사노, 존(Sarno, John E.) 255
사이먼튼, 칼(Simonton, O. Carl) 62
설리번, 비키(Sullivan, Vicki) 166
세거스트롬, 수잰(Segerstrom, Suzanne) 231-232
세룰로, 캐런(Cerulo, Karen) 30-31
세지윅, 이브 코소프스키(Sedgwick, Eve Kosofsky) 56
셀리그먼, 마틴(Seligman, Martin) 209-223, 225-229, 231, 232, 235-239, 240-244
셀리에, 한스(Selye, Hans) 61
셔머, 마이클(Shermer, Michael) 102, 104
슐러, 로버트(Schuller, Robert) 182, 187, 191, 195, 201, 204, 234, 265
스코필드, 퍼넬러피(Schofield, Penelope) 70
스톤, 클레멘트(Stone, W. Clement) 151
스트럼, 스티븐(Strum, Stephen) 68
스피겔, 데이비스(Spiegel, David) 62-64
스피겔, 롭(Spiegel, Rob) 147-148
시걸, 버니(Siegel, Bernie) 62, 63
시월, 새뮤얼(Sewall, Samuel) 116
아사라프, 존(Assaraf, John) 99
아이스먼, 스티브(Eisman, Steve) 259, 263
아이커렌코터, 프레더릭(Eikerenkoetter, Frederick J.) 192
앨버니즈, 캐서린(Albanese, Catherine) 98-99
앵커, 로이(Anker, Roy M.) 126

에디, 메리 베이커(Eddy, Mary Baker) 119, 120-124, 127-128, 130, 131, 193, 263, 265, 275
에머슨, 랠프 왈도(Emerson, Ralph Waldo) 118, 119-120, 130, 139
에커, 하브(Eker, T. Harv) 87, 97, 136
엘리아데, 미르체아(Eliade, Mircea) 55
오스틴, 빅토리아(Osteen, Victoria) 184-188, 253, 265
오스틴, 조엘(Osteen, Joel) 179-190, 191-192, 193, 201, 204, 247, 253-254, 263, 265, 266, 279
오스틴, 존(Osteen, John) 192
오시, 로버트(Orsi, Robert) 118
와이드너, 크리스(Widener, Chris) 82
우그레시치, 두브라브카(Ugresic, Dubravka) 277-278
워런, 릭(Warren, Rick) 194, 195, 200, 203
월턴, 조너선(Walton, Jonathan) 253
웰치, 잭(Welch, Jack) 155-156, 162, 200, 261
윈프리, 오프라(Winfrey, Oprah) 32, 77, 89, 94, 235, 279
잭슨, 존(Jackson, John) 200
제이크스(Jakes, T. D.) 254
제임스, 앨리스(James, Alice) 122, 125
제임스, 윌리엄(James, William) 121, 122, 125, 128-129, 130
젤먼, 아이비(Zelman, Ivy) 258-259
지글러, 지그(Zigler, Zig) 164-165, 265
지토머, 제프리(Gitomer, Jeffrey) 87-88, 90, 92, 137-139

챔피, 제임스(Champy, James) 154
초프라, 디팩(Chopra, Deepak) 69-70
카네기, 데일(Carnegie, Dale) 84-85
카푸친스키, 리스자드(Kapuscinski, Ryszard) 276-277
캔필드, 잭(Canfield, Jack) 95
케니언, E. W.(Kenyon, E. W.) 191
케이우드, 클라크(Caywood, Clarke) 154
코비, 스티븐(Covey, Stephen) 137, 200
코인, 제임스(Coyne, James) 64-65
코플랜드, 글로리아(Copeland, Gloria) 179
코플랜드, 케네스(Copeland, Kenneth) 179
쿠라나, 라케시(Khurana, Rakesh) 156, 158
쿤데라, 밀란(Kundera, Milan) 278
큄비, 피니어스 파커스트(Quimby, Phineas Parkhurst) 118-119, 120, 126-128, 190, 191, 225
크레이턴, 제임스 L.(Creighton, James L.) 62
크루그먼, 폴(Krugman, Paul) 27, 32, 252
킹, 래리(King, Larry) 32, 94, 100, 109, 256
템플턴, 존(Templeton, John) 232-234, 267, 278
톱치크, 게리(Topchik, Gary S.) 86
팔콘, 아만도(Falcon, Armando) 260
펄스타인, 스티븐(Pearlstein Steven) 254-255
풀드, 리처드(Fuld, Richard) 259-261, 262
프라이스, 프레드(Price, Fred) 192
프랭크, 로버트(Frank, Robert) 261
프레이저, 질 안드레스키(Fraser, Jill Andresky) 170

프리쳇, V. S.(Pritchett, V. S.) 131
피터스, 톰(Peters, Tom) 157, 158, 161-162, 164
피터슨, 크리스(Peterson, Chris) 237-238
필, 노먼 빈센트(Peale, Norman Vincent) 130, 134-136, 140, 146, 148-149, 164, 172, 180, 182, 191, 209, 233, 234, 235, 243, 263
필립스, 케빈(Phillips, Kevin) 254
하이벨스, 빌(Hybel, Bill) 195, 199, 200
하이트, 조너선(Haidt, Jonathan) 236
해긴, 케네스(Hagin, Kenneth) 181-182, 191-192
해리슨, 밀먼(Harrison, Milmon) 192-193
해커, 제이콥(Hacker, Jacob) 248
허나키, 마이크(Hernacki, Mike) 97, 101
헬드, 바버라(Held, Barbara) 222-223, 228
호지슨, 고드프리(Hodgson, Godfrey) 26-27
호턴, 마이클(Horton, Michael) 190
혹실드, 앨리(Hochschild, Arlie) 85
홀런드, 지미(Holland, Jimmie) 71
홈스, 어니스트(Holmes, Ernest) 134
화이트, 윌리엄(Whyte, William H.) 85
화이트헤드, 랠프(Whitehead, Ralph) 165
휘트모어, 존(Whitmore, John) 96
힌, 베니(Hinn, Benny) 179
힐, 나폴레온(Hill, Napoleon) 101, 133-134, 138, 151, 181-182, 265

서명

『교회를 경영하라』(잭슨) 200
『긍정 심리학 코칭』(비스바스 디너·딘) 211
『긍정 심리학 핸드북』(스나이더·로페즈) 229-230
『긍정의 힘』(오스틴) 180-182, 253
『긍정적 마음가짐을 통한 성공』(스톤·힐) 151
『끌어당김의 법칙』(로지에) 97
『나쁜 돈』(필립스) 254
『남은 생의 첫해』(호네아) 52-53, 57
『농담』(쿤데라) 278
『누가 내 치즈를 옮겼을까?』(존슨) 78, 167-168
『누런 벽지』(길먼) 121
『다우지수 36,000』(글래스먼) 251
『당신의 물통은 얼마나 채워져 있습니까?』(래프트·클리프턴) 80, 235
『당신이 변화시킬 수 있는 것 그리고 변화시킬 수 없는 것』(셀리그먼) 211
『리엔지니어링 기업혁명』(챔피 외) 154
『리치스탄』(프랭크) 261
『미끼 상술』(에런라이크) 248
『미소는 그만, 불평을 늘어놓자』(헬드) 222-223
『백만장자 시크릿』(에커) 87, 97, 136
『번영의 네 기둥』(게인즈) 191
『범세계적 인생 법칙』(템플턴) 234
『불평 없이 살아보기』(보웬) 190
『사랑, 의학, 기적』(시걸) 62
『상어와 함께 수영하되 잡아먹히지 않고

살아남는 법』(매케이) 157
『생각하라! 그러면 부자가 되리라』(힐) 101, 133-134, 138, 152, 265
『샤 중의 샤』(카푸친스키) 276-277
『시크릿』(번) 32, 94-96, 98, 100-101, 105, 108-109, 137, 252-253, 254
『아무도 보지 못했다』(세룰로) 30-31
『암이 준 선물』(맥너니) 54
『열정(Discovering the Law of Life)』(템플턴) 234
『영혼을 위한 닭고기 수프』(캔필드) 95
『예스! 사고방식』(지토머) 139
『왜 부동산 붐은 꺼지지 않을까 그리고 당신은 거기서 어떻게 이익을 얻을까』(르레이) 251
『우리는 해고당했다! 지금까지 겪은 일 중 최고로 멋진 일이다』(매케이) 250
『원하는 모든 것을 무조건 가질 수 있는 궁극적인 비법』(허나키) 97
『위기: 왜 이렇게 쥐어짜이는 것 같을까?』(번스타인) 248
『잘 되는 나』(오스틴) 180

『적극적 사고방식』(필) 134, 135-136, 146, 149, 152, 233
『종교적 경험의 다양성』(제임스) 128
『줄타기』(고슬린) 248
『진정한 행복』(셀리그먼) 211, 212, 215-220, 223, 226-227, 229
『천로역정』(버니언) 138
『초우량 기업의 조건』(피터스) 161
『최악의 위험 전가』(해커) 248
『카네기 인간관계론(How to Win Friends and Influence People)』(카네기) 84-85
『칼 사이먼튼의 마음 의술(Getting Well Again)』(사이먼튼 외) 62
『커다란 압박』(그린하우스) 248
『프로테스탄트 윤리와 자본주의 정신』(베버) 27-28
『템플턴 플랜』(템플턴) 234
『학습된 낙관주의』(셀리그먼) 219
『해방경영』(피터스) 161
『행복을 찾아서』(가드너) 257
『호오포노포노의 비밀(Zero Limits)』(바이텔) 81